富爸爸

第二次致富机会

〔美〕罗伯特·清崎 著

王立天 译

四川人民出版社

图书在版编目（CIP）数据

富爸爸第二次致富机会 /（美）罗伯特·清崎著；王立天译 . 一 成都：
四川人民出版社，2019.6
ISBN 978-7-220-10755-9

Ⅰ.①富… Ⅱ.①罗…②王… Ⅲ.①私人投
资-通俗读物 Ⅳ.① F830.59-49

中国版本图书馆 CIP 数据核字（2018）第 072557 号

Second Chance
Copyright © 2015 by Robert T. Kiyosaki.
This edition published by arrangement with Rich Dad Operating Company, LLC.
版权合同登记号：图进 21-2018-735

FUBABA DIERCIZHIFUJIHUI
富爸爸第二次致富机会

〔美〕罗伯特·清崎 著 王立天 译

责任编辑	唐 婧
特邀编辑	张 芹
责任校对	袁晓红
封面设计	朱 红
版式设计	乐阅文化
责任印制	聂 敏
出版发行	四川人民出版社 （成都市槐树街2号）
网 址	http://www.scpph.com
E-mail	scrmcbs@sina.com
新浪微博	@ 四川人民出版社
微信公众号	四川人民出版社
发行部业务电话	（028）86259624 86259453
防盗版举报电话	（028）86259624
照 排	北京乐阅文化有限责任公司
印 刷	三河市中晟雅豪印务有限公司
成品尺寸	168mm×234mm 1/16
印 张	24
字 数	356 千
版 次	2019 年 7 月第 1 版
印 次	2019 年 7 月第 1 次印刷
书 号	ISBN 978-7-220-10755-9
定 价	98.00 元

致中国读者的一封信

亲爱的中国读者：

你们好!

今年是《富爸爸穷爸爸》在美国出版 20 周年，其在中国上市也已经整整 17 年了。我非常高兴地从我的中国伙伴——北京读书人文化艺术有限公司（他们在这些年里收到了很多读者来信）那里了解到，你们中的很多人因为读了这本书而认识到财商的重要性，从而努力提高自己的财商，最终同我一样获得了财务自由。

我很骄傲我的书能够让你们获益。20 年后的今天，世界又处在变革的十字路口。全球经济形势日益复杂，不断涌现的"黑天鹅事件"加剧了世界发展的不确定性，人们对未来充满迷茫，悲观主义情绪正在蔓延。

而对于你们，富爸爸广大的中国读者来说，除了受世界经济的影响，还要面对国内经济转型的阵痛，这个过程艰苦而漫长。当然，为了成就这种时代的美好，你必须坚持正确的选择，拥有前进的智慧和勇气。这就需要你努力学习。

最后，我还是要说，任何人都能成功，只要你选择这么做!

罗伯特·清崎

富人教他们的孩子财商，
而穷人和中产阶级从不这样做。

——〔美〕罗伯特·清崎

出版人的话

转眼间，"富爸爸"问世已20余年，与中国读者相伴也已近20年。在中国经济和社会蓬勃发展的20年间，"富爸爸"系列丛书的出版影响了千千万万的中国读者，有超过1000万的读者认识了富爸爸、了解了财商。在"富爸爸"的忠实读者中，既有在餐厅打工的服务员，也有执教讲堂的大学教授；既有满怀创业梦想的年轻人，也有安享晚年的退休人士。"富爸爸"的读者群体之广、之大，是我们不曾预料到的。

作为一套在中国风靡大江南北、引领国人创业创富的财商智慧丛书，"富爸爸"系列伴随和见证了千万读者的创富经历和成长历程，他们通过学习财商，已然成为中国的"富爸爸"，这也是我们修订此书的动力。20年来，"富爸爸"系列也在不断地增加新的"家族成员"，新书的内容也越来越贴合当下经济的快速发展以及国内风起云涌的经济大潮，我们也在十几年的财商教育过程中摸索出了一套适合国内大众群体的"MBW"财商理论体系，即从创富动机、创富行为习惯、创富路径三方面培养学员的财商，增强大家和财富打交道的积极意识，提高抗风险的能力。

曾有一位来自深圳的学员告诉我，他当年就是因为读了《富爸爸穷爸爸》一书，并通过系统的财商训练，才在事业上取得了巨大的成功。难能可贵的是，成功后的他并没有独享财富，而是将自己致富的秘诀——"富爸爸"财商理念分享给了更多想要创业、想要致富、想要成功的人。

在"富爸爸"的忠实读者群中,类似的成功故事还有很多很多。在"富爸爸"的影响下,每一位创富的读者都非常乐意向更多的朋友传授自己从财商训练中获得的成功经验。

值此"富爸爸"20周年之际,作者的最新修订版再次契合了时代的发展、读者的需要。在经济金融全球化的发展与危机中,作者总结过去、现在和未来财富的变化与趋势,并重温了富爸爸那些简洁有力的财商智慧,在中华民族伟大复兴的新时代,"富爸爸"系列丛书将结合财商教育培训,为读者带来提高财商的具体办法,以及在中国具体环境下的MBW创富实践理论。丛书的出品方北京读书人文化艺术有限公司将从图书、现金流游戏、财商课程等多角度多方面,打造出一个立体的"富爸爸",不仅要从财商理念上引导中国读者,更要在实践中帮助中国读者真正实现财务自由。读者和创业者可以通过关注读书人俱乐部微信公众号,来了解更多有关"富爸爸"系列丛书和财商学习的信息。

正如富爸爸在书中所说,世界变了,金钱游戏的规则也变了。对于读者和创富者来说,也要应时而变,理解金钱的语言、学会金钱的规则。只有这样,你才能玩转金钱游戏,实现财务自由。

汤小明

读书人俱乐部

题　献

"我们应召而来，是要做未来世界的建筑师，而非它的受害者。"

——巴克敏斯特·富勒博士

谨以本书献给巴克敏斯特·富勒博士（1895—1983）。

富勒博士这号人物极难用语言来形容，也极难将其归入某一个专业领域：世人称他为未来学家、发明家、教育家、哲学家，以及建筑师。他两次申请就读哈佛大学并获得入学资格，但后来都因故被逐出校门。

他拥有许多博士学位及美国专利权，并多次受奖及获颁荣誉称号，包括美国建筑师学会颁发的金质奖章，以及里根总统颁发的"总统自由勋章"。

富勒博士最为世人所称道的是他研创的"穹顶"，目前在全球各地都看得到这种建筑结构。迪士尼明日世界乐园的一幢建筑就采用了富勒博士设计的穹顶理念。他也是第一个被称为"未来学家"的人，因为他使预测未来演变成一门科学。他做出的许多预测都已经得以证实，还有很多正在陆续实现中。

富勒博士受人喜爱，最大原因是他富有人道情怀，因此常有人称他为"守护地球的天才"、"未来之祖父"。1982年，乡村歌手约翰·丹佛创作并录制的《一个人到底能做些什么》，就是献给富勒博士的一首歌。

而本书《富爸爸第二次致富机会》的诞生，始于我本人1967年的那次世界博览会之旅。当年我搭着便车从纽约市一路辗转抵达加拿大的蒙特利尔，前往瞻仰富勒博士所设计的穹顶建筑，同时也希望能一窥未来世界。

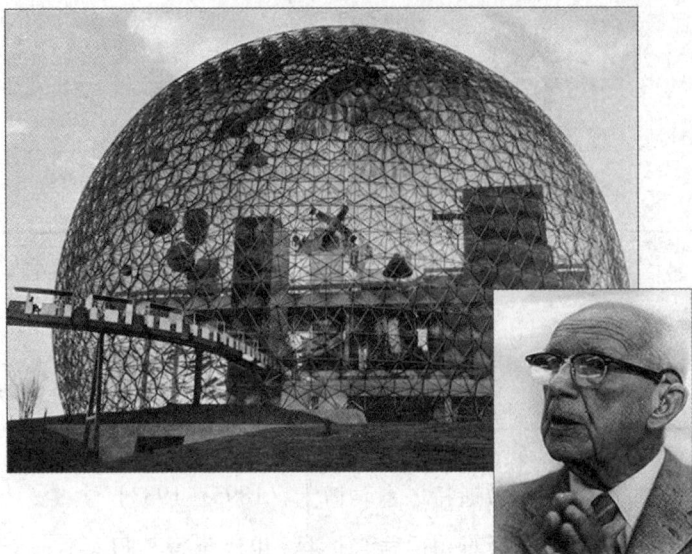

1967 年加拿大蒙特利尔世博会中的美国馆

作者声明

虽然本书多次提到政府与政治，但在政治上无特别用意。

作者既非共和党人，也非民主党人。如果硬要归类，那么作者应属于自由无党派人士。

书中也提到上帝、灵魂、神灵等词语，但本书与宗教无关，也无宗教上的特别用意。

作者赞成宗教自由，这包括信仰上帝及不信仰上帝的自由。

目 录

前　言

想当年……

美国是全世界最大的债权国。

想当年……

美元纸钞是用实体黄金来做担保的。

想当年……

凭空印钞票是犯罪，罪名是"伪造货币"。

想当年……

人们只要好好上学念书，毕业后找份工作，尽量提早退休，从此就能过上快乐的生活。

想当年……

你只要咬牙买下一处房产，房价上涨之后你就会变成有钱人了。

想当年……

你只要把钱投入股市，股价上涨之后你就会变成有钱人了。

想当年……

大学文凭就是获取优职高薪的保证。

想当年……

年龄是一项资产。

想当年……

退休的民众可以指望得到美国的社会保障制度、医疗保健制度的照顾。

不幸的是，"当年"那个时代已经一去不复返，童话故事已经结束了。世界已经改变，而且正在持续不断地发生改变。

> 问：那么，我现在应该怎么办？
>
> 答：这就是本书的重点。本书的内容就是：如何给你自己、你的财富、你的人生第二次的翻身机会。

本书分成三大篇：过去、现状、未来。

过去：检视我们目前面临金融危机的真正原因；

现状：分析你当前的财务状况；

未来：教你为自己的财富和人生寻找第二次翻身的机会，如何利用危机与逆境中的机会来实现自己理想的人生。

当前最重要的一个词是"危机"。别忘了"危机"这个词包含两个方面的意思："危险"与"机会"。

想要发现第二次翻身的机会，你必须避免即将来临的危险，并且做好充分的准备，以便善加运用日益恶化、蔓延全球的金融危机中的难得机会。

金融危机有三大类：股市崩盘、房市崩盘、货币崩盘。

本书讲述的，便是有可能发生的货币崩盘危机。

第一篇
过去

老一代的想法

　　好好上学念书、找份工作、辛苦上班、储蓄存钱、买栋房子、还清负债，并为长期收益而投资于股市。

引 言

有一天，我在星巴克遇见了一位多年未见的朋友。见到他当然高兴，但当我发现他竟站在柜台后打工时，我惊呆了。

"你在这里工作多久了？"我问他。

他边受理我所点的饮料边回答："大概5个月吧。"

我接着问："发生什么事了？"

"是这样的，2007年金融风暴爆发后我就失去了原来的工作。我另找了一份工作，但那份工作很快就没了。最后，我们耗光了全部用于退休后生活的存款，连房子都保不住了。总之，我们撑不下去了。"但他接着说，"别担心，我们一直都在工作，并非失业。两人都有工作，只是收入很少罢了。现在我在星巴克打工，想办法多挣几块钱。"他笑着说，"懂了吧？我在星巴克打工，每'星'期'巴'不得就能'克'服困境。"

为了方便身后其他客人点餐，我站到一边，问他："那么你对未来有什么计划呢？"

"我已重返校园，打算再多读一个硕士学位。重新当学生其实蛮好玩的，有些科目我甚至和儿子一起攻读。他正在念硕士班。"

"是不是要借助助学贷款？"我问。

"是啊，要不然哪有别的办法啊。我知道那些贷款的债务很重。我知道有生之年得一直工作，才能还清我欠下的贷款；我儿子要花更长时间去还清他自己借的贷款。但是，想要找份薪水较高的工作，我们都得有更高的学历才行。我们一定要挣钱、一定要工作才能过活，所以我们就进校园进修充电。"

我付了账，拿到了一杯热腾腾的咖啡。我想要给点小费，但是他拒绝了——我知道他为什么不要。于是我祝他好运，然后走出店外。

本书第一篇讲的是过去，说得更确切点，主要讲我们当今全球经济的危机是如何形成的。

正如乔治·奥威尔在《1984》那本书中所写的：

在大欺骗时代，说出真相才是革命性的举动。

第一章

为什么富人不为钱工作？

"他们一直在玩金钱游戏……我们工作所得的钱，
被他们用来剽窃我们的财富。"

——巴克敏斯特·富勒博士

《富爸爸穷爸爸》一书于1997年在美国自费出版。当时不得不自费出版，
是因为我们把书稿交给多家大出版商时，对方全都拒绝出版。甚至有几家评
论道："你根本不明白自己在说些什么。"

在富爸爸所提出的观点中，出版商最反对的有如下几项：

1. 你的自用住宅不能算是一项资产。

2. 存钱储蓄的人个个都是输家。

3. 富人不为钱工作。

10年之后的2007年，次级房贷风暴爆发了，数以百万计的房主才开始
惊觉，并且亲身体验到：原先的"自用住宅"果然不是资产。

美国政府与美联储2008年开始印刷出数万亿元的钞票以求纾困，使得
数以百万计的民众因为通货膨胀、税负加重、存款利率下滑等因素而令自己
储蓄的钱丧失了购买力，从而变为输家。

在《富爸爸穷爸爸》一书里，第一章开宗明义地指出："富人不为钱工作。"在富爸爸关于金钱的三大论点中，这一条所遭受到的批评最少。在本书这一章里，你将懂得为什么在富爸爸的教诲当中，这是最重要的一项，而且懂得为何必须明白这一观念，才可能考虑如何为自己赢得人生的第二次机会，既重整自己的财务，也重新开始人生。

关于金钱，你必须知道的道理

金钱这个话题，有时候的确让人觉得复杂而心感害怕，但是你若能从最简单的概念开始，在这个基础上一步步扩大加深，就能明白金钱和投资的问题，懂得如何让金钱为自己工作。

关于金钱，你最需要知道的是："金钱"这一门知识，你完全可以通过学习而精通，由此变得聪明，进而增强自信，让自己能够做出有知识根据的、有智慧的决策。

问：谁需要第二次致富机会？
答：我们大家都需要。

问：为什么？
答：因为我们早先所认识的金钱已经发生了变化，而且还在继续变化。

问：这件事为什么那么重要？
答：因为穷人将会变得更穷，中产阶级将会日渐消失，而富人则会变得越来越有钱。

问：富人越来越有钱而其他人全都越来越穷，那又有什么差别呢？
答：许多当今的富人将来也会变成新的穷人。

问：为什么有些富人会变成新的穷人？

答：原因有很多。其中一个原因是：许多人所谓的"富"，只因自己的财富是用金钱衡量的。

问：那又有什么不对？

答：因为事实上当今的钱已经不再是钱了。

问：如果钱已经不再是钱，那么什么才算是真正的钱？

答：知识才是新的金钱。

问：如果知识才是新的金钱，那么你的意思是说：今天的许多中产阶级和穷人将会有机会成为明日新的富人？

答：正是这样。以往的有钱人必须拥有土地、石油之类的资源、武器或者巨型企业，现在的情形就不同了。我们已经迈入信息时代，信息超级丰富，而且往往可以免费取得。

问：既然如此，为什么并不是所有人都能变成富人？

答：因为人们需要借助教育来把信息转化为能创造财富的知识。缺乏财商教育，人们就无法处理信息，无法把它转化为个人财富。

问：但是美国花费了数千亿美元来办教育，为什么穷人仍然远比富人多得多？

答：虽然有数千亿美元投入教育，但用于财商教育的经费近乎为零。

问：为什么我们学校里没有开设财商教育？

答：我从9岁时起至今，这么多年来也一直在问这个问题。

问：结果你发现了什么？

答：我发现知识就是力量。如果要控制民众的生命与生活，就要限制他们的知识。正因为如此，古往今来许多独裁者会焚书，并且放逐（甚至杀掉）那些可能危及独裁者权力的有知识的人。在美国，南北战争之前，教奴隶读书写字在许多州是犯法的。知识是世上最强大的力量。正因为如此，为了掌握权力，限制民众的知识就至关重要。

有一则公式是：

信息 × 教育 = 知识

知识就是力量——缺乏知识，就只能任人摆布。

我的穷爸爸受过高等教育，拥有博士学位，但是几乎没受过任何财商教育。他在教育体系当中拥有权威地位，但在现实生活中几乎毫无力量可言。

而我的富爸爸呢，没有完成学业，但他在金钱世界的受教育程度却极高。虽然以正规学历而论，他不如我的穷爸爸，但在现实生活中他所拥有的力量却超过我的穷爸爸。

问：那么说来，有权的人通过教育制度——通过决定要教什么、不教什么——来维持对人民的控制。当今学校中完全没有财商教育，原因就在这里吧？

答：我认为是这样。当今世界上，财商知识的力量超过枪炮，超过奴隶制时代的皮鞭、镣铐。全球各地仍有数十亿民众遭受奴役，就因为缺乏财商教育。

问：是什么成了今天的枪炮、皮鞭、镣铐？

答：就是现行的金融体系。

问：金融体系？我们的钱？金融体系是怎么控制民众的？

答：当今金融体系的设计目的就是要使民众一直穷下去，而不是让他们富起来，就是要让民众一直辛苦工作挣钱。金钱奴役了未受过财商教育的人，这些人成为薪水的奴隶。

我们的财富，同时也通过金钱而被人剽窃走，而那正是多数人终生拼命工作挣来的钱。正因为如此，那些最努力工作挣钱的人（常被称为"穷忙一族"）无论怎样加倍努力，总是越来越穷，而不是富起来。

问：我们的财富，究竟是如何通过金钱被人剽窃走的？

答：方法和手段有许多种。或许你已经听说过一些。例如：

1. **税赋。**

   你劳动所产生的价值，经由税赋而被剽窃走了。

2. **通货膨胀。**

   政府大量印制钞票，物价就会上涨；物价上涨了，人们就得更辛苦工作，结果是不但要缴纳更多的税费，还得为更高的物价付出更多代价。

3. **储蓄存款。**

   银行利用"存款准备金制度"这种手段来剽窃存款人的财富。例如，我们假设存款储备金率是10%，那么当存款人将1元存入自己的储蓄账户时，银行就可以根据这笔1元的存款向外放出10元贷款。这是变相印钞票的手段，其结果不但加剧了通货膨胀，也使存款人的金钱大大降低了实际购买力。富爸爸经常告诫人们"储蓄存款的人都是输家"，原因之一就在这里。

稍后我会解释，你的财富是如何经由各种途径被剽窃走的。正如我先前所说的：当今金融体系的设计目的就是要使一般民众一直穷下去，而不是富起来。

> 问：你能否证明这个论点？
> 答：我让你先看一张图。俗话说得好"一张图胜过千言万语"。虽然这张图不能等同于证据，但是它确能反映出仰赖政府救济的人数的上升趋势。

向贫穷宣战

美国的林登·约翰逊总统在 1964 年宣布向贫穷开战。许多人认为这场战争已经打赢了，还有一些人对此持异议。下图显示的是需要依赖"救济食物券"过活的人口数。虽然很多人相信我们已经战胜了贫穷，但是越来越多的民众却需要依赖救济食物券过活，可见事实并非如此。

领取救济食物券的人口数

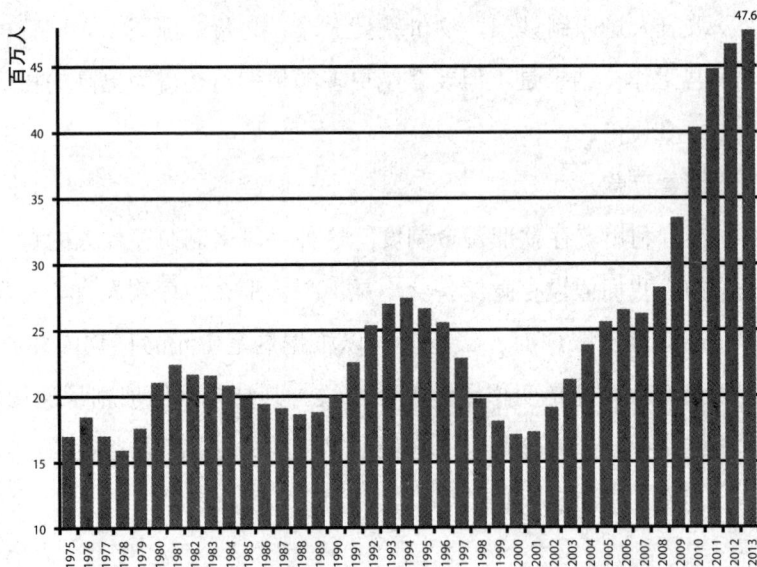

这张依赖救济食物券的人口变化图显示，在 1975 年大约有 1700 万人领

取食物券，到了 2013 年，这一人数已超过 4700 万，而且还在持续增加。

　　问：如果穷人越来越多，那么这些穷人又是从何而来的呢？
　　答：从中产阶级内部转化来的。今天的许多贫穷民众，几年前还曾是生活
　　　　舒适的中产阶级。

针对中产阶级的战争

中产阶级收入的户数逐渐减少

中产阶级的收入不但一直停滞不前，而且从1970年起，达到中产阶级收入的户数不断减少。2010年，家庭收入为全国家庭所得中位数之0.5至1.5倍的中产阶级收入的户数，占全美国总户数的42.2%，低于先前1970年的50.3%这一比例。

收入范围在全国家庭年收入中位数±50%的户数占全体户数的百分比

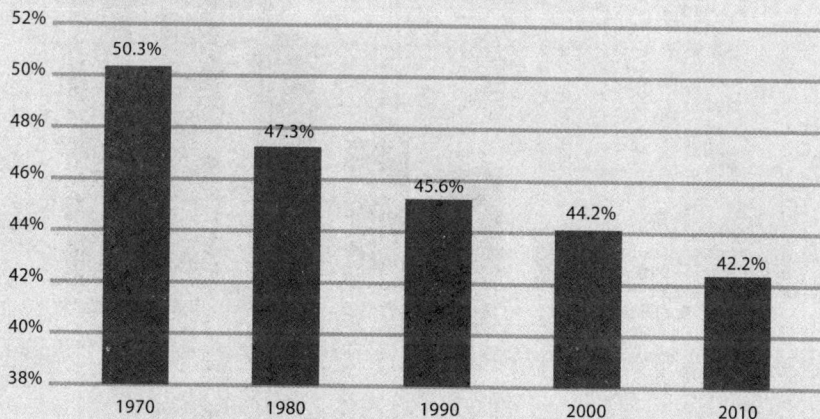

来源：艾伦·克鲁格于2012年1月12日在华盛顿智库美国进步中心的演讲

　　上面这张图显示了中产阶级目前的境况。

　　前几年电视台记者卢·达布写了一本关于中产阶级日益萎缩的书，书名为《中产阶级的战争》。作者的论点是：中产阶级一向是美国经济的引擎，如果中产阶级不断萎缩，那么美国经济也势必萎缩。

　　在 2012 年总统大选期间，奥巴马和罗姆尼两位候选人都承诺要挽救中产阶级。任何有好奇心的人不免会问："为什么中产阶级需要人去挽救呢？"

大家都明白，一旦到了需要政府出面挽救你的时候，说明你已经无可救药了。

借助通货膨胀剽窃财富

当今的货币制度借助通货膨胀来剽窃我们的财富。下面这张图一目了然：穷人和中产阶级无论怎么努力工作，都只能在挣扎中求生存。原因究竟何在？

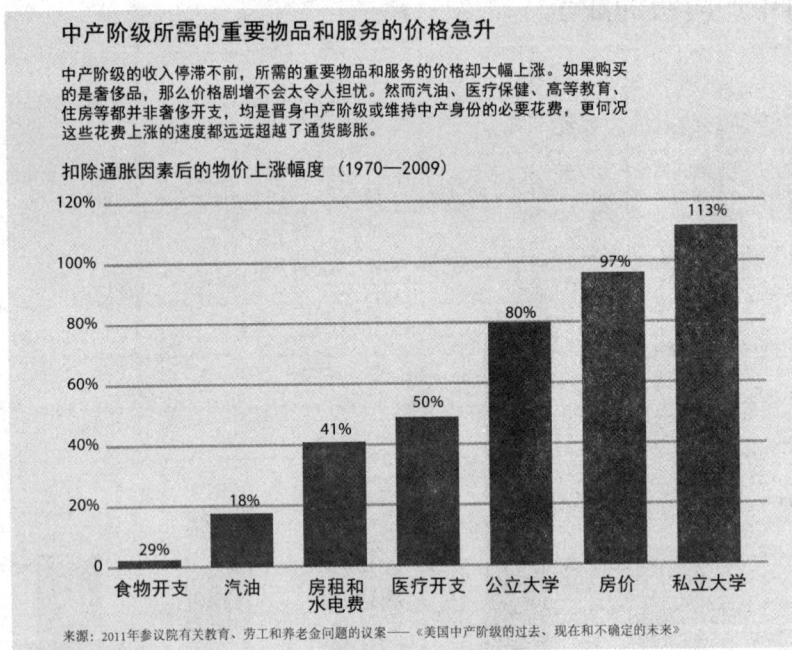

中产阶级所需的重要物品和服务的价格急升

中产阶级的收入停滞不前，所需的重要物品和服务的价格却大幅上涨。如果购买的是奢侈品，那么价格剧增不会太令人担忧。然而汽油、医疗保健、高等教育、住房等都并非奢侈开支，均是晋身中产阶级或维持中产身份的必要花费，更何况这些花费上涨的速度都远远超过了通货膨胀。

扣除通胀因素后的物价上涨幅度（1970—2009）

项目	上涨幅度
食物开支	29%
汽油	18%
房租和水电费	41%
医疗开支	50%
公立大学	80%
房价	97%
私立大学	113%

来源：2011年参议院有关教育、劳工和养老金问题的议案——《美国中产阶级的过去、现在和不确定的未来》

问：当今货币制度如何造成通货膨胀？

答：造成通货膨胀的首要原因是政府大量印制钞票。

银行或政府凭空印制钞票，就会发生两件事情：通货开始膨胀，而且税赋上升。随着物价上涨和税赋加重，民众就会陷入财务困境。

问：物价上扬了，民众如何活下去？

答：物价不断地上升，民众就会依赖信用卡来生存，许多人被迫缩减开支，例如不买比较有益健康的食物或不去看牙医等。许多人沦为债务的奴隶，还有更多的人简直像是卖身为奴，成了薪水的奴隶。

债务的奴隶

中产阶级的收入不断萎缩，税赋和物价却不断上扬，许多人开始依赖刷信用卡付账来过活，从而沦为债务的奴隶。

从下图就可以看出这一趋势。

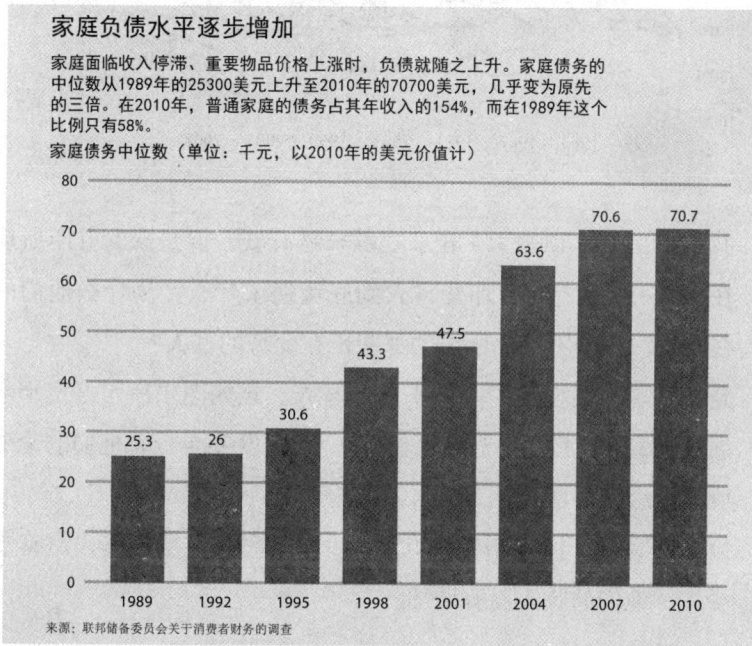

家庭负债水平逐步增加

家庭面临收入停滞、重要物品价格上涨时，负债就随之上升。家庭债务的中位数从1989年的25300美元上升至2010年的70700美元，几乎变为原先的三倍。在2010年，普通家庭的债务占其年收入的154%，而在1989年这个比例只有58%。

家庭债务中位数（单位：千元，以2010年的美元价值计）

年份	中位数
1989	25.3
1992	26
1995	30.6
1998	43.3
2001	47.5
2004	63.6
2007	70.6
2010	70.7

来源：联邦储备委员会关于消费者财务的调查

当今的税赋、负债、通货膨胀，就是囚禁现代奴隶的镣铐。

富人分两种

问：如果穷人和中产阶级都越来越穷，为什么富人会越来越有钱？

答：这是因为富人分为两种。一种是真正的富人，这些人会越来越有钱；另一种却会变穷。下面这张图会解释这种情况。

家庭实际年收入的累计增减（依增减幅度分组，1979—2007）

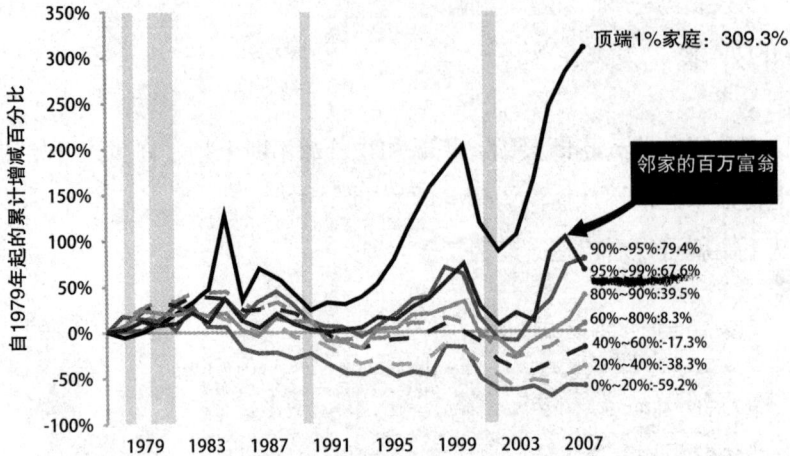

纵轴：自1979年起的累计增减百分比（-100% 至 350%）

顶端1%家庭：309.3%

邻家的百万富翁

90%~95%:79.4%
95%~99%:67.6%
80%~90%:39.5%
60%~80%:8.3%
40%~60%:-17.3%
20%~40%:-38.3%
0%~20%:-59.2%

横轴：1979 1983 1987 1991 1995 1999 2003 2007

问：我看得出位于顶端 1% 的家庭越来越有钱，但是家庭资产所得增幅
　　在 95%~99% 之间的那些富人到底遭遇了什么？为什么他们的收入
　　在下滑？这是不是你所说的那些正在变穷的富人？

答：是的。这张图显示了两种不同的富人。正如图中所示，位于全美国
　　顶端 1% 的家庭变得极度富有——从 1979 年至今，他们的家庭资产
　　所得已经整整增长了 309%。
　　但是家庭资产所得增幅在 95%~99% 之间的上层家庭，财富却在减
　　少——他们的收入没有增加。

问：你较早时提到，有一些富人将会沦为新贫民，原因就在这里吧？

答：是的。请注意，我们刚才看的图，仅仅统计到 2007 年。别忘了金融
　　风暴正是从那一年秋天开始的。在 2007 年之后，许多百万富翁因为
　　次级房贷风波及股市崩盘而宣布破产。

问：因此，这张图如果包含今天的数据，情形可能显得更糟，是吗？

答：是的。位于顶端 1% 的美国人已经变得更富了；其他富人，也就是我

所说的另一种富人，如今则变穷了。许多人不到一年就由富入贫：丢了原先的高薪职位，失去了住房，股市崩盘又使得自己投资组合中的财富贬值，因此变得一贫如洗。

即便是熬过了那次金融风暴、家庭财富仍居美国上层 20% 的人，他们中也有许多人（因遭受通货膨胀）现在也在变穷，有的已经跌入中产阶级的行列了。

问：能不能再讲一遍：两种富人，到底有哪些不同？

答：一种富人拥有高薪职业，例如公司高层主管、医生和律师之类的专业人士、职业运动员、电影明星等，这些人是高收入的富人。

另一种富人是不需要拥有职业就很富的人，大部分是拥有资产的富人。

邻家的百万富翁

1996 年有一本书出版：《下一个富翁就是你》，这是当年恰逢其时的一本好书。作者是托马斯·史丹利和威廉·丹科，书中描述了那些普普通通的美国中产阶级是如何变成百万富翁的。他们既不是像唐纳德·特朗普、史蒂夫·乔布斯、电影《华尔街》中的高登·盖柯等人那样因创业和投资而成为百万富翁的，也不是像电影明星、摇滚乐巨星、职业运动员那样因专业技能而有百万身家。他们之所以成功跻身中产阶级行列的百万富翁，是因为自身曾受过良好的教育，住的是位于高档住宅区中的朴素房子，开着平价实用汽车，但不断存钱储蓄，并且持续把钱投资在股市中。

其中有许多人其实是"身家百万的富翁"，他们之所以发家致富，是因为自己的住房价格、为自己退休后生活而设的投资组合的价值上升了。他们之所以跻身于中产阶级行列，是因为受益于通货膨胀，间接参与了美国经济的上升。当年他们是实现了"美国梦"的活样板。

但是美国在 2001 年 9 月 11 日遭到恐怖攻击，那标志着一个新的时代开启了，同时所谓"美国梦"的年代则终结了。

下图显示自从 911 事件以来，那些邻家百万富翁的生活已经不舒适了。

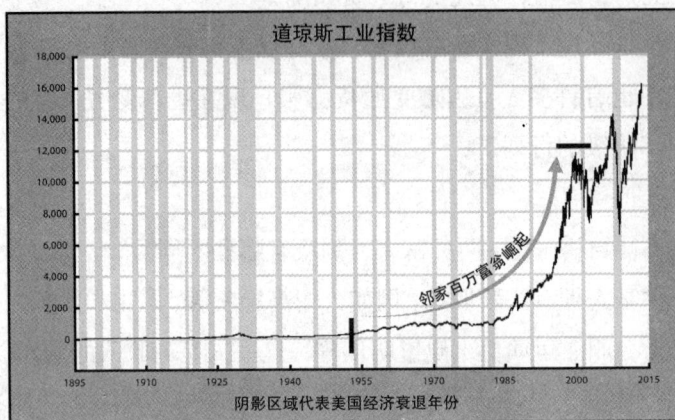

道琼斯工业指数

阴影区域代表美国经济衰退年份

而 2000 年的网络公司倒闭、纳斯达克指数崩盘，触发了一系列的经济泡沫破灭，使得许多这类邻家百万富翁跌出了百万富翁行列。

邻家的"卖房偿债人"

次级房贷的泡沫在 2007 年破灭后，许多邻家百万富翁变成了邻家"卖房偿债人"。

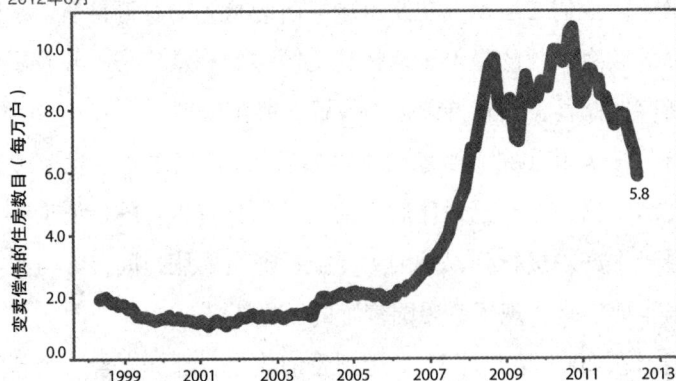

变卖偿债的美国住房
2012年6月

截至 2007 年之前，房价多年来都一直稳定上涨。眼看房价上涨，数以百万计的房主就开始向银行借出所谓"房屋抵押贷款"，用来偿还刷信用卡消费而欠下的债务或者用于旅游度假。他们把自用住宅当成提款机使用，待到落入资不抵债的境地时，才学到一条严酷的教训："自用住宅不能算是资产。"

房价暴跌后，刷信用卡的消费就减少了。这些房主不再刷卡消费，就使得经济发展放缓了，因为经济发展有赖于消费者不断地花钱、刷信用卡。消费者吝于花钱，零售遭受重创，因此拖垮整个世界经济。

截至 2014 年，全美国大约有 1.15 亿户家庭，其中有 4300 万个家庭是租房客，只有 2500 万个家庭完全拥有自有房屋，还清了房贷。房贷尚未还清的家庭约为 5000 万户，当中估计有超过 2400 万户家庭已经"资不抵债"，意思就是：即便把住房变卖掉，所得资金也不足以还清早先靠抵押住房而借下的贷款。

只要拥有房屋的人仍觉得自己是穷人，那么经济就仍会疲弱不振。

失落的一代

跻身于中产阶级行列的邻家百万富翁失去了高薪职位和自用住宅，就开始从自己的退休储备账户中取钱以支付日常生活所需，这时就害苦了另一群人：邻家百万富翁的子女。

全球各地都有这样一批号称"失落的一代"的年轻人，他们从大学、职业学校或中学毕业后，却找不到工作，或找不到与自身学历相称的工作。与全无收入或收入低下相比，更糟的是：这些人无法累积起必不可少的实践工作经验。他们不能在 20 多岁、30 多岁的黄金年代积累一定的工作经验，此后岁月中的挣钱能力和收入必将大受影响，因此这群人常被称为"失落的一代"。

年轻、有学历，却身负重债

这些高学历者之中，许多人一毕业就背上了沉重的学生贷款，这很可能是所有负债当中最糟的一种。学生贷款不同于汽车贷款、房屋贷款、商业贷款，那就是这种贷款很难豁免。背负着学生贷款的人不能指望靠宣布破产来摆脱偿债的责任。学生贷款好似枷锁，可能一辈子紧紧地套在学生的脖子上，而且利息会随时间的流逝而累加。这些人今后在买汽车、买房子，或将来筹资创业时，都会面临信贷上的困难，直到把学生贷款还清为止。学生贷款计划的规章目前正在全面修订，这或许可改善这些年轻人面临的问题和困境。

这些年轻人之中，有许多属于"啃老族"，也就是长大成人后离开家、到头来还得搬回来跟父母同住的子女。这就使父母变为"夹心一代"，如今既要继续抚养子女，又要赡养自己的父母，往往是祖孙三代挤在同一个屋檐下生活。

有些国家为民众提供免费的高等教育，反观美国，我们却把自己的学生都变成了背负债务的奴隶。

问：你说人人都需要第二次机会，原因就在这里？因为有些富人正在变穷，中产阶级不断减少，贫穷人口不断增加，我们的学生虽有高学历却因无法就业而且背负重债，是这样吗？

答：是的。世界一直在变化，金钱规则也不断在变化。

仍活在过去、仍依照旧世界的金钱规则办事的人们，目前正遭到淘汰。

我们现在处于信息时代，信息量非常丰富，而且大部分都是免费的。

但是一个人若缺乏财商教育，他将无法把信息转化成知识。

问：虽说知识就是力量，但数以百万计的人受过高等教育，却没有什么力量。正因为如此，所以数百万人需要第二次机会，这样才能把自己的力量找回来？

答：是的。

问：《下一个富翁就是你》在1996年出版，而《富爸爸穷爸爸》在1997年出版。请问这两本书之间有什么不同？

答：《下一个富翁就是你》讲的是"身家百万"的富人，而《富爸爸穷爸爸》讲的是"现金百万"的富人。

问：只有这个区别？

答：这个区别大得很。许多当年身家百万的富人把自己拥有的负债，例如自用住宅、汽车等，当成资产来看待。到了房地产和股票两大市场都崩盘时，他们拥有的负债的价值就随之消失，以"身家"计算的百万富翁就变得一贫如洗了。

但是许多"现金百万富翁"，也就是从实际资产而获得收入的人们，却变得更有钱了：他们用极低的价格买进那些"身家百万富翁"所抛售的负债，从而变得更富了。

问：那么说来，数以百万计的人因为缺乏财商教育，所以分辨不清这两种不同的富人？

答：完全正确。有许多不同的途径可让人们获得巨额财富。举例来说，一个人可因继承而获得财富，或者与富家联姻而变成富人。正如沃伦·巴菲特所说的："财富天堂门，多条道路通。"

我的穷爸爸是穷人，没有资产，因此我没有财富可继承；我也不想靠娶有钱人家的姑娘做老婆来发家致富。因此我在很年轻的时候，就决心要像富爸爸那样来获得自己的财富——那就是接受财商教育，然后累积资产。

问：那么说来，大部分的人因为缺乏财商教育，分不清何为资产、何为负债；也就是说，他们的财富就是因为缺乏财商教育而被别人剽窃了。你要说的是不是这个意思？

答：是的。对一些基本的财务用语，当年人们若能了解其简明含义，也许就能让自己的财富保值增值了。但好消息是：有关这些词语含义的知识都是免费的。

过去、现状、未来

问：数以百万计的有知识而又努力工作的人，正在丧失自己的财富，原因就在这里了？他们有知识却成了金钱的奴隶，就好似美国内战之前那些没文化的奴隶一样。你要说的是不是这个意思？

答：是的。教育——或者缺乏教育——就是当权者紧握大权的一个关键。

问：那些当权者目前的状况如何？

答：随着信息时代的到来，使得当权者逐渐丧失原有的优势。正因为如此，眼下一个人接受财商教育的重要性，远超出历史上任何时代。目前当权者活在权力幻觉之中，正无所不用其极地紧抓住权力不放。

问：你对未来有什么看法？

答：我再次强调，一张图胜过千言万语。我会再给你看几张图，加上几句解释，接下来就要靠你自己判断未来会是什么样子。

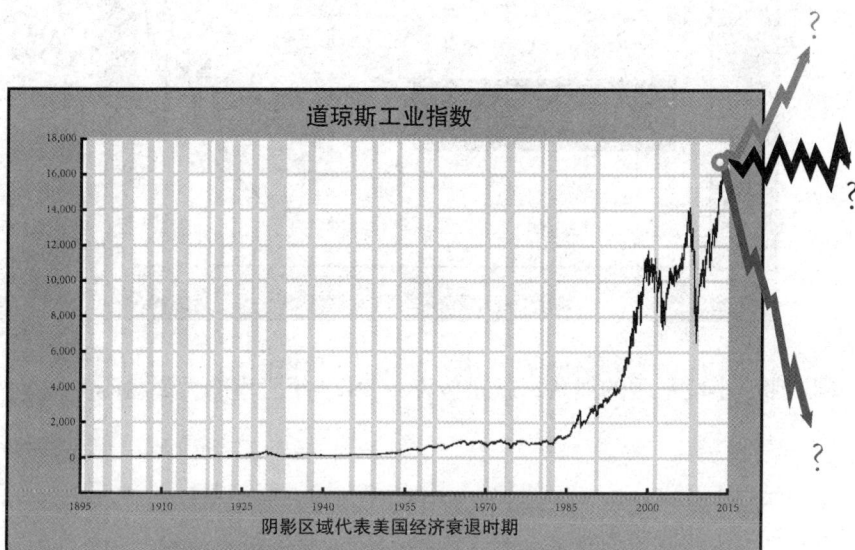

在上面这张图上，你看到的是道琼斯工业指数在过去、现在和将来的走势。虽然这不足以衡量全部的经济状况，但它的确可展示一个复杂经济体某一方面的缩影。

问：这么说来，未来的经济只可有三个走向：上升、下跌或横摆？
答：是的，永远都是这样三个走向。

问：你对未来有什么看法？
答：要展望未来，最佳的办法就是回顾过去。在刚才的图中，你可以看到过去，看到一个所谓"经济大萧条"的历史事件，事件的起因就是 1929 年的股市大崩盘。

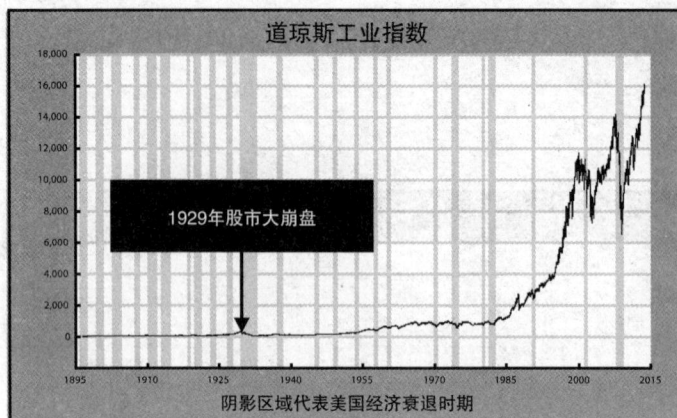

道琼斯工业指数

1929年股市大崩盘

阴影区域代表美国经济衰退时期

问：那一小段平缓的线条，就是传说中 1929 年股市的大崩盘吗？
答：是的。

问：下一次的股市崩盘会不会更严重？
答：会的。

问：如果下一次股市崩盘会更严重，将会发生什么事情？
答：看看当年经济大萧条的状况吧。

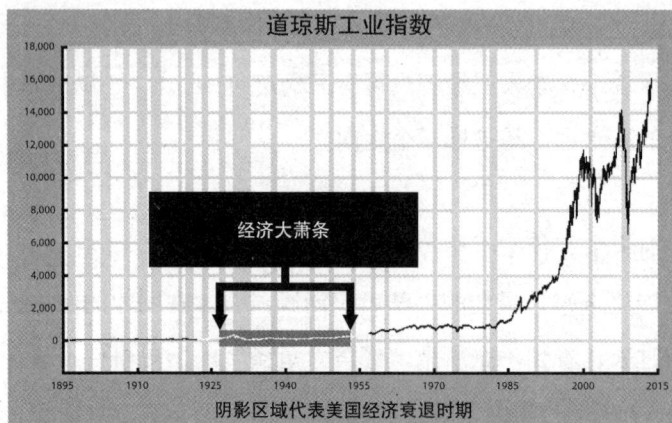

道琼斯工业指数

经济大萧条

阴影区域代表美国经济衰退时期

从道琼斯工业指数的曲线图上看，经济大萧条时期持续了 25 年，也就是从 1929 年起，到 1954 年才结束，因为该指数在 1929 年达到 381 点的历史高点，整整 25 年之后才再次达到 381 点。但这并非唯一的观点，也有人认为经济大萧条早在 1939 年就结束了。

问：当前我们是否正进入新一轮的经济大萧条？

答：是的。其实许多人自己早就处于新一轮的经济大萧条了，正因为如此，依赖救济食物券过活的人数上升了，中产阶级不断萎缩，背负巨额学贷的毕业生找不到工作，许多昨日还身家百万的富翁如今却一贫如洗。不仅如此，第一批战后婴儿潮时代出生的美国人，大约有 7600 万人，正要进入退休年龄。这一群日渐老去的人之中，有许多（即便不是大多数）并没有足够的钱来应付退休生活所需。医疗保健和药物的进步，将使这一群人的寿命得以延长，但同时食物、燃料、住房的价格却持续上涨，他们的医疗保健费用也很可能持续性地水涨船高。

社会保障制度多面观

看看下面这张图显示的美国社会保障基金状况。

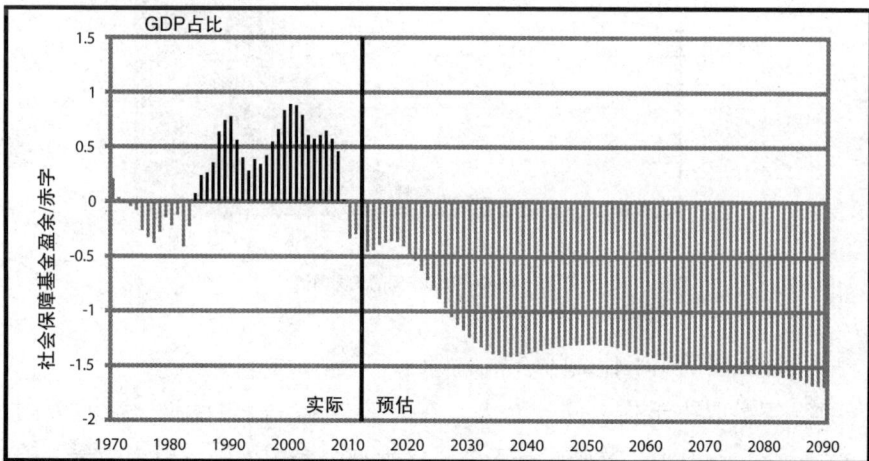

问：这张图是什么意思？

答：这张图的意思可因人而异。如果你还年轻，那么这张图的意思是说，你最好不要指望将来政府会照顾你；如果你属于战后婴儿潮一代，那么它的意思是说，你先前缴给社会保障基金的钱都已经消失了。如果你属于第二次世界大战期间出生的一代，那么你投胎的时机正好。

下面这张美国国债趋势图也很有意思，它显示的是另一种情形。

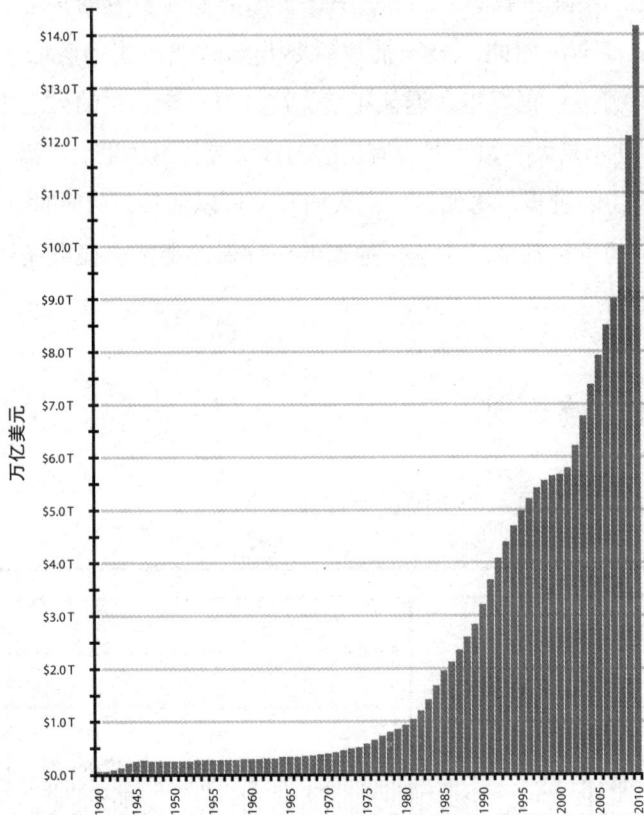

1940–2010年间的美国国债

问：这张图说明了什么问题？

答：答案取决于你去问什么人。在大多数人——也就是一般的美国民众——看来，这张图毫无意义。大部分美国人缺乏财商教育，因此面对这张图时都茫然无绪，这张图对他们几乎没有意义。

如今（截至2014年年末）美国国债已经超过了17万亿美元。在一部分人看来，这说明末日已经临近；而在少数人看来，这预示今生难得一遇的良机即将到来。

问：对你而言，这张图有什么启示？

答：我对前面提到的两种人表示同情和理解，但自己却属于第三种人。虽然我为那些将会受伤害的人们感到一点害怕和担忧，但我个人看待未来时却心怀兴奋，我很期待亲眼看到将会发生的人类历史上最大的一场有关权力易手与财富转移的游戏。这个事件将会开启一个崭新的时代。如果这场巨变能受到妥善处理，那么禁锢人类的许多镣铐将会被永远抛弃，我们就会迈入一个能使全人类持续享有繁荣富足的新时代。如果事情进行得不顺利，那么当今的既得利益者将会得胜，然后运用暴力来维持掌控权力，我们就可能会进入一个新的中世纪黑暗时代。

问：什么因素会造成这两种不同的结果？

答：发挥作用的因素有许多，例如科技因素。但是最大的改变必须发生于教育——不仅改变我们所教授的内容，而且还要改变我们的教授方式。

问：你认为成败的机会如何？你认为现时的教育会改变吗？

答：不会，至少近期内不会改变。有一个证据可以支持这一论点：当今控制货币体系的人，同时也控制着教育体系。正因为如此，我早在1984年就成为教育创业家。也正因为如此，我在现行的教育体制之外写了这么多书，并且设计出财商教育游戏等教学工具。如今我是身兼两职，既是像富爸爸那样的一个企业家，又是像穷爸爸那样的一个教育者。也许你也知道，我主张凡人皆有应尽的责任；我主张只要是自己有能力去改变并加以控制的事情，就应当去改变。人人都有能力改变自己，而最容易的——而且往往是最有力的——改变，就是借助教育去改变。

问：你对未来有什么看法？

答：想要预见未来，就必须先回顾过去。俗话说得好："无法从历史中吸取教训的人，注定要重蹈覆辙。"

在过去，曾有过两种性质不同的经济大萧条：

1. 美国的经济大萧条（1929—1954）；
2. 德国的恶性通货膨胀（1918—1924）。

问：这两者的不同点在哪里？

答：简单地说，美国没有大量印制钞票，而德国却印了很多。

下图显示的是，德国大量印制钞票所造成的结果。

上图显示：中央银行和政府大量印制钞票来偿付自己的开支时，会造成严重的后果。

在1918年，一个德国人的存款只要多达几百万马克，就称得上是"百万富翁了"，但5年后，这个人就沦为穷人了。

问：请问，同样的事情，今天是否也发生在美国？
答：是的。英国、日本及欧洲其他国家，当前都在大量印制钞票。

问：这些国家为什么要这么做？
答：为了偿付国家的开支。

问：我还以为国家是靠税收来应付开支的，原来是我想错了？
答：是的。问题就出在全球经济正在崩溃，因此当经济下滑时税收也跟着短缺，而政府开支却在上升。举个发生在实际生活中的例子：一个四口之家中，父母两人都在工作，有一天爸爸突然失去了工作。此时虽然妈妈仍在工作，但单靠她一人的收入无法应付全家开支所需，所以积欠的账单越来越多。家庭和国家最大的区别是：爸妈无法印制钞票，政府却有权一再增加货币的发行量，直到世界各国不再愿意把这一国的货币当钱来用时为止。

问：那当一家人欠账累累、债如山高时，会发生什么事情？
答：到了最后，爸爸妈妈也许只能宣布破产。

问：若是一个国家这样了，又会发生什么事情？
答：该国的货币体系就会崩盘，也就是说，没人愿意接受该国的货币了。一国的货币体系崩溃了，情形就好比那位妈妈去超市购物时，发现信用卡已经无法透支了，店家又不肯收她的支票，尽管她仍有工作，也是枉然。

问：德国在 1923 年就是发生了这种事情吗？

答：是的。

问：近来也有这样的事发生吗？

答：有的。津巴布韦一度是非洲最富的国家，但在 2008 年该国的货币——也即津巴布韦元——就落到同样的下场。

极少有人仍记得 1923 年德国马克崩盘的事件，所以我在 2004 年特地前去津巴布韦，以便亲身体验货币崩盘的情形。结果看到那里的境况十分不妙，实际上是十分恐怖：数百万民众逃往他国，数万民众活活饿死。

津巴布韦原先名为罗德西亚，源于 18 世纪 80 年代一位名叫赛西尔·罗德斯的南非企业家，这个人因经营钻石生意而发了财，一度成为全球首富。

罗德西亚在 1980 年改名为津巴布韦之后，从一个有"非洲的面包篮子"美誉的富饶之邦沦落为非洲最没有希望的国家。为什么呢？因为政府开始滥印钞票来应付开支。2007 年金融风暴过后，有几个世界一流的富裕国家也开始奉行津巴布韦的经济模式。

我们大部分人经历过股市崩盘或者房市崩盘，但只有极少数人经历过货币崩盘。货币崩盘跟股市崩盘、房市崩盘是大不相同的。

问：我该怎么办呢？

答：这就是本书要讲述的。本书第一篇就从了解过去开始，好让你能一窥未来的趋势。还记得刚才那张图上的情景吗？一个德国人挥动扫帚在街道上清除那满地丢弃的纸钞，那是要让你看看未来会发生什么样的事情。千万别忘了：一旦政府滥印钞票来应付开支，钞票就会变成废纸。

问：那么，本书所说的为未来做准备，针对的不仅是股市和房市的崩盘，还包括全球范围的货币崩盘？

答：正是如此。

下一张图表达的是关于"量化宽松政策"的内容。

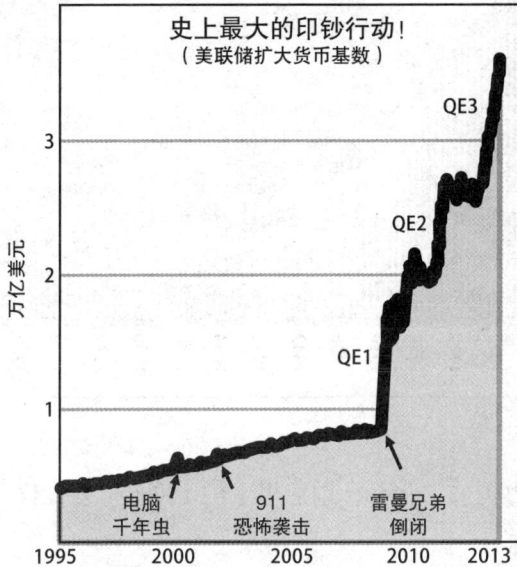

问：这张图是什么意思？

答：这张图是说，美国正在仿效当年德国在经济大萧条之后的应对模式，即正企图以滥印钞票为出路，从而摆脱金融危机。

问：对我个人来说，这有什么影响呢？

答：对你的影响，正如我在本章开头所说的：你辛苦工作所得的钱，正被某些人利用，以剥窃你的财富。我已经说过，现行货币制度当初在设计时就不是为了让你富起来；你所谓的"钱"，只是被设计为用作剥削你个人财富的一种手段。

请你看看下面这张图，它显示你的"钱"的购买力发生了什么变化。

美元购买力(1900—2002)

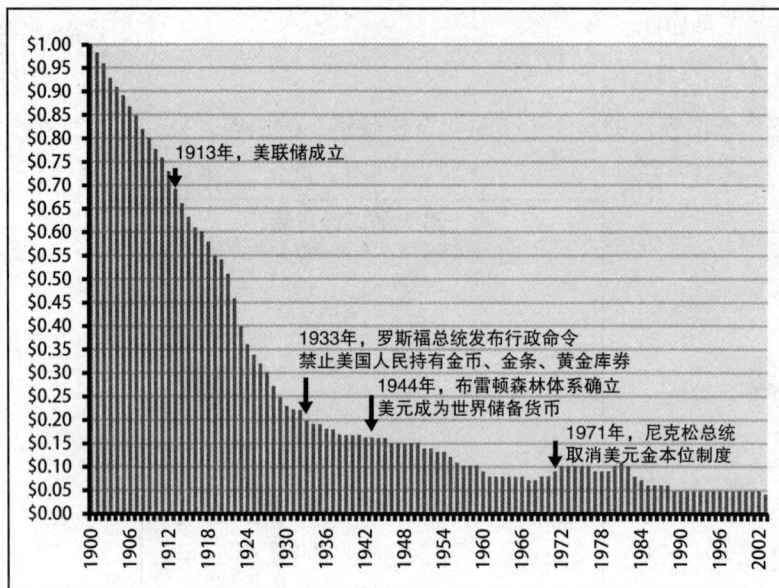

美元的购买力丧失了95%，前后用了约100年；要让仅存的5%也消失，我猜用不了100年。

问：你是说美元将会变得一文不值？
答：如果美国继续不停地印钞票，就有此可能。

问：但在美国，那不可能发生吧？
答：其实已经发生好几次了。

问：什么时候发生的？
答：在美国独立战争期间，乔治·华盛顿总统和美国国会开始发行一种名为"大陆币"的货币，用于支付独立战争的军费。英国则仿造出许多假的大陆币，从而导致大陆币变得一文不值。于是在独立战争期间就出现了一句俗语："还没一块钱的大陆币值钱。"

后来出现的"邦联美元"也落得同样的下场。在美国南北战争期间，南方邦联发行邦联美元来付账单、买武器，而最终南方战败，很大程度上也是因发行"劣币"所致。

南北战争中的美国政府则发行"绿背票"来支付战争所需。若换成是北方战败，那么"绿背票"也会随邦联美元一起变成废纸。

今天，如果美国政府继续大量印制现行的"绿背票"，那么目前的美元就可能如同当年的大陆币、邦联美元那样，变得一文不值。

问：如果美元变得一文不值，会发生什么事情？

答：如此一来，有存款积蓄的人就会变成最大的输家，原先为了存钱而辛苦奋斗，结果却以失败收场，他们的财富将化为乌有。我不断提醒自己：一个德国人可以在 1918 年是百万富翁而到了 1923 年却一贫如洗。

正因为如此，我在《富爸爸穷爸爸》一书中就开宗明义地指出"富人不为钱工作"。

问：如果富人不为钱工作，那么他们工作又是为了什么？

答：这就是本书要说的事情——我写的书、设计的游戏也多半是如此。许多人需要第二次的机会来重新思考：自己努力工作到底是为了什么？

问：我需要学习哪些东西？

答：让我们先从过去讲起。

问：为什么要从过去讲起？

答：因为唯有回顾过去，我们才能预见未来。回顾过去，你就会明白有钱有势的人如何利用金钱来剽窃我们的财富。

在接下来的章节里，你将会明白有钱有势的人是如何通过一场"抢劫钞票"来刮走我们的钱。一旦明白了那场抢劫是如何进行的，那么你就有较大的机会在当前就做出较为明智的决策，以便让自己能有一个比较富足而安稳的未来。

问：是否人人都能拥有一个比较富足而安稳的未来？
答：很可惜，答案是"不会"；我觉得不可能。

问：为什么？
答：因为多数人还生活在过去。如果他们还固守于过去的老一套，就无法理解富爸爸的第一条教导：富人不为钱工作。因为现在有太多的人为了钱而忙碌，拼命工作来支付账单并且为了自己的将来而存钱储蓄。除非他们愿意花时间来了解过去，要不然他们是永远不会懂得富爸爸的第一个教导。

对于那些仍然死抱着过去那一套不放的人们，就算是给这些人第二次的机会，大概也不会对他们产生多大的帮助。正如同我们所知道的："疯狂的定义就是不断地重复同样的做法而期待会有不同的结果发生。"凡是讲到金钱这方面，可以说现代人绝大部分都已经疯狂了。

我们必须先回溯过去才能遇见未来，因此，你准备好要回溯过去了吗？如果你的答案是"准备好了"的话，那么就请继续阅读下去。

问：最后一个问题：如果当初设计金融体系时的"钱"是用来让民众变得更穷，借此来剽窃他们财富的话，那么是什么人会因为这种"钱"而变得更加富有？
答：就是那些有钱人，那些不为钱工作的有钱人，特别是那些控制整场金钱游戏规则的有钱人。

问：请问这场金钱游戏已经进行多久了？

答：从人类诞生时就已经开始了。人类自古以来就总想着如何奴役其他人，或者想尽办法劫夺其他人的财物。这并不是新的游戏。有钱人从很久之前就一直在进行这样的游戏。

如果现在换你学习这场游戏怎么进行，也就是有钱人们在玩的这场金钱游戏，那么这就是让你翻转人生的第二次致富机会。

第二章

能预见未来的人

"我绝大部分的进展都是误打误撞的结果。当你摒除一切的'非也'之后，你就会发现什么才是'所以然也'。"

——巴克敏斯特·富勒博士

1967 年夏天，我和同学借着搭便车的方式一路从纽约到达加拿大的蒙特利尔。当时我们都是就读于纽约的美国商船学院 20 来岁的年轻人。我们搭便车到蒙特利尔是想一窥未来的世界。

1967 年的世界博览会在蒙特利尔举行，并且是以未来世界发展为主题。美国馆就坐落于整个博览会的正中央，从几英里外就能看到那幢非常巨大的穹顶建筑。这个建筑的设计师就是巴克敏斯特·富勒博士，一个被世人视为当代天才型的人物。

富勒博士获得了"未来学家"的称谓，也经常被人称为"未来之祖父"。美国政府采用富勒博士所研创的穹顶建筑来设计美国馆并以此代表未来，这的确是一个很明智的决定。

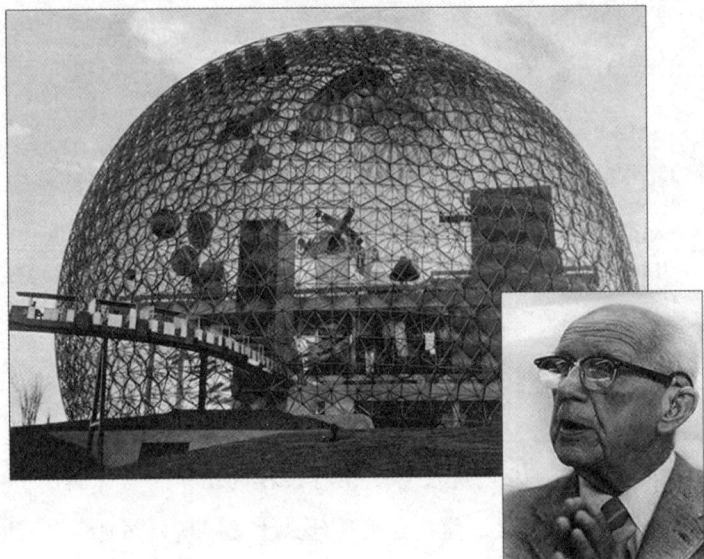

　　富勒博士不仅是位谜一般的人物，而且还是一位无法将之归类的才子。哈佛大学宣称富勒博士是该校最杰出的校友之一，但是他从未从哈佛大学毕业。虽然富勒博士从未完成大学学业，但是他此生一共获得了47个荣誉学位。

　　美国建筑师协会也把富勒博士视为当代最顶尖的建筑师之一。虽然富勒博士没有受过建筑师方面的培训，但在全球各地都能看到他的建筑作品。美国建筑师协会总部恭敬地在其大厅里陈列着富勒博士的半身像。

　　富勒博士也被视为美国历史上最杰出的人士之一，在其名下拥有两千多项专利权。

　　富勒博士也有许多的著作，涉猎的主题非常广泛，其中包括了科学、哲学、诗词等。里根总统于1982年给富勒博士颁发了"总统自由勋章"，而且他也曾经被提名角逐诺贝尔奖。

　　虽然他达成了极高的成就，但富勒博士常常自谦说自己只不过是个"小人物"罢了。

穷爸爸和富勒博士

我的生父，也就是我书中经常提到的"穷爸爸"，是他向我介绍富勒博士这号人物的。19世纪50年代末，我当时还是小学生，父亲和我会花很多时间利用小木棒和胶水来建造富勒博士所设计的各种模型。我们当时做出了各种四面体、八面体，以及二十面体等，富勒博士把这些形状称为"构成宇宙的基本建筑单位"。穷爸爸和富勒博士有许多共通之处，两位都是极为聪明的人，并且在数学、自然科学、设计等学术领域当中都拥有极高的造诣。两位也都致力于创造更美好的世界，一个能让所有人都有所发挥的美好世界。两位也都将一生奉献于服务人类并创造世界的和平。

当富勒博士在1964年荣登《时代》杂志的封面人物时，我父亲简直高兴得不得了。

身处于未来的世界之中

1967 年我和其他富勒博士的诸多追随者都迫不及待地参观美国馆，并站在富勒博士所设计的穹顶建筑之中。那种感觉真的非常奇妙，是一次超乎现实、内心充满和平与希望且终生难忘的经历。我做梦都没有想过，将来有一天我会有机会跟这位号称"未来之祖父"的人物学习。

1981 年某个周末，我受邀前往加州太浩湖的度假中心，因为有机会可以向富勒博士学习。那一次研讨会的名称是"商业的未来"。就是那个周末的课程内容，从此改变了我生命的方向。

我真希望能说我当初去参加这个研讨会的目的，是想要针对世界和平、数学、自然科学、设计、宇宙法则、哲学等方面做进一步的学习与探讨。但是我不能说谎。我参加那次研讨会最主要的动机，是想从富勒博士那里学会如何预测未来的本事。我认为只要学会如何准确地预测未来，我就可以凭这个能力来赚到更多的钱。

但是课程的最后一天，在我身上发生了某种事情。虽然我很想解释清楚，但是我无法用我有限的词汇来描述当时的经历。

事情发生的时候我站在摄影机的三脚架后方。这是因为我自愿协助现场志愿者们将整个课程的过程拍摄下来。我之所以会自愿做摄影工作，是因为当我坐在观众席里听课时我会一直打瞌睡。富勒博士并非那种采用互动式教学的老师。事实上，我甚至可说他上课的方式非常无聊——他会喃喃自语并且经常使用很多我所听不懂的词汇。

就在课程即将结束之前，我抬头从摄影机的镜头里面望出去，此时镜头正好对着富勒博士，忽然有一股温柔的暖流流遍了我的全身。我可以感觉到我的内心因此而敞开，同时开始泪流不止。这些泪水并非源于我的悲伤或者是痛苦，而是一种充满感激的泪水，因为这位先生这么多年来一直抱持着这么大的勇气，不断地做着同样的工作：来引领并且教导人类如何前瞻未来。

当富勒博士感动并同时启发了约翰·丹佛的生命之后，约翰写了一首歌专门献给富勒博士。那首歌的名字为《一个人到底能做些什么》。

约翰·丹佛献给富勒博士的那一首歌,其歌词更能表达出我当时在富勒博士课程当中所体验到的感受。

那首歌的歌词如下:

> 真相是很难说出口的
> 尤其是当没有人想听真话
> 或者没有人在乎
> 到底发生了什么事情的时候
> 独自一人孤军奋战更是艰辛
> 特别是当你需要有人挺你的时候
> 你个人的精神和信心
> 需要比一般人更加坚强

接着就是副歌:

> 一个人是可以拥有梦想的
> 一个人也可以充满爱
> 改变世界可以先从自己做起
> 再次让这个世界年轻
> 这就是一个人可以做到的事情

之所以我会在本书提到我跟富勒博士的邂逅,是因为本书的重点着重于第二次的机会,而那一次的邂逅也是我这一辈子当中,许多第二次致富机会中的一次。所以,当我回到檀香山的家时,我已经完全改头换面了。

我在1981年授权给位于中国台湾、美国夏威夷等地区及韩国的厂家,请这些工厂生产当时摇滚乐业界的各种相关产品。当时我的公司负责生产平克·弗洛伊德、杜兰杜兰、犹太祭司、范海伦、乔治男孩、泰德·纳金特、快速马车、警察等乐团的相关产品。

我爱死这个行业了。我的工厂不断地生产出印有各个乐团名字与肖像的帽子、皮夹、提袋等产品。每个周末我都会到演唱会的现场，亲眼看着快乐的歌迷们不断抢购我们公司所生产出来的产品。生意简直好得不得了。我当时是单身，住在威基基海滩，事业又在赚大钱，邻居都是像汤姆·谢立克等这类的名人……当时的我非常满意这样的生活。

问题是富勒博士已经打动了我的心，而我自己在内心深处也知道，我以往那些充斥着性、大麻、摇滚乐及拜金等荒唐的日子已经走到了尽头。我开始不断地问自己这些问题："我可以做些什么才能让世界变得更美好一些？我到底要如何过这一生？"

1981年，那时我才34岁，并且拥有三项专业能力。我已经从美国商船学院毕业，获得了自然科学领域的硕士学位，并且拥有驾驶巨型油轮三副的执照。我也曾经参加美国海军飞行学院，并且拥有飞行的专业执照。虽然我曾经考虑过要到民营航空公司当飞机驾驶员，但是当我从越战退伍之后，即便是我仍然热爱飞行，但是我知道自己不会再以飞行为业了。我已经是一位创业家，拥有遍布全球生产与配销的事业。我的摇滚乐产品也打入了遍布全美的连锁店，例如JCPenny百货、TowerRecords唱片行和Spencer's礼物店等，同时也会在所有的演唱会现场发售，并且也和全球分销商配合，来让我的产品进军各国的零售市场。

我所面对的问题是：我遇见了富勒博士。当我回到檀香山的工厂时，我的脑海中情不自禁地涌现出我当时在蒙特利尔的体验。就像我前面所说，站在那个穹顶建筑里有着魔法般的体验，而且我也从未想过有一天我竟然可以亲眼见到设计这个穹顶建筑的设计师……我更没有想到在我遇到他本人之后，我的人生变得截然不同了。

我在精神领域的工作

我不再听摇滚音乐了，而是改为聆听约翰·丹佛的作品。每当我听到约翰唱《一个人到底能做些什么》这首歌的时候，我就会一直问自己："我应该怎么做才不会浪费这辈子的生命？"

每当我聆听摇滚乐时，这种音乐只会刺激我前往威基基海滩边夜店的欲望。而当我聆听约翰·丹佛的歌时，我都会开始从内心深处思索问题。我不再去夜店熬夜，反而花更多的时间独处、冲浪或者登山，好好享受大自然之美。我经常会利用周末的时间参加个人成长课程，来学习如何在精神上及情感上成为一个更优秀的人。我这种柔情文派的作风的确惹来了一些海军陆战队战友们的白眼，但是我发现我开始把越来越多的时间投入到各种企业的聚会中，一起致力于解决当地社区所面临的各种社会问题。

过了很久之后我才惊觉到，我们之所以会去学校念书，是希望能找到一份能在经济上有所收获的工作来做。在我遇见富勒博士之后，我突然意识到我已经开始寻找能让自己在精神上有所收获的工作，一份精神上的归宿，以及探索生命的意义到底是什么。

从1981年至1983年的3年间，每年夏天我都把握住机会向富勒博士学习。在等待下次夏天来临之前，我都会跟在课程中结识的新朋友相聚，组成一个读书会，专门研讨富勒博士的著作。博士所写的书并非浅显易懂的，因此我们大家一致同意每周一起阅读某个章节，然后安排某个夜晚到其中一位学员家里聚会，一起讨论并且用"思维导图"来画出富勒博士在该章节里想要传递的思想。

思维导图利用各种颜色与图像（而非文字）来解析富勒博士每个章节里的中心思想，并且予以优化排序。我们把这些图像画在一张极大的海报上，并在正中央画出一个核心概念作为起点。每张思维导图都是画在一张大海报上，并且从画在正中心的核心思想开始扩展出去。画出优质思维导图的关键，就是要多利用各种颜色和图像，文字反而用得越少越好。由于规定不能用很多文字来表达，因此强迫参与讨论的人们，必须要想办法借用各种图像来替换文字以表达自己的想法和内容。这种做法的确大大增进了我们整个学习和讨论的过程。

我们都听说过"三个臭皮匠胜过一个诸葛亮"这句俗谚。但是在学校里，如果两个人一起合作解决问题会被称之为"作弊"。我们当时所进行的读书会——利用相互讨论、各种颜色及图画等来进行——是一种非常令人兴奋、极具启发性、颇具挑战，而且完全不会感觉到无聊的学习方式。以前熬夜混夜店，我现在熬夜都是因为读书会的热烈讨论。我清楚地知道，这是我能找到自己人生意义的第二次致富机会。与其回到学校再次学习如何运输石油，或者重返空军学校学习如何轰炸敌人，或者去念商学院来学习如何生产与销售更多摇滚乐产品等，不如再次"入学"，给自己一个崭新的第二次致富机会，借着学习来让自己成为一个更优秀的人，成为一个有能力让这个世界变得更美好的人。

问题在于我根本不知道自己在精神领域的追求到底是什么，或者将来应该做些什么。我在1981年至1983年间花费了大量的时间来研究富勒博士的作品。而1983年的夏天，那是我最后一次参加他的课程。在那堂课结束的时候，富勒博士用了这句话来做结束："再见了，亲爱的人们。我们明年夏天再见。"

但是来年夏天我们并没有再次见到他。因为他在那次课程结束三个星期之后，亦即1983年7月1日去世了。

即将来临的改变

到了1984年我知道我一定要做出改变，但问题是我并不是很清楚自己应该做什么，因此我决定做什么都好。正如俗话所说的：

> 有时候你必须放下自己喜欢做的事情，这样才能开始从事自己
> 应该做的事情。

我当时还把李查·巴哈于1970年首次出版的《天地一沙鸥》那本书重新读了一遍。

接下来的内容摘自维基百科，让你稍微了解这本书到底在阐述什么：

本书讲述的是乔纳森·利文斯顿这只海鸥的故事。一只厌倦了每天为了食物吵吵闹闹的海鸥，由于热衷于飞行，乔纳森不断地鞭策自己学习任何有关飞行的事物。直到有一天它不再愿意为了融入群体而压抑自己的能力，结果被鸟群驱逐出去。被放逐的乔纳森持续不断地学习，越来越满意于自己一直在进步的飞行技巧，过着平和快乐的生活。

有一天，乔纳森遇到另外两只海鸥把它带往"更高存在的境界"，然后发现没有所谓的天堂，唯有一个大伙不断精进所学的美好世界，它在这个世界里认识了其他许多热爱飞行的海鸥。乔纳森发现自己由于顽强执着、渴望学习，成为"万中选一"善于飞行的海鸥。在这个新的世界里，乔纳森和最有智慧的海鸥长老成为好友，长老的教导完全超越了乔纳森以往所学，它教导乔纳森如何在宇宙当中瞬间移动到任何想要到达的地方。按照长老的说法，这个能力的秘诀是"从一开始就要认定自己早已经到达目的地了"。对于新生活仍感不满足的乔纳森，重返地球寻找跟自己类似的海鸥，跟它们分享自己的所学，同时传播自己对飞行的热爱。它的义举非常成功，身边跟随着众多因为不愿意压抑自己能力而被群体放逐的海鸥。到了最后，最早的学生之一，也即海鸥弗莱彻·林德，也已经出师成为卓越的老师，因此乔纳森就再次离开，去教导其他的鸟群。

勇于一试

我从《天地一沙鸥》那本书里所得到的教导是：有时候人们需要懂得放手，以便让生命之河带领他们去到自己所属的地方。

因此，从 1983 年夏天起一直到 1984 年为止，我就开始准备放手并且让生命之河引领我。

整个放手过程的第一步，就是通知我那两位摇滚乐事业的合伙人我准备"放手"并且不会再回来了。当他们问我打算要去哪里时，我含混地跟他们说类似"让生命之河决定"之类的话。看他们两个一头雾水的样子，我只好言简意赅地说："我准备朝向未知的领域勇于一试。"因此他们从 1983 年 10 月开始买下我手中的股份，好让我完全退出这个事业。

1984 年 1 月的时候，我分别在夏威夷、纽约、中国台湾、中国香港等地进行移交与善后的工作。这时候我遇见了这辈子看到的最美丽的女人——金，当时她根本不想跟我有任何的瓜葛。接下来的半年里，我不断请求和她约会，但是在那六个月期间她每一次的回应都是一样的：不行。

最后她同意跟我约会一次。我们一起共进晚餐，并且彻夜在威基基海滩上漫步，直到太阳升起为止。那整个晚上直到天明的期间，我跟她谈到了富勒博士及生命的意义等话题，以及一个人精神领域上的工作。她是我所遇见的第一个对这些话题感兴趣的女性。

接下来的几个月里头，我们经常碰面。她是我整个"放手"过程当中的重要部分。当我含着泪水跟事业伙伴及檀香山工厂的员工道别时，是她站在我的身边陪着我。我和金也清楚地知道，我们两个很快也要互相道别了。因为她在檀香山有自己的广告事业，而我则是放下一切，准备毫无安排地勇闯未来。有一天，随着分手的日子越来越近，金突然对我说："我想要跟你一起走。"因此，1984 年 12 月我和金手牵着手，一起朝着未知的未来远走他乡。1985 年是我们这一辈子过得最辛苦的一年。不幸的是，我们当时并不知道我们在将来还会遭遇到一些更恶劣的状况。跟此后发生的一些情况比较起来，1985 年那一年还不算是太难熬的。

我多希望能跟你们说"我们一路上过得很轻松顺遂"，但实际上简直就像是去地狱走了一趟。就算到了时下，虽然我们在财务和专业领域上获得了所谓的"成功"，但是我们仍然要面对现实的生活，而这个世界上确实存在着贪婪、谎言、不诚实、法律诉讼、罪犯等问题。

虽然经历了无数的困境和心伤，但是这趟旅程跟《天地一沙鸥》一书中所形容的旅程非常相近。整个过程在不断地试炼我们的精神及考验我们继续前进的决心：看我们是否会因为路途太遥远、太困难而选择放弃。

好消息是一路上我们认识了许多杰出的各业精英，如果金继续待在广告公司而我也选择继续做制造业的话，我们这辈子根本不会跟这些人有所交集。

这一路上我们结识后来变成好友的人们，在维基百科《天地一沙鸥》第二章的摘要里形容得最好：

乔纳森升华到一个所有海鸥都在享受飞行的社会里。它之所以拥有这样的能力，是因为它曾经独自一人不断地练习所致。整个学习过程结合了非常有经验的老师及极为勤勉的学生，因此几乎到达了神圣的境界。虽然它们完全投入的方式有所不同，但是因为彼此贡献最珍贵的关键，因而让它们紧紧结合在一起：

"你必须要了解，海鸥代表着毫无拘束的自由这种概念，也具有大鹏鸟的形象。"它理解到必须要真实地面对自己：你拥有完全做自己的自由，在此时此刻，做真正的自己，而且没有任何人任何事物可以阻挡你这么做。

在 1985 年那一年里，有很多的日子我和金找不到地方住而且也没有钱吃饭。我们只能轮流居住在一辆破旧的棕色丰田汽车中，或者拜托一位朋友让我们在他的地下室过夜。就像我稍早所说的，这一切的确都在考验着我们的信心。

1985 年秋天，生命之河把我们载到了澳洲，在那里我们找到了许多热爱我们教学内容的人们。我们借着游戏来教他们如何在创业和投资的同时肩负起社会责任。直到 1985 年的 12 月份，我们才在悉尼开设的一堂课里赚到了第一笔盈余——这也就是为什么我和金会这么爱澳洲的理由之一，我们一辈子都会对澳洲的民众铭感于心。当时我们必须学会放手，结果生命之河把我们载到了澳洲，而澳洲人也给了我们机会，让我们发展出教学的能力。

换朋友

在 1986 年的某天，我突然接到一通来自约翰·丹佛风之星基金会的电话。

约翰准备在科罗拉多州的亚斯本举办一场研讨会，而他此番电话的目的是想知道我是否愿意成为其中的一位演讲者。该研讨会同时也邀请了班·寇恩和杰瑞·葛林菲尔，亦即"班和杰瑞"冰淇淋的两位创始人。我当然回答"愿意"了。

我到了亚斯本，身处于约翰在他自己土地上所搭起的大帐篷里，感觉好像是回到了蒙特利尔富勒博士的穹顶建筑之中，同样拥有魔法般、奇迹般及充满希望的感觉。基于某种原因，我并不打算分享自己那些与摇滚乐事业相关的内容，因为感觉那些东西和该研讨会的气氛不搭调。也不知道为什么——而且我完全没有事先做任何准备——我上台讲的主题却是教育与学习。我跟大家分享我在求学期间所经历的痛苦——因为清楚地知道自己想要学什么，但是被强迫要去学习另外一些我丝毫不感兴趣的科目。我也跟他们分享了自己不擅长写作，因此高中英文两次不及格的痛苦经验。会上，我为那些有心学习，但是无法接受学校传统教育方式的孩子们发声。我还讲了许多孩子们的心灵与精神在传统学习的过程中被无情地践踏。最后在结束话题前，我要求所有听众手牵着手闭上眼睛，一起聆听惠妮·休斯顿最新发表的歌曲《至高无上的爱》。那首歌的第一句歌词完全符合当时的情景及我想表达的讯息：

> 我相信孩子们是我们未来世界的主人翁……

当我悄然下台的时候，绝大部分的听众都在流泪。这些人，也就是这一群"海鸥"们彼此相拥，有些在啜泣，与我在 1981 年聆听富勒博士演讲时哭泣的情形如出一辙。这些眼泪代表的是爱，而不是悲伤。这些眼泪代表的是责任感，而不是责怪。这些眼泪同时也代表了感恩，感恩自己拥有生命这份礼物。这些眼泪同时也代表着勇气，因为大家都知道想要改变世界需要极大的勇气，一种发自心灵深处的勇气。

这一群"海鸥"里有很多人都知道"勇气"（courage）这个词来自法文的"coeur"，也就是"心"的意思。风之星基金会的成员是由一群早就学会飞翔的"海鸥"们所构成，他们深知学会飞翔需要极大的勇气。

金在舞台旁边迎接我下台，我们两个紧紧地拥抱在一起。我们知道我们已经找到了自己精神领域的工作、目标及生命的意义，我们知道我们已经找到了我们即将要从事而且到现在依然不变的、一辈子的事业。

说来似乎命运弄人，当年若有人问我"你将来长大之后要做什么"的问题，"教师"这个答案却完全不在我的脑海中。当时在我看来，做一个律师更符合我的"崇高理想"。我个人并不厌恶上学，我厌恶的是在学校被迫学一些我丝毫没有兴趣的科目，而不能好好学自己想要搞懂的事情：了解金钱的奥秘，像富爸爸一样获得财务自由。我不想变得跟穷爸爸一样：追求有保障的工作，成为薪水的奴隶，还要仰赖退休金过活。

生意兴隆

当金和我清楚地知道我们精神领域的工作之后，我们小小的教育事业就开始逐渐蔓延至新西兰、加拿大、新加坡、马来西亚等国，因此美国总公司的业务蒸蒸日上。

10年后的1994年，当我们把这个事业卖给了我们的事业合伙人之后，我和金就实现了财务自由，当时金是37岁而我则是47岁。我们实现财务自由的过程当中，完全没有仰赖稳定的工作，也不靠政府的补助，更遑论一个塞满股票、债券、基金的退休金账户。

待到有人开始问我们是如何不凭借传统的投资与退休基金却能实现财务上的自由，我和金就知道时机成熟了，是该给我们自己第二次致富机会的时候了。

我们遵循着富勒博士的一项基本原理（所谓基本原理就是在任何情况下永远正确、毫无例外的规则）开创一个全新的事业，而今这个事业体叫"富爸爸集团"。

我们所遵循的基本原则是：

我服务的人越多，我的效率就越高。

抱持着服务更多人的信念，金和我开始研发《富爸爸现金流》游戏，同时我也开始动手写《富爸爸穷爸爸》一书。

在我 50 岁生日当天，也就是 1997 年 4 月 8 日，富爸爸集团正式成立。我们的使命如下：

> 提升全人类的财务幸福感。

富爸爸集团的第二次致富机会

正如我在本书第一章中所说的，金钱的世界正在改变，很不幸的是，数以百万计的民众并没有跟着一起进化。虽然我们已经获得了财务上的自由，但是我和金之所以会继续创立富爸爸集团，是因为它的企业使命，即希望它能带给人们生命上与财务上的第二次机会。

如今借着在线游戏与移动应用程序（APP），富爸爸集团了解到它又有了第二次机会，一个能借着信息时代新的工具与科技来服务更多人的机会。第二次致富机会最美妙的地方就是你可以主动争取并且拥有第二次机会，而且完全没有次数上的限制。我们每一个人都有能力去追求属于自己的第二次机会，而不是自怜自艾地抱怨过去的陈年往事。当我们学得越多，我们就更能察觉并体会我们身处一个不断变化的世界之中，因此当我们决心给自己第二次机会的时候，我们就更有机会获得自己想要的成功。

富勒博士最后一本著作是《劫夺的巨人》（*Grunch of Giants*）。"Grunch"这个单词是"全球现金大劫案"（Gross Universal Cash Heist）的缩写。

《劫夺的巨人》是在富勒博士 1983 年去世之后才出版的。这本书是富勒博士首次把焦点放在那些富爸爸也在担心的事物上，特别是我们现行的金融体系是专门为了剽窃民众的财富而设计的。

我在 1983 年看完《劫夺的巨人》这本书，简直怒不可遏。我深知自己绝对不可能继续从事制造业了。虽然我当时不知道应该做些什么，但是我知道我一定要有所行动。我知道的已经太多了，不可能继续保持沉默。富勒博士教导我们要如何预测未来，连我这种程度的人都能预见未来注定要发生的危机。而且危机的源头，就是我们既有的教育体制。

在接下来的几章里，我会详加解释我学到了什么，以及为什么我们现在会面临经济上的重大危机。

这种金钱上的抢夺根本不是最近才发生的，它由来很久了。想要追求第二次致富机会的人们，务必要知道富勒博士所说的"劫夺的巨人"到底是何方神圣，同时也要清楚未来将会发生什么样的事情——在你着手创造自己和家人的光明未来时，这一点至关重要。

第三章

我能做些什么？

"发明就是了，然后等人类想通并且需要我的发明。"

——巴克敏斯特·富勒博士

经过一段时日我才搞懂富勒博士预测未来的能力，和选对股票、抓大盘转折点、赌马买彩券或者是预测今年职业棒球冠军是哪个队伍等事情一点关系也没有。他对未来的愿景，是从上帝的视角来放眼人类的未来。

富勒博士一直很犹豫是否要采用"上帝"这样的字眼，因为对许多人来说，这个字眼潜藏了许多宗教上的意义、情绪、对立等。富勒博士并不认为上帝一定是白人、犹太人、阿拉伯人或者是亚洲人。为了回避"上帝"这个字眼，他个人决定采用美国原住民的说法，也就是"伟大的神灵"。伟大的神灵是将整个"宇宙"（不仅仅是天堂和地球而已）联结在一起、一种不可见的存在。

每当我在本书中使用"上帝"这个字眼时，请你务必要了解我这么说完全和任何宗教无关。我尊重任何人的选择——选择信仰上帝或者选择不相信上帝，以及选择信奉其他宗教的权利。简言之，我个人相信宗教自由，而且这个自由包括选择是否相信上帝的存在。

我对政治的看法也是一样的。我个人并不属于民主党或者共和党。我对狗咬狗一嘴毛的事一点兴趣都没有。事实上跟许多政治人物相比，我甚至比较喜欢我自己所养的那只狗。

人类的进化

　　富勒博士在金钱这方面并不是一个未来学家。伟大的神灵在期待人类的进化，而富勒博士则是这方面的未来学家。他相信人类是上帝所做的一个长期的实验，把他们放在一个叫作地球的宇宙飞船上，看看他们是否可以演进：这些人类是否可以，同时也有意愿，把地球变成一个人间天堂，或者最终把地球变成一个人间炼狱？

　　富勒博士相信伟大的神灵希望所有的人都能变得非常富有，他经常说"地球上存在着六十多亿的亿万富翁"（他说这句话的时候是 20 世纪 80 年代。如果换成现在，他一定会改口说"七十亿"亿万富翁）。而在 20 世纪 80 年代，经过查证的亿万富翁还不到 50 位，远比富勒博士所说的 60 亿少很多。在 2008 年大约仅有 1150 位亿万富翁，而如今这个数字估计是 1640 位左右。

　　富勒博士也预测说人类在演进的过程中，目前已经来到了一个关键的时刻。如果人类不尽快地用慷慨与富足的心态取代贪婪与自私的行为，那么地球上的这场人类实验将会宣告结束。他经常把那些拼命独占"上帝所赐的资源"的有钱人和当权派称之为"血栓"。他坚信，如果人类再不进化不但会自取灭亡，同时也会毁掉整个地球的生态。

　　富勒博士之所以想要找出各种宇宙的基本原理，是因为一些看不见的力量一直在主宰着我们的宇宙。换句话说，这些基本原理就是伟大的神灵运作的法则，而伟大的神灵必定希望所有人类及地球上所有其他生命繁荣昌盛。富勒博士相信这类的宇宙基本原理大约有 200 到 300 种。他这辈子一共发现了大约 50 种这类的原理。我个人清楚了解并且在实际应用的只有 5 种。

　　在富勒博士所有的著作及演讲中，他对那些贪婪的当权派——那些只会运用地球上各种资源来累积个人财富的少数精英分子，做出了非常严厉的批判。他坚信如果人类再不从贪婪变成慷慨分享——亦即人类开始好好照料地球，让全体人类和万物都能繁荣兴盛的话，那么人类注定会被"地球这艘宇宙飞船"所驱逐，而且伟大的神灵的实验将会倒退数百万年之久。他同时也说"上帝非常具有耐心并且愿意等待人类自行演进"。很不幸，你跟我可能没有机会在地球上再耗 100 万年，来等待我们其他人类同胞的"觉醒"。

服务更多的人群

正如我在前一章节里所提到的，富勒博士发现伟大的神灵的基本原理当中有这么一条：

> 我服务的人越多，我的效率就越高。

从我获得人生第二次机会开始，每当要做出事业上的重大决定时，我都会尽量服膺这项基本原理。我不再只是为了让自己发财而工作，而是开始调教自己，每当我打算丰富自己的生命时，我一定会同时考虑如何帮助其他人来丰富他们的生命。

当我和金决定要把教育事业卖给我们的事业合伙人时，这条基本原理扮演了决定性的角色。虽然这个事业很成功，但是我们所能服务的人数是很有限的。

1994 年出售那个事业对我来说是个很困难的决定，因为我们费心打造出这个事业，并且成功地让它开始获利。虽然如此，但我们内心清楚地知道是我们放下这一切继续前进的时候了。我们应该要去找寻全新的方法来服务更多的人。

1994 年我们已经达到了财务上的自由。但那样的财务自由并非遵循富勒博士的教诲，而是听从富爸爸所教导的内容。获得财务上的自由的确给了我们研发新事业所需要的时间。《富爸爸现金流》这款游戏的量产版于 1996 年首次在拉斯维加斯亮相并且被消费者使用，而紧接着一周之后也在新加坡上市。接下来我们需要发展出一套商业计划来推广这套游戏。

《富爸爸现金流》游戏有两个内在因素让它变得非常不利于销售。第一点就是这款游戏很复杂。我当时聘请的一位游戏专家建议我们一定要把游戏简化到"无脑"的程度，要不然是不太可能把它卖出去的。结果我们决定不听从那位专家的建议。因为当初设计这款游戏的目的就是要让它成为一个教育工具，而非一款专为娱乐而设计的游戏。

这款游戏的第二个问题就是它的生产成本非常高昂。我的一个游戏顾问告诉我们这款游戏的零售价格应该定在 29.95 美元。假如我们把这款游戏的零售价定在 29.95 美元的话，那么我们每套游戏的生产成本就不能超过 7 美元。我们面临的问题是第一批在中国生产出来的游戏，如果包含运回美国与仓储等费用，每套的成本就已经超过了 50 美元。我们再次违逆专家的建议，把这款游戏的零售价定在 195 美元，让它成为市场上最昂贵的游戏之一。

别忘了逆境经常会激发创新思维。想要推广一款售价为 195 美元的游戏，我和金就非得运用极为创新的手段不可。所以我们联系之前教育事业的客户，并且提议以我们游戏为主开设 500 美元的培训课程。在当天的课程当中我们要玩两次现金流游戏。第一次是为了熟悉整个游戏的玩法，而第二次才是完全投入学习的玩法。结果那天课程的效果非常好。学员们个个都非常兴奋，许多人都宣称他们在这堂课程里所学到的有关金钱的知识，远远比他们这辈子加起来所学到的还要多。当我们宣布这些被人玩过的二手游戏只卖 150 美元时，当场就抢购一空。事实上，虽然现场也有在卖 195 美元全新未拆封的游戏，但是仍然有人为了争夺这些被使用过的二手游戏而大打出手。

这样的商业模式非常成功，因而促使"现金流俱乐部"概念的诞生。在 2004 年《纽约时报》刊登了一则关于现金流俱乐部的报道《金钱游戏有了新的价值》，并且经过调查之后发现全球各地有超过 3500 个现金流俱乐部。有许多俱乐部到现在还很活跃，在持续教导并且服务大众，远远比我自己和金一辈子能服务的人数还多出许多。

问：如果你真的想要服务更多的人，为什么不干脆把游戏免费送给别人？

答：我们的确考虑过要找政府补助游戏的生产成本，但是这么做就变成了采用了穷爸爸的心态，而不是运用富爸爸创业家的思维来运作这件事情。

何况经常给人免费的事物反倒会让他们继续待在贫穷之中。这种做法是在滋长"既得权益"的心态，而这种心态会扼杀创新能力及个人应有的责任感。

就算实体游戏生产的成本如此高昂，但网络版本的确是免费提供给数百万的玩家。通过现金流俱乐部，一套游戏竟然可以（而且也确实做到了）免费地教导数百万的人们。全球各地现金流俱乐部的领袖们都在致力于将这款游戏教给大众，而绝大部分也都非常拥护富爸爸集团的使命，亦即：提升全人类的财务幸福感。对他们而言，教导不但是一种精神上的奉献，而当他们教的人越多，他们自己本身也会学到更多。

绝大部分我所接触过的现金流俱乐部领导者们，几乎每个人都会说他们所得到的远比他们所付出的还要多。

很不幸的是，有一些现金流俱乐部的存在，只是为了销售他人的产品或者利用它进行招商。万一你碰到了这类的俱乐部，希望你能了解：就算我支持创业自由，但是我个人是极为反对把我的游戏当成他们推销自己产品的营销工具这种行为。

另类的观点

大约有半年的时间我待在亚利桑那州古老的艺术镇比斯比，住在一幢由监狱改建的古色古香老屋里。老牌影星约翰·韦恩曾经是这个监狱的房东。他十分喜欢亚利桑那州及比斯比，甚至在这里买下了一处大农庄。

白天的时候，我在自己的小农场里做工，努力将这个小驿站改建成一个一室一厅的出租屋。夜晚来临时，我就会坐在监狱里写书，而这是一个非常痛苦的历程。每次刚开始的时候又选择放弃，一阵恼火之后又开始写。某天晚上，由于白天整修房屋及不断烦恼要写什么书而筋疲力尽的时候，我开始输入第一行字，我至今还记得这一行字是"我有一位富爸爸及一位穷爸爸"。

《富爸爸穷爸爸》一书因此而诞生了。很多人不知道写"富爸爸"系列图书第一本《富爸爸穷爸爸》的创作目的是把它当成营销现金流游戏用的"说明书"。

1997年4月8日在我50岁生日那一天，我们发行了《富爸爸穷爸爸》这本书，同时也成立了富爸爸集团。

《富爸爸穷爸爸》这本书开始遍布全球，并且都是自费出版的，直到2000年，它开始借着口碑刮起了一场紫色风暴，结果有天荣登《纽约时报》畅销书的排行榜。在这个崇高的排行榜上，本书是唯一自费出版的书。

没多久，奥普拉脱口秀的制作人打了个电话给我。但是在安排我上电视节目之前，对方要求跟富爸爸的儿子联系。当对方做完富爸爸和穷爸爸的背景调查之后，他们才跟我敲定上节目的日子。

当邀请函来的时候我人在澳洲。当时对我来说是一个两难的决定：我是该继续留在澳洲还是飞到芝加哥接受访问？这时候我再次想起"我服务的人越多，我的效率就越高"这项基本原理，因此决定缩短行程，从澳洲直飞芝加哥。我走上奥普拉的舞台，跟她肩并肩一起坐了一个小时左右，并且向她介绍了财商教育这个观念。

就因为那一小时，从此我的命运就完全不同了。在那一个小时之前我是一个无名小卒，之后我变成了世界闻名的财商教育的代言人。我花了55年的光阴，经历了众多的成功与失败，还抓住了为数不少的机会，才让我一夜成名。

我跟你们讲这个故事并非在自吹自擂或者自以为了不起，而是想要借着自身的经历来让人们了解富勒博士的一般原理，以及富爸爸有关金钱方面的教导能够具有如此之大的威力与效果。

有钱人都非常慷慨

有个记者问我是否因为上了奥普拉的节目才变成有钱人的？我的回答是在登上节目的舞台之前我就已经非常富有了。我之所以在财务上取得相当大的成就，是因为我花了一辈子累积知识，特别是一些在学校里学不到的知识。在节目中我只是很慷慨地把我所知道的与众人分享而已。

我的观点中提到有钱人很慷慨惹得这个记者很不高兴。在他看来，人一定要非常贪婪才有可能成为有钱人。当我费心用"一必定是多元的，而且至少有二"这个一般原理来向他解释"既然有人可以因为贪婪而致富，那么同时必定也会有人因为慷慨而变得很富有"。结果他的眼神开始变得很呆滞。他的脑筋死板地坚信：人若要致富就必须变得非常贪婪不可。在他的脑海中，人们是无法借着慷慨来致富发财的。在他的认知里有钱人只有一种：贪婪的有钱人。

问：当你成名之后发生了什么事情？日子是不是从此一帆风顺？
答：差远了。名气和财富让我的生活变得更复杂，而不是更轻松。很多
　　朋友开始眼红嫉妒。一些合伙人开始变得贪得无厌，甚至还中饱私
　　囊。还有很多人突然出现，拼命问我怎么"帮到我"。当时很难区分
　　哪些人是响应我们的使命而来支持我们的，哪些人是看到我们所建
　　立的一切而前来"找机会帮助自己"。
　　好消息是多年来许多精英人士进入了我们的生活之中。再次强调：
　　"一必定是多元的，而且至少有二"，因此我们在学着迎接好运的同
　　时，也要有能力处理这些坏事情。

富勒博士最后的遗言

如同我之前所说，富勒博士于1983年7月1日逝世了，而他的太太安妮在36个小时之后也跟着走了。两位都是享年87岁。就连死亡的过程，富

勒博士也是非常与众不同的。

他当时正在讲课（现在看来那次竟然是他最后一次授课），他突然停下来而且安安静静地坐了一会儿。我个人并没有参与该堂课程，但我事后有听录音带，并且听到他在那堂课最后所讲的一番话。我在这里转述他所说的内容。

他说自己打算提早结束这次的课程，因为他的太太已经进入了弥留状态。他上课前提到自己前几天忽然有一种不祥的预感：觉得自己会跟太太一起走。他感觉到他俩不久之后就要面临死亡，因此他说："现在有非常神秘的事情正发生在我身上。"他鼓励大家继续努力传承一切，并且用他一贯的说辞来结束那天的演讲："谢谢你们这群可爱的人们。"

我之后才听说富勒博士和他的太太彼此有过约定，说绝对不亲眼看着对方死亡。他们的确信守了彼此的承诺。富勒博士火速赶到太太的病榻旁，而她已经陷入了重度昏迷。如同事前安排好的一样，富勒博士的头静静地朝着太太倒了下去，然后很安静地走了。他的太太在 36 个小时之后也跟着他走了，双方信守了没有亲眼看着彼此死亡的承诺。我个人猜想富勒博士应该是听到了伟大的神灵在召唤他，是他们应该回到神灵身边的时候了。

当我听说他俩双双去世的消息时，我正开车行驶在檀香山的高速公路上。这个新闻是如此震撼，以至于我被迫把车子停在路边后不停地哭泣。现在回过头来看，我现在清楚知道那一天是我人生重要的分水岭，之前的人生已经结束而开启了崭新的一页。我再也不会是一个制造业的创业家，我即将成为一个教育业的创业家。

劫夺的巨人

在富勒博士过世几个月之后，他最后一本著作《劫夺的巨人》出版了。这本书讲述了有钱人和当权派是如何利用我们的金钱、政府及银行体制来剥窃我们的财富的。

在我看这本非常薄但是又非常具有杀伤力的书时，我的多年以前的一些迷惑开始逐渐清晰起来。我的记忆开始回到过去，即上四年级的时候，我举手问老师："我们什么时候才可以开始学到有关金钱的事情？""为什么只有少数人有钱而绝大部分的人都很穷？”

在阅读《劫夺的巨人》的过程里，这些答案都逐渐浮现在我的脑海中。富勒博士对于教育体系做出了很严厉的批判。他批判的不是学校所教授的内容，而是我们是用什么方式和手段教育儿童。他对于每个孩子所具备的独特天赋的看法如下：

> 每一个孩子出生的时候都具有无比的天赋才华，但是在成长的过程当中因为没有智慧的人类及（或）不利的环境等因素而使其逐渐被侵蚀递减。

他还说：

> 根据我的观察，每个孩子都展现了复杂的好奇心。由于孩子对万事万物都感到好奇，这种全面性的兴趣让他们专精于某个领域的父母或师长感到很困窘。孩子从一出生就展现出他们的基因组成是有能力协助他们全面性地意识、理解、协调组织，并且善加运用自己的所知。

富勒博士建议学生们要重新掌握自己的教育过程。简单来说：要跟乔布斯在俄勒冈州里德大学的做法一样。乔布斯先申请退学，因此他才可以再次选修研读那些他个人感兴趣的科目。乔布斯后来再也没有回去完成一般传统的学业。

问：富勒博士是不是说每个人都是天才？
答：是的。

问：但是我不觉得自己很聪明，我也不认为自己有什么天赋才华。为什么会这样？

答：就像富勒博士所说的，学校和父母经常会侵蚀孩子所具有的天赋才华。富勒博士把学校比喻成钻石矿坑，老师们拼命在矿区里面挖掘自己想要的钻石，寻找符合他们印象中被称之为天才的孩子们。而那些矿渣，或者被弃置两旁的石头和沙子，都是那些老师自以为没有潜力和天分的孩子们。正因为如此，所以才会有那么多孩子在受过传统教育之后都觉得自己并不聪明，没有什么天分，而且一点也不特别。有的孩子甚至会对学校和教育体制抱持排斥或愤怒的情感。

问：那么一个人如何才能找到自己的天赋才华？
答：方法有很多。其中有一个就是改变自己所处的环境。

问：环境跟我的天赋才华又有什么关系？
答：下面让我举几个例子。很多学生在学校的教室里觉得自己很窝囊，但是他能够在足球场上展现其天赋才华。老虎伍兹的天赋才华在高尔夫球场上得以发挥得淋漓尽致。披头士乐队借着吉他和架子鼓在录音室里大放异彩。乔布斯虽然辍学，但是他在车库里跟斯蒂夫·沃兹尼亚克研发苹果计算机的过程中，让他的天赋才华被世人所见。

问：那为什么我觉得自己并不聪明？为什么我找不到自己的天赋才华？
答：因为绝大部分人每天离开家时，不是去学校就是去工作，而这些场所并不一定是他们能发挥自己天赋才华的场所。绝大部分的人一辈子都过着不满意、有所缺憾、缺乏考验、不被他人感恩的人生，这一切都是因为他们并没有找到可以发挥自己天赋才华的环境所致。
看看"天才"（genius）这个词，亦即"我们每一个人都拥有的精灵或魔法师"（genie-in-us）。请问你有没有认识这样的人，也就是厨房里的魔术师？那种人可以把很平凡的食材变成令人难忘的美食佳肴。

问：有。

答：你认不认识那些喜欢"拈花惹草"、颇有园艺天分的人？他们凭着一些
　　泥巴、水和种子就能创造出一个美妙的花园。

问：当然认识了。

答：你是否观看过残运会比赛，也就是一个专门为那些生理上有障碍的
　　孩子们所举办的运动会？你是否被他们无视自己的身心障碍，全心
　　全意投入比赛的情景所感动，甚至被鼓舞激励？

问：有的。

答：以上这些都是我们"内心的精灵或魔法师"启发激励他人的例子。当
　　别人的精神感动了我们自己内在的精神时，我们就会被激励或打动。
　　这才是真正的"天赋与才华"。每当我们被他人激励启发时，我们都
　　会再次忆起我们"内心的精灵和魔法师"。

问：为什么绝大部分的人都找不到自己的天赋才华？

答：因为天才并不是好当的。举例来说，或许有人可以超越老虎伍兹，但
　　是如果这个人不把自己一生奉献于开发这样的天赋才华，那么他内
　　心的精灵永远不会施展出应有的魔法。

问题比答案还要多

对我而言，当我把《劫夺的巨人》这本书看完之后，内心反而产生了更
多的疑问。那时候是我这辈子第一次想要重新当个学生，来好好钻研这个议
题。我想再次回到四年级时的自己，举手问老师那些关于金钱的问题，并且
把答案找出来。我非常渴望学习并且想要找出"为什么学校从来不教导有关
于金钱的事情？有钱人为什么会变得这么有钱？"等问题的答案。

我继续拜读富勒博士其他有关于教育的著作。我发现我在四年级所提出

的问题纯粹源自我个人的好奇心。我只是想要研究金钱这个主题，以及有钱人致富的方法。从我个人的观点来看，有关金钱和致富等内容在当前学术研究中被"消毒"干净并非只是巧合。

因此我求学的精神在 1983 年重新被激发了，我完全照着富勒博士所形容的去做。我以学生的心态重新再次用功求学。

多年以来，我自己研究的心得完全印证了富勒博士所说的，也就是当今的货币制度是被设计用来剽窃民众的财富，让有钱人（而不是你我）变得越来越有钱。奴役他人并且剽窃别人财富这种行为从人类诞生以来就一直存在着。富勒博士相信面对根深蒂固的贪婪及奴役他人等行为，就是人类是否能进一步演化的关卡，考验我们人类是否能从心出发，利用智慧在地球上建立人间天堂，或者把地球的环境彻底毁坏，使之成为人间炼狱。

在《劫夺的巨人》这本书里，富勒博士详加描述这些有钱人和当权派是如何利用金钱、银行、政府、政客们、军事领导者，以及教育体系等来实现他们的控制计划。简言之，金钱是被设计来让民众成为钞票的奴隶，永远服侍那些掌控货币体制的权贵们。

讽刺的是，虽然富勒博士和我的富爸爸对于金钱的看法南辕北辙，但是他们对于"目前人类是被金钱所奴役的"这个观点的看法却是一致的。而且他们两个人之间的差异也再次证实"一必定是多元的，而且至少有二"这个基本原理，亦即两个人虽然有着不同的论述，但是他们在观点上所抱持的原则是一样的。

知识的力量

在我上奥普拉的节目之后没多久，有一个信托基金公司开价 400 万美元请我帮忙代言他们公司旗下的共同基金。虽然我跟后来承接这个广告的那位仁兄一样喜欢赚钱，但是接受这笔金钱就等于把自己出卖给那些劫夺的巨人们。财商教育最大的好处在于给予民众做出自由选择的权利，而且永远再也不需要为了金钱而出卖自己的灵魂。

你到底能做些什么

你跟我都心知肚明，我接下来要问你的问题了……

问：我到底能做些什么？

答：答案是你可以做的事情很多。目前世界上充斥着各种问题。或许比较好的问法是：你想要解决什么样的问题？你认为老天爷给你的独特天赋才华是准备用来解决什么样的问题？你是否能靠一己之力完成，还是你可以选择加入一群人或者某个团体组织，来解决你所关心的议题？

当你从"解决目前世界面临什么样的问题"这个角度来看，你就会发现有很多事情值得去做，而且有很多事情是你可以去做的。

更重要的问题是：你是否愿意为了解决这些问题而付出心力，卖力工作？还是非得要等到有人愿意付钱给你的时候，你才会考虑去做这件事情？

在下一个章节里你将会学到的内容，是当我在寻找"我们的财富是如何借着金钱体系而被剽窃"，以及"为什么我们的学校里完全没有财商教育"这两个问题时所得到的答案。

借着开发现金流这款桌面游戏并且着手写作《富爸爸穷爸爸》这本书，我的财富、收入、名声都获得了几何级的增长。我之所以提到这一点，是要专门讲给那些已经迫不及待想要知道要该怎么做才能把握自己第二次致富机会的那一些人听的。

那些想要在金钱及人生方面获得第二次致富机会的人们，或许你应该开始问自己这个问题：

我要怎么做才能服务更多的人？

而不是：

我要怎么做才能赚到更多的钱？

如果你问自己如何才能服务更多的人，而不是拼命想着自己怎样才能赚更多的钱，那么你就已经开始遵循伟大的神灵所安排的基本原理了。

第四章

什么叫作"劫夺"?

> "黑暗时期仍然笼罩着全人类,直到最近这种既深邃又冥顽的钳制手段才逐渐被世人所察觉。这次黑暗时期的囚牢并没有铁栏杆、铁链或者枷锁,而是用错误的信息来筑起高墙,再借着误导取向来禁锢全人类。"
>
> ——巴克敏斯特·富勒博士

继《劫夺的巨人》之后,出版社又出版了富勒博士一本名叫《宇宙结构学》的书。当我从书中读到"我们仍然身处于黑暗时代"这句话的时候,深深地受到了震撼。我想要在这方面学得更多。我问自己:"劫夺的巨人们是借着什么样的方式,持续把我们囚禁在黑暗时代之中?"

对我个人而言,阅读富勒博士《劫夺的巨人》这本书,就好像找到一个1000片拼图里其中的100块碎片一样。《劫夺的巨人》这100片的拼图很快就和富爸爸多年前帮我拼好的另外100片拼图联结了起来。现在整个拼图的图案逐渐明朗起来,而且意义深远。我开始理解我们的财富是如何借着人人每天使用的现金而被少数人给劫走了。

1983年,我大概拥有1000片拼图其中的200块碎片。我已经隐约看到拼图的整体样貌,因此渴望懂得更多。我也知道待在原来的生活模式中是不可能搞懂这些事情的,因此我就决定学习富勒博士在1927年所做的事情——

勇敢地跃进未知的领域。

问：为什么要选择进入未知的领域？

答：因为我真的不知道自己的未来会是怎样。我当时唯一的想法是：如果富勒博士在1927年勇于跃进未来从而找到了自己的天赋才华，或许我应该（同时也可以）这么做。我在求学期间学业表现不佳，或许我在未知的领域中会有更好的表现也未可知。

问：到底是什么驱使你这么做？为什么要放弃原本美好的生活，而去追逐未知的领域？

答：不公平。我是在动荡不安的20世纪60年代长大的。民众对越战的抗争及小区的种族歧视暴动一直不断发生。

我在1965年远离夏威夷那封闭的希洛市，前往纽约就读于美国商船学院。我的室友汤姆·杰克逊是一位年轻的黑人，我应该把他称之为"非洲裔"。他是我第一个非洲裔的朋友，因为我的家乡希洛地区没有任何非洲裔。当时每天的晚间新闻都是关于种族歧视暴动的新闻，而杰克逊会一直帮忙补充说明，以便让我看到另外一边的说法。我们心知肚明种族歧视的现象是存在的。夏威夷也同样有着种族歧视，就是我们口中称之为"白鬼"的白种人歧视亚洲裔和夏威夷当地居民。但夏威夷的状况跟我朋友杰克逊所经历的种族歧视程度有着天壤之别。

问：所以驱使你的就是种族歧视吗？

答：是，也不是。种族歧视一直会存在于人类社会之中。驱使我的反而是不公平。

1969年我从美国商船学院毕业后，接着去佛罗里达州（离亚拉巴马州不远）的战术飞行学校深造。有一位飞行学校的同学（白人）邀请我到他的家乡伯明翰市做客，当时该市就是那个年代种族歧视暴动的震中。

问：那么你学到了什么？

答：种族歧视在本质上其实是一种财务上的歧视。当时黑人想要争取的是提升生活质量的权利。当我跟亚拉巴马州当地的白人和黑人谈过话之后，我开始清楚地了解双方都是为了同样的理由在抗争：双方只是想拥有提升自己生活质量的权利罢了。

或许你还记得当时的抗争和暴动是因为该州开始允许黑人和白人混合就读同样的学校。无论黑人或者是白人，双方都想要获得更优质的教育来提升自己的生活水平。

问：所以不公平之处在哪里？

答：所谓的不公平就是我们的学校里缺乏财商教育。人们上学想要提升生活水平，但是根本学不到和钱有关的知识。

问：那么到了今天这个问题还存在吗？人们上学接受教育但是仍然学不到有关金钱的知识？不公平指的就是这个吗？

答：是的。至今无论种族或阶级（有产阶级、中产阶级，或者是穷人），都在为了钱而困顿挣扎。因此人们开始担忧恐慌，生怕自己的孩子没有得到应有的教育水平，怕下一代找不到薪水高的好工作。讽刺的是，孩子们在学校里根本学不到（就算有也只是一点点）金钱方面的知识。

问：我仍然看不出来这个不公平在什么地方？

答：是因为财务上的无知造成了不公平。如今，全世界各地民众的财富一直被当今的金融体制（这包括他们日常所使用的金钱）所剽窃。而绝大部分的人们根本不知道这件事情。这些人的财富因为自身的工作、储蓄存款、股市投资等而不断地在被窃取。

如果不改变现状，我怕 20 世纪 60 年代的暴动会再次重演，但这却不是因为种族歧视所导致的。

当年 18 岁的我被商船学院的黑人室友汤姆·杰克逊带回到他位于华

盛顿特区的老家中，那趟旅程从灵魂深处带给我极大的震撼。

而造访刚刚发生种族暴动的亚拉巴马州伯明翰市——我那位白人同学的家乡时，一样也让我深感困扰。

如今我眼见同样的恐慌和贫穷弥漫在美国社会的各个角落。我也了解为什么每个大城市里，犯罪和贩毒都成为一般人首选的赚钱途径。犯罪的收益远比上班来得多得多，而毒品可以在某种程度上舒缓民众内心的痛苦和煎熬。

如今这种苦痛已经弥漫于社会的各个阶层。金钱和无知是不分种族的。缺乏财商教育才是当今社会最不公平之处，而当我看完《劫夺的巨人》之后就想要对此有更深的了解。就像富勒博士所说的：

> 人们不可能越学越少，你只会越学越多。

正因为如此，金和我在 1984 年决定勇于一跃。我们当时真的不清楚自己要做什么。我们只知道一定要做些事情而已。

薪水支票的魔力

富爸爸说："薪水支票是人类所有发明之中最有威力的一种工具，颁发薪水支票的那些人将会拥有支配他人身体、心智，以及灵魂的权利。"

他还说："当年废除奴隶制度后，有钱人就发明了薪水支票。"

正因为如此，我在《富爸爸穷爸爸》这本书里开宗明义地说道"富人不为钱工作"。

问：那么我们要如何消灭这种不公平？
答：要先从语言文字开始着手。

文字是一种工具

富勒博士经常会说："文字是一种工具。"既然文字能影响我们的思路，因此他相信文字语言是人类发明的最强而有力的工具之一，正因为如此，他会对自己所用的词汇再三斟酌。富勒博士相信很多人之所以在生活上面临困难，是因为他们所用的语言词汇剥夺他们自己本身的力量，使其变得更软弱、混乱、满怀恐惧，有时候甚至充满愤怒。

当富爸爸严格禁止我和他的儿子说出"我付不起"或"我没有钱"这种话的时候，他就是在跟富勒博士所讲的"文字语言可以让你变得软弱"这个道理遥相呼应。因此我们就开始问自己："我要怎么做才能负担得起？"并且挑战自己的思维来找出解决问题的办法。每当我们选择并且运用文字语言的时候，要么是在拓展我们本身的思维，要么就是在封闭自己的心智。前者的结果是让你允满力量并且培养出绝佳的创造力，后者则会让你变成生命的受害者。这就是语言文字所具有的力量。讲到财务上的词汇时，富爸爸跟富勒博士的看法是一致的。举例来说，富爸爸认为之所以会有这么多穷人，是因为他们都只会运用贫穷的词汇。如果你读《富爸爸穷爸爸》这本书时，你也许会记得书中穷爸爸经常会说："我的自用住宅是一项资产。"而我的富爸爸会说："你的父亲是受过高等教育的，但是他却不知道自己的自用住宅并非一项资产。它实际上是一种负债。"

数百万的民众之所以会贫穷并且在财务上困顿挣扎，简单来说是因为他们运用"贫穷"或者不正确的词汇和语言。数百万的民众在财务上非常辛苦的另外一个原因，是因为他们经常把"负债"当成"资产"来看。

富爸爸有关资产和负债的定义非常简单明了。他是这么定义的：

> 资产就是把钱放到自己口袋里的东西。
> 负债就是把钱从口袋里掏走的东西。

接着他就会画出一张简单的资产负债表来解释这两个定义。他尽量用图表来教育我们，是因为"一张图胜过千言万语"。

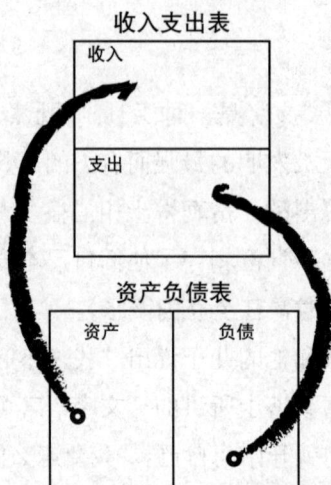

收入支出表

收入

支出

资产负债表

资产 | 负债

从上图中你可以清楚看见，到底何者是资产何者是负债的关键就在于现金流。其实"现金流"很可能是财商教育当中最重要的词汇。

词汇可以让你致富

我 9 岁的时候就知道将来我一定会变成有钱人，因为富爸爸教会了我财务方面众多词汇的含义。我也知道自己将来会变得非常有钱，因为我知道资产和负债两者之间的区别。我从 9 岁的时候就知道，我的工作就是要累积资产并且让自己的负债越少越好。

这并非什么深奥的学问。9 岁的我就已经可以懂得这些基本的道理。绝大部分的美国人（不管其年龄多大）和我最大的不同之处，就是有人（这个例子中的富爸爸）花了时间教我金钱的语言及各种相关词汇的含义，让我熟悉这个领域并且可以清楚地掌控自己的金钱，进而拥有人生的主导权。或许你的第二次致富机会也应该从此处开始着手。

富爸爸借着跟我们玩《大富翁》这款游戏，来对我们进行财商教育启蒙，同时也让我们学习各种词汇的含义。我 9 岁的时候就知道：当一幢绿色的房屋在游戏规则下创造出 10 元的现金流，并且可以把这笔钱放到自己口袋里时，它才算是一项资产。这是非常简单的数学。能清楚分辨与财务相关的词汇是非常有威力的一件事情，同时也改变了我的人生。随着年龄和经验的增长，当我懂得越来越多与财务相关的词汇时，我的财富也一直不断地增加。

正如我稍早所说的：知识就是力量。

所有的知识源自词汇，而最令人开心的消息是：所有的词汇都是免费的。

正如富勒博士所说的：词汇是一种工具，是人类所有创造出来的工具中最具有威力的一种。词汇同时也是我们思想的燃料。运用贫乏的词汇就好比在汽车里面添加劣质的汽油，长久下来不但会影响前进的效率，同时也会对一个人的一生造成决定性的影响。从另外的观点来看，贫穷的人并不只是没有钱而已。他们在自己潜力无限的脑袋里只运用了非常贫乏的词汇。

光是靠金钱本身是永远没有办法消灭贫穷的。很多人因为善心而捐些钱给穷人，但是把钱施舍给穷人这种行为，只会让这些人更容易持续处在贫穷之中。如果我们真的想要终结贫穷，我们就应该让这些穷人提升他们所使用词汇的水平。

应得权益心态

我很早在教堂里听过这句话：

施人以鱼饱食一日，授人以渔终生受用。

想要人们在财务上独立自主，那么就得先采用那些会对他们本身有所帮助的词汇，而不是让他们运用"应得权益心态"相关的词汇。

许多中产阶级之所以过得很不好，是因为他们选用非常差劲的词汇。许多中产阶级运用"要存钱储蓄"这种荒唐的语言，要知道当今政府和银行的印钞机一直在不停地高速运转。

有数百万的中产阶级及业余投资者们也会经常运用"长期投资"这个词汇，但是当专业投资者在利用百万分之一秒计的"高频率交易"来赚钱时，所谓的"长期投资"只不过是半秒钟的时间而已。

财务上的混淆

数百万民众之所以会在财务上困顿挣扎，是因为他们运用了自己所不甚了解的词汇。

所谓的"理财专家"一般来说都会引用一些专业术语和行话来凸显自己的专业水平，同时也把客户们搞得一头雾水。举例来说，我曾经参加过一堂有关财务的研讨会，会中"理财专家们"满嘴都是相对强弱指针、移动平均线、暗池等术语。俗话说"如果你不能通过卖弄智慧让他们如痴如醉，那么就随口胡诌把他们搞得一头雾水"。

为什么有那么多人在投资的时候赔钱？是因为有人曾经运用金融上的一些胡诌的蠢话来蒙蔽他们。

有一个名词一直让富爸爸感叹不已，也就是"经纪人"（broker）这个名词（亦可解释为"身无分文"）。当有人运用这个词汇时，他经常会忍不住暗笑说：

> 他们之所以被称之为股票"经纪人"（broker）或者是房地产"经纪人"，是因为一般来说他们比你我还要穷（broke）。

富爸爸认为，如果对方需要成功地把产品推销给你才能养家活口，那么从这种人的口中听取任何投资建议都是一种高风险的行为。他还说：

> 很多人都会向经纪人（而非有钱人）询问该如何投资。正因为如此，绝大部分的投资者都会赔钱。

富爸爸对业务、经纪人完全没有不满之处。他有时候还会说：

投资者自己本身应该负起责任，要懂得如何区别良好的理财建议及销售说辞之间的差异。

沃伦·巴菲特也这么说过：

只有在华尔街这个地方才会看到这种现象，也就是坐着劳斯莱斯的人们向乘坐地铁上班的人们寻求投资方面的建议。

词汇的力量

富爸爸绝对不允许我和他的儿子说"我做不到"、"我负担不起"之类的话，富爸爸宣称讲这些话的人通常都不是有钱人。他经常说："那些满嘴'我做不到'的人通常都在为那些会说'我要怎么办'的人工作。"

与其说"我负担不起"这句话，富爸爸教导我们不如问自己："我要怎么做才能负担得起？"而且相比较用"希望"这个字眼，他更倾向于用"我打算"或者"我将会"等其他说法。

跟富勒博士一样，富爸爸对于他所运用的词汇非常谨慎小心。虽然他个人并没有强烈的宗教信仰，但是他经常引用主日学校的故事来表达他想说的重点。每当他要提醒我们选择词汇的重要性时，他经常会引用《约翰福音》里的一句话：

圣言成了血肉，寄居在我们身上。

现金大劫案

当富勒博士采用"劫夺"（grunch）来做书名的一部分时，我感到非常吃惊。

"劫夺"并非一般普通的词汇，而且我相信他一定经过深思熟虑之后才决定把这个词放到书名之中。

不知道富勒博士选用这个词汇的时候是不是感觉很气愤，或者他知道自己在地球这艘宇宙飞船上的日子不多了。无论如何，他想要借此做出强烈声明的动机却是再也明显不过的。

在1983年看完《劫夺的巨人》《Grunch of Giants》这本书之后，我立即查了字典，想了解"劫夺"一词的解释。

这个字眼简单的定义是：

1. 名词：一宗抢劫案。
2. 动词：掠夺、窃取。

再次强调，我认为他采用"劫夺"这个词汇有点过于强烈、直截了当，并且具有危险性——因为他把"劫夺"这个字眼加诸一个我们非常相信、神圣不可侵犯也是我们人类文化当中最核心的机构之上。

在写《劫夺的巨人》这本书之前，富勒博士被世人公认为"友善的巨人"。而他采用"劫夺"这个字眼确实有违他平常仁慈厚道的作风。直接指控我们当今的学校体系、银行体系、法律体系、政府机构、政客、军方等都是"全球现金大劫案"里的罪犯，完全不像他"友善的巨人"一贯的作风。

就在那个时候我决定开始亲自研究这个议题，结果我的发现让我感到十分不安。

教育的大劫案

我首先问了自己两个问题："到底是谁掌控了教育？""学校教授的内容到底是由谁来决定的？"

结果我得到的答案让自己深感困惑。

洛克菲勒于 1903 年成立了通才教育董事会。他成立这个董事会的动机引起很大的争议。有人说他是为了改善教育，另一派则说他这么做完全是为了劫持美国的教育制度。虽然劫夺和劫持是不同的字眼，但是它们本质上的意义大体相同。

在同一个时期有另外一位"强盗贵族"安德鲁·卡内基也在推广自己旗下的教育促进基金会。看起来洛克菲勒和卡内基都致力于对美国的教育大纲造成影响，进而指导学生们在学校受教育时所能学习的内容。

问题是：他们的目的为何？他们想造成什么样的影响？

我再次提醒大家"一必定是多元的，而且至少有二"这项基本原理。当有人说洛克菲勒和卡内基是为了我们下一代的教育着想时，同样会有人保持着与其完全相反的看法。

在寻找答案的过程里，我找到了 60~100 多年之前的各种报告。这些报告由一些非常具有可信度的人士所撰写，报告内容令人难以接受，但是又非常具有煽动力。在报告中他们对洛克菲勒和卡内基所做出的控诉及所采用的字眼，根本不适合在这里呈现给大家。

如今过了二三十年之后再回想当初我找到的报告，现在看来那些报告的作者当初的顾虑的确有一定的合理之处。当年洛克菲勒和卡内基最被诟病之处，就是这两位想要消灭美国的立国精神，并且打算利用教育体制来达成他们的目的。

美国是由一群唾弃高压统治、为了自由而远离自己出生的国家，想要拥有机会追求更美好人生的一群人所构成。在这里人人都有权利实现所谓的美国梦。因此深植在美国人民心中那种坚定不移、独立自主、野心勃勃的精神，让民众们完全无法被那些有钱人和权贵们所摆布。那些批评卡内基和洛克菲勒的人们相信：如果强盗贵族们想要进一步控制美国的民众及美国的财富，那么就得先抹杀美国的开国精神，并且还要想办法让人民开始习惯依赖政府的补助津贴来过活。

问：这也就是为什么在我们的学校里完全没有财商教育的原因？

答：我认为极有可能。如果你回顾我在第一章里所用的图表，那些近百年前人们的顾虑现在看起来的确有一些道理。

完全仰赖政府

统计数据是不辩自明的。确实看来美国人是越来越仰赖政府的照顾，这种"应得权益心态"已经逐渐取代了当初的"美国梦"。

正如我们之前所看到的：

领取救济食物券的人口数

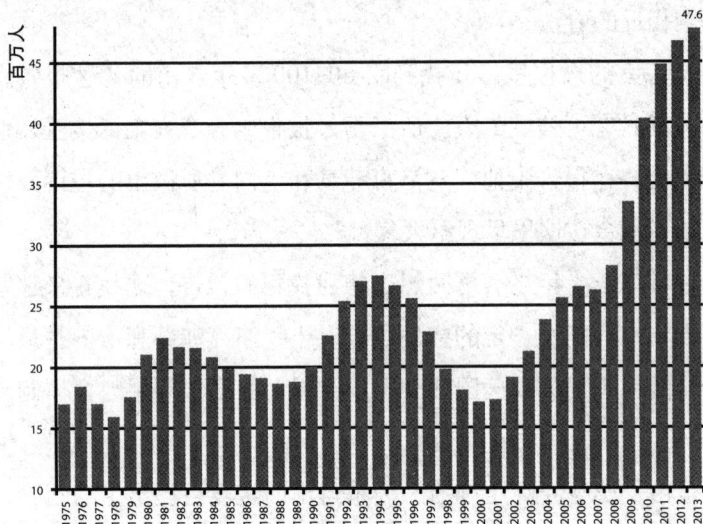

中产阶级的消失

让我们再次检视下面的这张美国中产阶级衰减的图表。

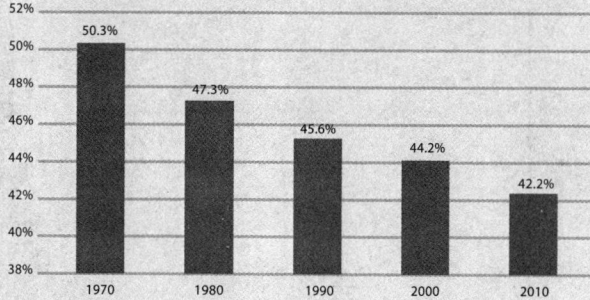
仰赖社会保障制度

美国现在有将近七八千万的战后婴儿潮一代已达法定退休的年龄。其中有将近6500万的美国民众——相当于3800万个家庭——完全没有做好退休的准备。这就表示在不久的将来，美国将有超过6000万的民众需要仰赖美国政府来养活他们。

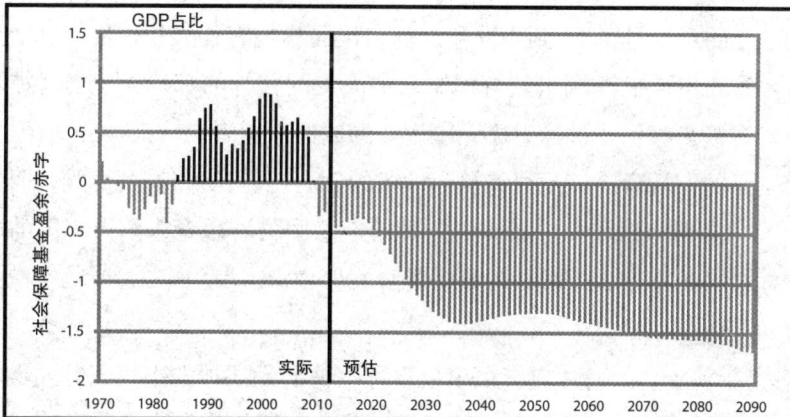

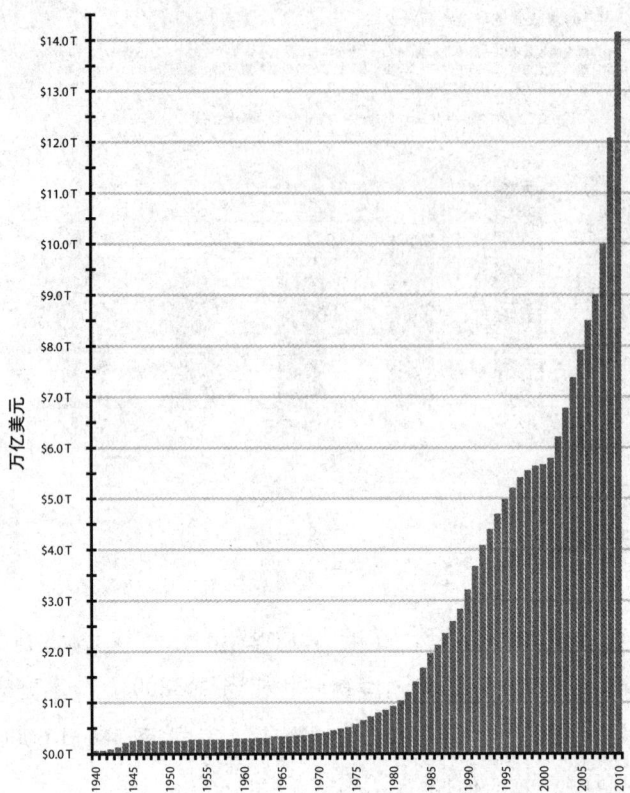

1940-2010年间的美国国债

问：你的意思是说60到100年之前，出面指控有钱人和权贵们（劫夺的强盗贵族们）利用教育体制来消灭美国精神的那些人，当时被攻击、被边缘化、被抹黑成无事生非的离经叛道者？

答：是的。教育应该是很纯粹与神圣的，而且具有更崇高的意义。而当时对洛克菲勒和卡内基等强盗贵族们意图借着教育来消灭美国的立国精神的指控，却被认为是一种异端邪说。

　　洛克菲勒成立的通才教育董事会宣称，他们是要帮助当代年轻人走出农业时代，并且把他们训练好以迎接工业时代。他们的确也这么做了。

　　但是如果你检视美国和全球各地目前正在发生的状况，你很容易发现普通民众是越来越仰赖政府的补助和津贴才能过活下去。现在的美国由于贫富差距悬殊，已经越来越不像民主国家，而是越来越像由少数极为富有同时掌控巨大权力的人士们所组成的寡头政治。从许多角度来看，美国越来越像当时的苏联一样，形成寡头统治的集团，完全不像我们当年开国元老所预想的民主政治。

不管你认为洛克菲勒和卡内基是正是邪，我自己研究的心得完全印证了富勒博士当初对劫夺巨人们的忧心，也就是少数几位富有及掌握权力的寡头们逐渐侵蚀并且掌控例如教育等重要的国家机构，结果造成当今学校里完全没有传授财商教育的状况。

罗斯福总统于 1935 年在经济大萧条期间，推出了所谓的社会保障制度。如今社会保障制度、联邦医疗保险制度、食物券，以及奥巴马全民医疗保健等，已经成为美国文化牢不可分的一部分。看起来现在越来越多的美国民众，非得仰赖这些政府措施才能活下去。

那些极度富有的权贵们，当初为什么要干涉我们的教育，并且剔除了任何有关财商教育的课程与内容？这一点就让读者自行发挥想象好了。

年度最佳教师奖

在 1983 年批判教育简直是一种亵渎神明的行为。从许多方面来看，当年的教育跟宗教的地位几乎难分轩轾。

而且在我研究这个议题时，的确有越来越多的教师选择脱离教育体制，与有不少神父选择离开所属的教会如出一辙。

其中有一位名叫作约翰·泰勒·盖托的教师，他可不是普通教师。他在 1989 年、1990 年、1991 连续 3 年获得纽约市年度最佳教师奖，1991 年同时也荣获纽约州最佳教师奖。他于 1991 年写了一封公开信给《华尔街日报》，宣称自己要辞去教职，因为他宣称自己"无法为了收入而继续残害儿童"。

教育的目的

目前美国有三种不同的阶级：

1. 有钱阶级；

2. 中产阶级；

3. 贫穷阶级。

正如我稍早所说的，让奴隶接受教育曾经是一种犯法行为。在缺乏教育的情况下，奴隶注定一生要活在贫穷之中。

我的研究结果让我相信当代教育的目的，是要通过教育把贫穷阶级训练成受过职业训练的工人、主管、专业人士、军人等，从而构成大量的中产阶级。说白了就是：职员、消费者、纳税人。

当代教育的目的，从一开始就没有打算把中产阶级教育成富有的有钱阶级。我认为这也是我们目前学校里没有财商教育最主要的原因。

就因为如此，下面这张图就变得很有意思了。

家庭实际年收入的累计增减（依增减幅度分组，1979—2007）

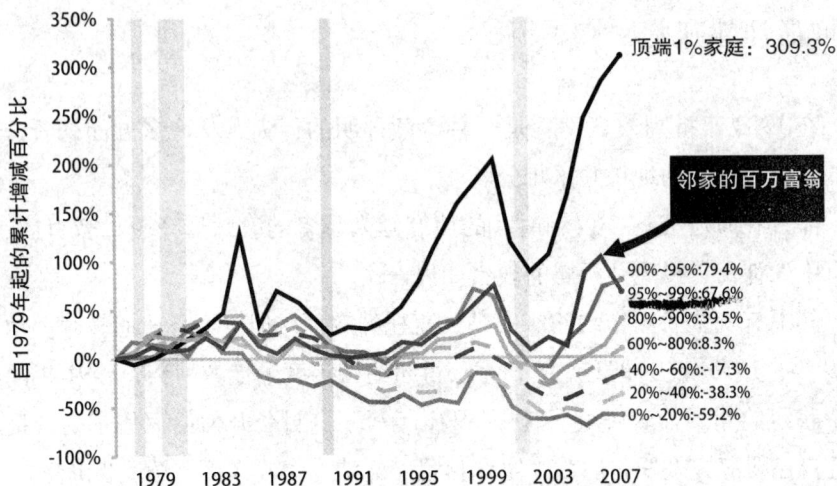

这张图解释了《下一个富翁就是你》这本书中所描述的现象：靠着房屋和退休金账户的增值而成为百万富翁的那些中产阶级们，很可能在不久的将来失去百万富翁的头衔。

而劫夺的巨人们剽窃我们财富的手段之一，就是借着缺乏财商教育的学校体系来达成的。

为什么存钱储蓄的人是输家

就像教育一样，存钱储蓄也被视为一种神圣不可侵犯的观念。去银行存钱的行为就好比上教堂一样，还得留下一笔钱，来奉祀那些劫夺的财经大神。

在缺乏财商教育的情况下，普通民众无论如何也看不懂银行利用存款储蓄作为剽窃自己财富的手段。

银行体制是借着一种叫作"部分储备金制度"的方式来掠夺储蓄者的财富。这种部分储备金制度可以追溯上千年之久。学校里为什么从来不教这一点，我一点都不感到惊讶。因为这是银行赚钱的方式，而且可以说是一种相当丑陋的手段。

几百年之前，当一位商人想要跨国旅行时，不会随身携带黄金白银，而是把它们储放在一位银行家的手里让他保管着。这时候银行家就会向商人所储放的黄金和白银发出一张"兑换票"。这时候商人就可以放心地去远方旅行，购买各种货品并且利用这张"兑换票"来结账。而收到这张"兑换票"的商家可以找银行家来把这张票据兑换成黄金和白银，或者直接拿着这张"兑换票"来购买自己所需的东西。

银行家们很快地发现人们比较倾向于利用票据来进行交易，因为这比携带实体黄金白银方便得多，可以让贸易买卖进行得更顺利。

没过多久之后，银行家们就开始"大量印制兑换票"并且把兑换票"出借"给急着用钱的民众。只要黄金和白银真正的拥有者不拿原本的"兑换票"来兑现黄金与白银的话，那么一切都会相安无事。

当黄金和白银的真正拥有者察觉到银行家借出的"兑换票"远比储放的黄金白银更多时，此时就会发生"银行挤兑"事件。之所以会发生银行挤兑的原因，是因为真正拥有黄金白银的这些人们不再信任这个银行家，因此急着拿"兑换票"来把自己的黄金和白银换回去。如果银行家发行的"兑换票"远远地超过别人所储放的黄金与白银时，这时候银行就会破产，而所有在这家银行存款的人们也就失去了自己的储蓄存款。

这就是"部分储备金制度"产生的原因。简单来说，银行从此只能出借自己金库当中某部分的金钱。也就是说银行能出借的钱（兑换票）是有上限的。

举例说明，假设目前的部分储备金制度比率是10。这个数字的意思是说，假使有客户把10美元存到自己的储蓄账户之中，那么银行就可以出借100美元（恰为10美元存款的10倍）给那些需要借贷的民众使用。

用图形来解释部分储备金制度可能更容易让人理解。

上面的两个财务报表教会了我们两件事情：

1. 你的10美元存款是你的一项资产；

2. 你的10美元存款是银行的一项负债。

这时候你应该懂得参考"一必定是多元的，而且至少有二"这项基本原理。在这个例子中，任何资产必定伴随着某种负债的产生。

问：为什么我那 10 美元的存款储蓄是银行的一项负债？

答：因为资产的定义就是把钱放到自己口袋中的东西，而负债的定义就是把钱从自己口袋中掏走的东西。在这个例子中，当你在储蓄账户中存放 10 美元之后，银行是要支付你利息的。因此利息这笔现金会从银行那里流到你的口袋之中。下面的图表就在解释这个流程。

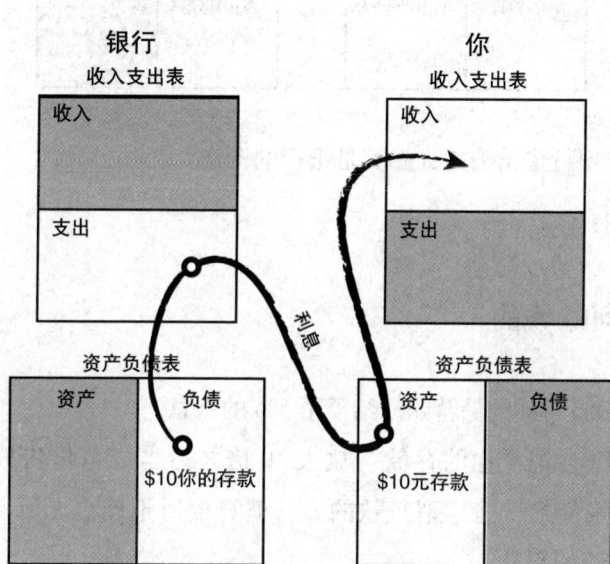

银行的资产

如果部分储备金制度的比率是 10 的话，那么银行就可以把这笔 10 美元的存款放大 10 倍之后再找人借贷出去。而这笔 100 美元的放款就是银行的一项资产。

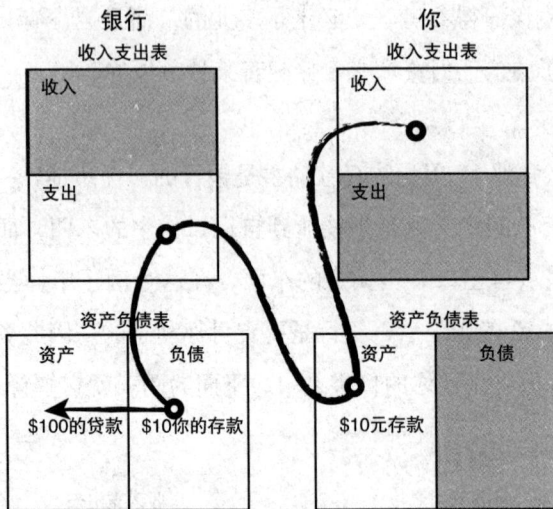

银行　　　　　　　　你

收入支出表　　　　　收入支出表

收入　　　　　　　　收入

支出　　　　　　　　支出

资产负债表　　　　　资产负债表

资产　　负债　　　　资产　　　负债

$100的贷款　$10你的存款　　$10元存款

问：所有银行借出去的钱都算是银行的资产？

答：是的。

银行是如何赚钱的

假设说银行对你的储蓄账户给予了 5% 的利息。

接着银行会把"你的存款"放大 10 倍之后当成可借贷放款的额度，然后把这笔钱借给一些申请贷款的人（就算信用不佳也无所谓），并收取 10%~50% 不等的利息。

在这个例子当中银行需要支付你：

你的 10 美元存款 ×5% 的利息＝每年 0.5 美元

假设银行的贷款利率为 10%，那么那笔 100 美元的可借贷金额被借出去之后，银行可以得到的利息为：

100 × 10% ＝ 10 美元

问：都是我那 10 美元存款，但是银行可以收到 10 美元的利息，而我却只能拿到 0.5 美元的利息？

答：是的。虽然这是一个极为简化的例子，但是部分储备金制度的确是这样运作的。

问：那么这个制度在如何剽窃我的财富？

答：因为部分储备金制度会减少（稀释）你储蓄存款的实际价值。10 美元的储蓄存款所能购买的物品会变少，因为现在会有 100 美元在市面上流通着。这就是形成通货膨胀的原因之一。

问：通货膨胀不好吗？

答：通货膨胀对放款的银行来说是好事，而对储蓄存款的人来说是坏事，所以我才会说存钱储蓄的人都是输家。就是因为通货膨胀的关系，现在有数百万民众的日子变得越来越不好过。

问：为什么日子会越来越不好过？

答：因为所有的物价都会因此而上涨。

问：因此银行体制就是利用这种方式来剽窃我的财富？

答：这只是一个被简化过的例子。其实他们剽窃财富的手段还很多。如果你懂得银行是如何进一步利用部分储备金制度的话，那么你就会真正体会到为什么存钱储蓄的人是大输家。

问：进一步地利用？你的意思是说，假设跟银行借贷 100 美元的那个人，他再把这 100 美元存放到银行的储蓄账户之中又会发生什么事情？

答：你说对了。这时候银行又有 1000 美元可以借给其他贷款人。

问：这时候我原本的 10 美元储蓄会怎么样？

答：变得越来越没有价值（越来越薄）。

问：所以我那 10 美元存款越来越没价值？
答：完全正确。当今的货币体制需要完全依赖通货膨胀才能运作。银行和政府都希望（并且需要）通货膨胀的存在。

问：为什么？
答：理由很多。其中一个原因是背负贷款的人可以利用贬值之后的货币来支付他们原本的欠款。另外一个理由是当消费者预期物价会不断地上涨时，他们当下消费的意愿就会大大增加。

问：为什么会有这种现象？
答：你自己试着想想看。如果消费者预期明年汽车的价格会上涨 10% 的话，那么他们就会想办法在今年买车。如果消费者预期明年的车价会下降 10% 的话，那么绝大部分的消费者今年都会收手，等明年才会出手买车。

问：这么说来通货膨胀会鼓励民众从事投机的行为？
答：是的。许多民众会打算在今年买房子，然后希望在明后年转卖出去。这对股票和贵重金属来说也是一样的道理。非但没有建立一个稳定、不断成长，以及有生产效率的社会经济共同体，我们现在的社会反而充满了各种投机和赌博的行为。
那些拿不动产"翻修转卖"或者不断地"买卖股票"的民众，对经济来说并没有实质上的帮助。当这些投机分子赚到钱时，他们让其他人的生活付出了更高的代价，并且变得更加艰难。
当某人用 10 万美元买下一幢房屋，稍微整修（或者原封不动）后再以 12 万美元转卖出去时，他对我们的经济没有做出任何实质上的帮助，但是却让更多的人买不起房子，并且促使物价持续上扬。当一个人今天用 10 美元买下股票，接着两天后以 15 美元卖出也会有同样的效果。

问：那么你的意思是说这是一种不好的行为吗？

答：不是这样的。我的用意是在解释当一个社会的经济成长是以通货膨胀为基础（而非生产力）时，此时会产生什么样的结果。存钱储蓄的人都会变成输家，而且生活因为物价不断的上扬而变得越来越不好过。通货膨胀同时也会鼓励民众成为消费者，而非生产者。人们拼命吃喝玩乐并且逛街购物，因为未来的物价一定比今天的高。

当人们质疑为何有钱人和一般人之间的差距越变越大时，我们的确可以说当今的银行体系、部分储备金制度，以及学校缺乏财商教育（尤其是那些还在鼓励学生要把钱存起来的教育内容）需要承担相当大的责任。

税赋上的大劫案

许多人认为缴税是一种爱国行为。如果你去研究美国历史，你就会知道因为波士顿茶叶党于 1773 年对英国的课税行为进行抗争，而引发了美国独立革命的战争。美国开国之后基本上是一个几乎没有什么税赋，甚至完全免税的国度。

问：为什么会有人认为缴税是一种爱国行为？

答：在第二次世界大战期间，美国通过了《现行纳税法案》。当时政府需要这种主动式的稽征税收来满足战争所需。但在 1943 年之前，政府必须被动地等待民众缴税之后才会拿到税收。

问：那么请问《现行纳税法案》对我们产生了什么影响？

答：这个法案赋予政府新的权力，让政府在民众尚未领到薪水之前，就可以先径自取走民众应缴纳的税赋。根据富勒博士的说法，这个方案让有钱人可以直接把手伸进普通民众的口袋里。在如今这种政府需求猴急、有钱人变得更加贪婪的状况下，这种劫财的手段会越来越犀利，而且金额也会越来越巨大。

别忘了，这种应得权益心态并非从穷人开始蔓延开来的。这种心态其实源自金字塔的顶端，也就是劫夺的巨人们，他们事先有计划地利用银行、政府、税制等来剽窃我们的财富。

1943 年的《现行纳税法案》使得军事－工业联合体开始崛起，而直言不讳的艾森豪威尔总统也在 1961 年对此做出了警告。由于从1943 年税款会每个月稳定地流入政府的手中，因此可以让军事－工业联合体毫无顾忌地宣战。首先是冷战时期，在这期间有数万亿美元投入研发大规模毁灭性武器之中。很明显，劫夺的巨人及和他们狼狈为奸的组织机构，都从战争本身及民众对战争的恐惧中获得了无比巨大的利益。我经常会想：劫夺的巨人们只要利用媒体稍事宣传一下来自伊拉克、朝鲜、俄罗斯、塔利班等可能存在的潜在威胁，那么美国民众都会继续认为缴税是一种非常爱国的行为。

问：难道你的意思是这些潜在威胁并不是真的？

答：不是这样。我知道确实有敌人存在。我想说的是美国从此注定会一直陷于开战的状态之中，因为战争是一种非常有赚头的活动。几个世纪以来，国家就是借着战争的手段来掠夺其他国家的财富。不管是真实的威胁还是虚幻的威胁，战争从许多方面来看，无论是双方所付出的血汗还是税赋，都是一种加诸国民身上的大规模掠夺民众财富的行为。

到底是什么人在缴税

下面要提一下富爸爸现金流象限，我在富爸爸系列丛书的《富爸爸财务自由之路》一书中对此有详细介绍。

> **E** 代表雇员（Employee）
> **S** 代表中小企业或自由职业者（Selfemployed）
> **B** 代表大企业（Business，超过五百名员工）
> **I** 代表投资者（Investor）

税赋和象限的关系

税赋告诉了我们很有意思的事情。

现金流象限图及其税率

E 和 S：就是那些上学念书然后就业的民众，要承担最高的税率。

B 和 I：那些按照劫夺的巨人们游戏规则行事的人们，所承担的税率最小。

再次强调，这也就是我在《富爸爸穷爸爸》一书里阐述的"富人不为钱工作"的有力论证。那些为钱工作、为薪资收入工作的人们，他们的财富都会被税赋制度所剽窃。

当奥巴马总统承诺要加重有钱人的税赋时，税赋被大大提高的反而是 E 象限和 S 象限中那些高收入的专业人士。

纾困的大劫案

以下这句话，不知道前美联储主席伯南克到底向大众讲了多少遍：

> 外界流传着一种迷思，说我们的做法是在印钞票。我们并不是在印钞票。

爱德华·格里芬在 1994 年出版了《美联储传：一部现代金融史》一书。这本书讲述的不只是美联储的历史，还有整个银行和银行体系的历史沿革。虽然很厚，但是阅读起来一点都不吃力。如果你喜欢阅读侦探小说，你一定会爱上这本书。

当年成立美联储的秘密会议就是在乔治亚州杰克尔岛上进行的。那场会议之所以要在极度保密的状况下进行，是因为这个计划完全违背了美国立国时反对成立中央银行的宗旨。绝大多数的美国开国元老，都激烈地反对成立类似英格兰银行那一类能掌握一国发行货币权力的中央银行。开国元老们担心中央银行所拥有的权力，有一天终究会超越美国政府。

英国银行家梅耶·罗斯柴尔德就曾经说过：

> 只要我能控制一个国家的货币发行，我不在乎谁制定法律。

我读这本书的心得是：

> 纾困才是他们真正想要玩弄的把戏。

换句话说，"纾困"是劫夺的巨人们剽窃我们财富的另外一种手段。你千万不要天真地认为"纾困"是一种在非常状态下或发生意外时才会采取的特别措施。劫夺的巨人们在设计现代金融体系时，就早已经把"纾困"纳入其中了。

当政府在 2008 年给大银行进行纾困时，许多人以为这是一种新手段，一种用来挽救全球经济的紧急处理措施。这种认知完全和事实相违背。在进行纾困时的规则，是允许银行将纾困金挪作它用，也就是说银行可以把这笔钱自由地分配给那些身为劫夺巨人们的"自己人"。如果"自己人"损失惨重，他们可以借此弥补损失全身而退——而真正的损失则是由全民来买单。

纾困是专门用来保护劫夺的巨人们的自身利益。结果那些大型银行完全不用背负任何责任，而且也不需要为自己所犯下的错误而付出任何代价。如果是你和我犯了任何财务上的错误，我们是要负起完全的责任并且承担所有的后果，而这些后果包含了宣布破产、坐牢、失去人生的一切等。

布什的纾困案

20 世纪 80 年代美国也曾爆发过储贷危机并且给发生损失的银行进行纾困，其中最令人注目的是西尔弗拉多储贷机构的纾困案。老布什总统的另外一个儿子尼尔·布什刚好是这家位于丹佛市西尔弗拉多储贷机构的董事之一。由于他的父亲是美国的副总统，因此副总统的儿子尼尔在这家垮台的机构里所扮演的角色备受媒体关注。

储蓄机构监管局调查西尔弗拉多储贷机构垮台事件，并得出以下结论：尼尔·布什涉及多次"违反信托人之义务，行利益冲突之事"。

"违反信托人之义务，行利益冲突之事"是指银行违背其对客户（存款人）应负之责任，将存款资金拿去供尼尔亲属朋友事业之用，并从中获利。

虽然尼尔·布什没有因刑事责任而被起诉，但是联邦存款保险公司对他和其他西尔弗拉多储贷机构的董事们发起了民事诉讼。结果双方同意庭外和解，事后布什个人只需负责 5 万美元的和解金。

我想表达的重点是：《丹佛邮报》报道中揭露西尔弗拉多储贷机构纾困案使纳税人遭受 10 亿美元的损失。

再次证明劫夺的巨人也就是超级有钱人和当权派必定会获胜，而所有的纳税人都是输家。

Twinkies的纾困案

2012年以生产"魔法面包"和Twinkies（夹心奶油甜点）而闻名的美国食品公司HostessBrand宣布破产结束营业。

该食品公司替旗下运输司机所预留的退休基金也面临了财务方面的困难：无法发放司机应领的退休金。

奥巴马总统于2013年核准对该公司运输司机的退休基金进行"纾困"。虽然这个决定看起来是保障卡车司机退休生活的高尚、仁义之举，但别忘了任何一枚硬币都有三个面。问题是：奥巴马进行纾困实际上到底是要帮助谁？真的是要帮助那些卡车司机，还是保护奥丁堡家族，亦即这家拥有140年烘焙历史的公司的拥有人？当该公司宣布破产时，照理来说奥丁堡家族就得要接管并对退休基金负起全部责任。如果真的这么做，那么奥丁堡家族也一样会面临破产的命运。

问：你的意思是说奥巴马在帮奥丁堡家族纾困，而不是那些卡车司机？
答：不是。我的意思是，若以富勒博士的话来说就是"一必定是多元的，而且至少有二"，而富爸爸则会说："任何硬币都有三面——正面、反面，以及边缘的那一面。有智慧的人都会选择从硬币的边缘来看待事情的两面。"

既然劫夺的巨人们控制了重要的四个M——军事（Military）、金钱（Money）、思想（Mind）、媒体（Media），因此主流媒体的报道绝大部分都只会报道硬币的其中一个面，也就是某个特定对象的故事而已。你几乎看不到会对两边进行探讨的新闻报道。别忘了，当今弥漫在社会上的应得权益心态是从上至下的，而非由下而上。这也就是为什么劫夺的巨人们要让大众相信纾困是用来帮助普通老百姓，而不是那些高高在上的超级有钱人。

问：所以在前两个例子当中，布什家族跟奥丁堡家族都是一样的，对吧？

答：我相信不管是布什或者是奥丁堡、洛克菲勒或者是卡内基、克林顿家
　　族、奥巴马或者是罗姆尼等，都和劫夺的巨人们相仿，通通都可以
　　套用在上述的例子之中。这也就是我再三质疑，为什么我们当今的
　　教育体系中没有财商教育这一环的原因。

　　没有受过财商教育的人们无法提出犀利的质疑。这些人都只想听自己喜
欢听的话，而且绝大部分民众也都宁愿相信政府是在保护着他们的。事实上，
之所以会有政府的存在，其目的就是用来保障特定的既得利益者。这也就是
为什么美联储只针对各银行进行纾困，而不会出手帮助付不起房贷的普通老
百姓[①]。

　　这也就是为什么美联储前主席伯南克会径自发行数万亿美元的纾困金。

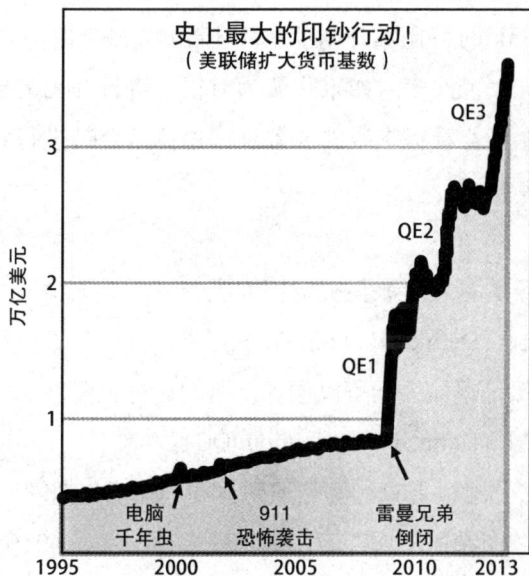

史上最大的印钞行动！
（美联储扩大货币基数）

问：那么伯南克当年是在说谎吗？

---

　　① 当年次级房贷风波爆发时，若政府出面清偿全体美国人所积欠的房贷，所需要的资金
金额还不到当年给银行纾困的五分之一。——译者注

答：不完全是。他只是没有说出完整的事实罢了。别忘了，真相永远存在着两面性。当年进行纾困后，在市面上流通的货币总额并没有因此而有所增减。这是因为伯南克纾困增额发行的货币全部都是用来给银行之间用的，亦即这些货币并没有流入一般的市面之中。

虽然 2014 年各银行面临资金泛滥的困扰，但是银行仍然不愿意把这些钱出借给中小企业或者是普通老百姓。再次强调，伯南克是针对大银行而进行纾困的，而不是为了帮助那些未来都被大银行剽窃的一般民众。这也是我相信为什么富勒博士在考虑他最后一本著作的名称时，决定采用"劫夺"这种字眼的原因。

问：请问银行纾困案和 Twinkies 纾困案两者有什么不同之处？
答：因为 Twinkies 纾困案开创了一种全新的先例，使得"可以给予纾困"的范围扩大了许多。如果你认为对银行进行纾困的金额已经够吓人的了，你等着看将来政府替各种"退休基金"进行纾困时的金额规模会有多大。

讲到退休基金，基本上来说分为两大类：

1. 确定给付制（Defined Benefit, DB）。

这种制度是保证退休人士可以领到所谓的终身工资。

2. 确定缴费制（Defined Contribution, DC）。

在这种制度下，退休者只能够领取到他本人在工作期间所缴纳的自付额，加上退休者所属公司在他工作期间所缴纳的金额。例如 401(k) 计划、个人退休账户（IRAs）、罗斯个人退休账户（Roth IRA）均属于这类的退休金制度。确定给付制（DB）和确定缴费制（DC）两者最大不同之处，就是确定缴费制（DC）退休金有可能因为下列原因而提前耗尽：①当退休人的寿命远远超出预期，造成当初提拨的金额入不敷出；②由于股市遭逢崩盘，使得退休金账户的总金额大幅缩水。

在 Twinkies 纾困案中，员工享有的是一种确定给付制（DB）的退休金。理论上确定给付制（DB）的退休金都是交由"专业基金经理人"来进行管理的，而绝大部分的确定缴费制（DC）退休金反而要由退休人自行来进行管理。

Twinkies 纾困案可以视为华尔街相护包庇的典型范例。那些从名校毕业、拥有高学历、顶着"专业基金经理人"光环的人们，照理来说应该如履薄冰地照料管理这些员工的退休金，但实际上那些经理人都只是在替华尔街办事。

目前没有人清楚知道到底有多少确定给付制（DB）的退休基金已经面临财务上的困难。但是由于奥巴马总统已经开创了先例，准予给民间公司的确定给付制（DB）退休基金进行纾困，因此将来若有其他退休基金遭遇困难时，就会有纾困的前例可循。如果经济迟迟无法复苏，或者股市不幸再次崩盘，将来其他退休基金也需要纾困时，其总金额会高达数万亿美元。

问：请问政府会给那些拥有确定缴费制（DC）的退休金进行纾困吗？
答：有可能，但是我个人认为政府不会这么做。因为拥有确定缴费制（DC）退休金的人们都跟华尔街无关，也更不可能是那些来自超级有钱家庭的自己人。

问：我记得所有的退休金都受到政府的担保或保障？
答：事实上不完全是。因为退休金与福利保付公司（Pension Benefit Guarantee Corporation，PBGC）只不过是一家保险公司。理论上当某家退休基金破产时，这时候退休金与福利保付公司就会介入或接管。问题是这家公司早已经没有偿付的能力与资金了。

退休金与福利保付公司于 2014 年的赤字已经高达 356 亿美元，而且这个数字还在不断地增加中。看样子在不久的将来，政府可能还得先针对退休金与福利保付公司进行纾困。

在《患者保护与平价医疗法案》，亦即奥巴马总统的全民医疗保险这个方案当中，可以找到同样的纾困保障条款。换句话说，所有涉及这个法案的保险公司通通可以享受"政府纾困"的保障条款。

别忘了，纾困真正的本质就是保证有钱人和当权派可以赚大钱。万一有钱人和当权派的投资不幸赔钱了，那么他们的损失将借着纾困让全体纳税人共同来承担。

尼克松总统大劫案

我们今天之所以面临巨大的金融危机，当年尼克松总统的贡献不容小觑。

1971年：尼克松总统取消了美元的金本位制。此举大大伤害了贫穷户、老人，以及所有依赖固定收入的民众。美元与黄金脱钩之后，进而造成了全球经济的大繁荣。许多中产阶级因为薪资增加、自用住宅房价上涨、退休基金中的股价上扬等因素，摇身一变而成为所谓邻家的百万富翁。

1972年：尼克松总统出访中国，并敲开了两国相互贸易的大门。这对工厂老板来说是好消息，因为他们把生产线通通搬迁到了中国。这对美国工人来说则是坏消息，因为美国工人现在必须要跟低工资的中国劳工阶级相互竞争。

1974年：尼克松总统在8月8日因为涉及水门案的丑闻而被迫下台。

在短短几天之后，也就是1974年9月2日，尼克松总统的接班人吉拉德·福特总统签署通过了《雇员退休收入保障法案》。由于此法案的通过，退休金的形式逐渐演化成现今大部分美国上班族所拥有的401（k）退休金的形式。

请大家要仔细检视政府所颁布的各种法案，例如《患者保护与平价医疗法案》等，通常它们的本质恰好与名称完全相反。奥巴马所颁布的平价医疗法案使得医保费用大幅调涨，现在有很多劳工大喊吃不消。而政府通过《雇员退休收入保障法案》之后，许多人的退休金反而变得比尚未颁布之前还更没有保障。

正如同我稍早所说的，确定给付制（DB）和确定缴费制（DC）两者之间的差别在于：确定给付制（DB）在理论上可以确保退休者一直可以领取退休金，直到死亡为止；而确定缴费制（DC）则依据退休账户中还剩有多少资金来决定退休者所能领取的金额，如果账户没钱了，这种退休保障也就宣告结束了。如今有数百万的上班族在依赖股市的上涨，好让退休账户里有足够的钱来应对他们退休后所梦想的生活。他们这种自以为是投资股市的行为，其实就是一场豪赌。

下面的这张图表让人不禁要问一些非常耐人寻味的问题。我会问的问题是：不知道未来会发生什么样的事情？股市是否一定会持续上扬，或是持续盘整？万一下跌又会如何？

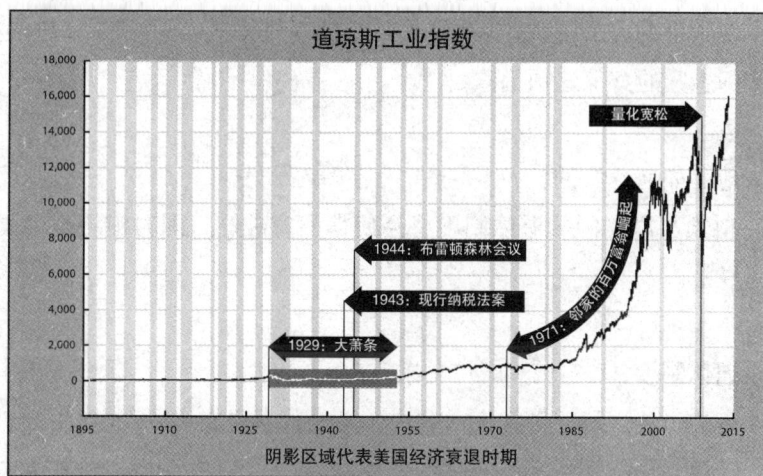

如果股市真的发生崩跌，对于持有确定缴费制（DC）退休金的那些数百万的战后婴儿潮一代的民众，他们的退休金又会发生什么样的变化？届时政府会不会比照之前资助超级有钱人和当权派（也就是劫夺的巨人们）的待遇，对这些退休人士进行纾困？

问：如果股市崩盘，会不会再次发生类似经济大萧条的情况？

答：这个答案请你自己去想。从我个人的观点来看，早已经有数百万的民众过着类似经济萧条时期的生活。数百万的民众早已经在仰赖政府的补助过活，这些人要么属于那些无法停止工作的劳动阶层，要么就是那些正在消失、满怀焦虑的中产阶级。而这两者仍然抱有"上学受教育"可以挽救自己和下一代的经济状况的幻想。

问：《富爸爸财富大趋势》一书的重点不就是在讲 401(k) 退休金计划所面临的问题？
答：是的。富爸爸早在 1980 年就预言人类历史上最大的一次股市崩盘很有可能会在 2016 年发生。

问：他凭什么预测这么久之后的事情？
答：他是根据人口统计，也就是人口数的变化来做出预测的，同时也考虑到愚蠢的官僚这项因素。

问：他是如何预言的？
答：他预言说美国的退休制度将会使得国家破产，同时拖垮整个国家的经济。

问：退休制度？
答：是的。美国战后婴儿潮一代中，第一代就是在 1946 年出生的。富爸爸说："战后婴儿潮一代所造成的繁荣景象，将会随着这些人的退休而宣告终止。"他还预测美国社会保障制度和联邦医疗保险制度都会在战后婴儿潮一代即将退休之际以宣告破产而终止。

问：所以富爸爸以 1946 年为基准再加上 65 年左右，以此作为预言的根据？
答：是的。他经常会说："人口统计就是未来。"

问：那他所预测的 2016 年是怎么来的？

答：401(k) 退休计划中规定人要到 70 岁才能从中开始领取退休金。所以 1946+70=2016。

问：为什么股市会崩盘？

答：因为股市是否上涨完全取决于一个词：增长。当投资者知道经济不再增长了，战后婴儿潮一代的人们也开始领取他们的退休金，而社会保障制度及联邦医疗保险制度又面临破产时，那么**股市**就会像破了一个大洞的热气球一样从空中直直掉下来。

我认为这个气球从 2007 年就开始往下掉了。当年为了防止经济全面崩盘，政府提供了所谓的"纾困"——也就是数万亿美元的"热气"——给华尔街及全球各地的银行和政府机构，以避免全球经济的大崩溃。

大部分的人长久以来都听信理财专家所说的"要长期投资"这一建议。如果股市在 2016 年再度发生崩盘而印钞票纾困又没有用的话，那么这些听话的人将会成为这次股灾的首波受害者。

如果你再度检视道琼斯工业指数 100 年来的走势，社会保障基金余额，以及美国国债等三张图表，你就能看到《富爸爸财富大趋势》一书中富爸爸在 1980 年根据人口统计所做出的预言有多么准确了。

问：我能怎么办呢？

答：你能做的事情很多。其中一个就是听听新闻当中多少次提及"增长"这个字眼。倘若听到"增长"的次数越多（让百姓感觉一切都没事情），那么你就应知道热气球的破洞则会越大。

问：所以你是说退休金会成为我们经济上最严重的问题吗？

答：是的，我们最严重的问题之一。虽然政府可以干预操纵许多事物，但是它无法阻止人们越活越老这件事情。政府是无法通过立法来阻止或控制人口老龄化的。我是真心希望政府有这种本事，但是我并没有听说以当前先进的科技，有可以让人返老还童的"青春之泉"。

让我们从这个方向想想：1929年股市崩盘时，当年全美只有不到5%的人在股票市场投资。如今拜联邦政府、各州政府，以及当地政府所赐，所有军公教人员的退休金，以及私人企业的退休金计划，还有员工上班族等的401(k)退休基金等，几乎所有美国人民退休后的生活得完全仰赖股市的涨跌而定。

全球70亿人口当中，有将近16亿人属于战后婴儿潮一代。如果富爸爸的预言成真，亦即爆发历史上最大的一次股灾，那么全球经济将会面临无法想象的危机。

黑暗时代

正如稍早所说，我一直在想黑暗时代是从什么时候开始的。我们怎么会被关在一个没有铁栏杆、铁链或者是枷锁的牢狱之中？其中一个原因是缺乏财商教育。我在调查研究时发现：这么多年来有人一直在警告我们这些民众。举例来说，1802年托马斯·杰弗逊说："我相信银行机构对我们自由所造成的威胁，远比外国军队还来得大许多。"

"如果美国民众允许私人银行控制货币发行的权力，那么借着先发生通货膨胀然后再通货紧缩的手段，这些银行和它们关系密切的企业和机构，将会一直剥夺民众所有的财富——直到后代子孙发现自己已经在开国先烈所辟建的国土上沦为无业游民为止。"

我们仍然身处于黑暗时代之中。2014年全球各地的中央银行都借着发行数兆的货币来对抗通货紧缩。通货紧缩比通货膨胀更难对付。各国央行都在通过拼命印制钞票来遏止股票市场和经济的崩盘。正因为如此，我们当今面临史上最严峻的经济危机。

经济先繁荣然后再泡沫化

邻家百万富翁的中产阶级们享受到了由于通货膨胀所带来的经济繁荣。当市场开始面临通货紧缩的时候，这些人又该怎么办？当他们自用住宅的房价、持有股票的股价及薪资不再上涨的时候又会如何？他们又能怎么做？

如何摆脱黑暗时代

问题是：下一次会轮到什么人遭殃？万一这场现金大劫案真的是从我们的教育体制当中开始进行的呢？

问：就算问题真的出在教育上又如何？
答：那么这就是好消息——因为果真如此，那么对一些人来说，他们同样可以借助教育解决自身的问题。

问："对一些人来说"？不是所有人吗？
答：没错，并非所有人。

问：为什么？
答：因为并不是所有人都有意愿想要学习新事物。有很多人仍然希望世界能维持不变，甚至还想要回到过去的时光。这些人期待可以沿用原本的生活方式，继续年复一年、日复一日地过着原来的生活。

问：未来的日子有可能会回到跟从前一样吗？
答：这个问题请你自行回答。

总结

采用富勒博士的"预测模式"——也就是借着检视过去来前瞻未来的方

式——结果看起来是这样的:

1971 年:当美元脱离了金本位制后,仰赖固定收入的贫穷民众和劳工阶级的财富就被剽窃了。

2007 年:由于失去了工作、失去了自用住宅、失去了退休金,因此数百万中产阶级民众的财富也被剽窃了。

问:下次会轮到谁? 是不是那些有钱人? 或者正如杰弗逊警告我们的那样:后代子孙发现自己已经在开国先烈所辟建的国土上沦为无业游民?

答:我们将在下一章中来探讨这个问题的答案。

第五章

下一次的崩盘

"我的理念几乎都得经历某种紧急状况之后才会逐渐被接受。当人们迫切需要它们的时候，他们才会学着接受这些理念。"

——巴克敏斯特·富勒博士

运用富勒博士当年教我预测未来的方式，我在 2002 年出版了《富爸爸财富大趋势》一书。该书综合了富爸爸所做出的警告，以及从富勒博士《劫夺的巨人》一书中的心得。

基本上两位都在警告我们：有钱人一直在玩金钱游戏，而且离金融崩溃之日为时不远了。两位相信原本掠夺我们财富的手法开始失去控制，就连有钱人都无法阻止这场不可避免的结局。

在 2002 年《富爸爸财富大趋势》一书中，预言了 2016 年左右会发生股灾。这本书中同时也预言了在这场股灾之前，先会发生一次规模较小的股市崩盘。

当你看着道琼斯工业指数的走势图时，你可以自行判断《富爸爸财富大趋势》一书中的预言是否有其可能性。

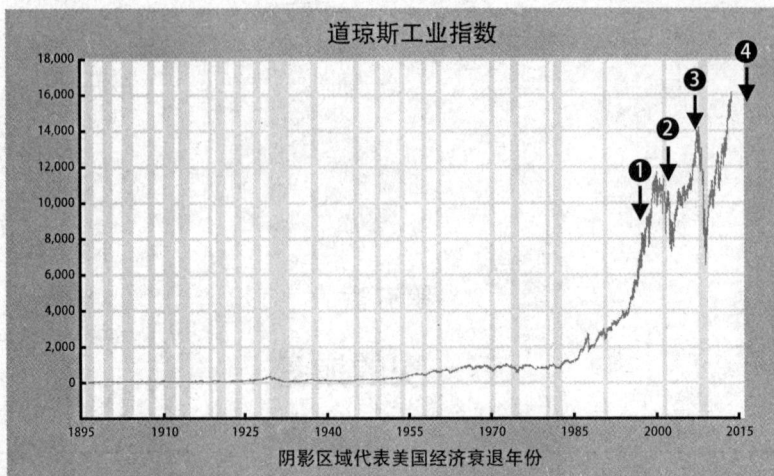

道琼斯工业指数

阴影区域代表美国经济衰退年份

以下列举一些关键的日期：

1. 我在 1998 年开始写《富爸爸财富大趋势》一书；

2.《富爸爸财富大趋势》一书于 2002 年出版；

3. 在该书中预言 2016 年之前会发生规模较小的股市崩盘，而这个股灾在 2007 年发生了；

4.《富爸爸财富大趋势》书中预言 2016 年左右会发生巨大的股灾。

问：你认为 2016 年的大股灾会发生吗？

答：我会鼓励你分析图表之后自己下判断。富勒博士之所以会被举世公认为最伟大的未来学家之一，是因为他会通过分析过去来展望未来。你分析这张图表时说明你也在做同样的事情。当你这么做的时候，请你看看《经济学人》杂志号称史上最惨烈的股灾，也就是 1929 年股市大崩盘在该图中的位置。

倘若 1929 年股市大崩盘导致后来历时 25 年的美国经济大萧条，如果《富爸爸财富大趋势》中预言成真的话，那么这次新的经济大萧条又会历时多久？请问你对未来的看法如何？

问：假设这次被你说对了，那么这一切对我而言有什么关系？

答：如果预言成真，那么就表示现金大劫夺即将变成超级现金大劫夺。如果富勒博士和富爸爸都说对了，那么下次金融风暴中失去财富的，就是那些把资产和未来寄托在股市之中的人们。再次强调：回顾过去才能展望未来。

1971 年：当尼克松总统取消了美元的金本位制后，穷人和劳工阶级就失去了他们的财富。他们的财富之所以会消失，是因为他们辛苦赚来的钱越来越不值钱。而就算他们赚到更多钱的时候，他们还要负担更高的税率。随着赚到的钱越来越不值钱，物价同时也会因为通货膨胀而跟着上扬。这些人更辛苦更卖力地工作，他们的生活反而变得越来越困顿。如今全球的穷人和劳工阶级都在要求能维持生活的"最低工资"。很不幸的是，就算最低工资被提高了，他们仍然会一贫如洗，因为他们所赚到的钱不再是真正意义上的金钱了。

2007 年：那些中产阶级失去了他们"最大的资产"，也就是自己的房屋。由于拥有信用卡，中产阶级多年来的生活都过得不错。当房价上扬之后，这些人就会申请所谓的"房屋净值贷款"来清偿他们信用卡的债务。美国今天的房价仍然没有起色，而他们所背负的房贷、信用卡卡债，以及学生贷款等，就像紧紧勒着自己脖子的枷锁一般。他们自用住宅的房价崩跌之时，就是彼时所进行的现金大劫案。

正如《富爸爸财富大趋势》一书中所预测的，2007 年就发生了一次相当有规模的股灾。这是在股市超级大崩盘发生之前的前震，是一次影响数百万民众的金融危机。

如今世界仍然处在金融危机之中。贫穷的人越来越贫穷，中产阶级不断地萎缩，而成千上万顶着高学历的年轻人找不到工作。

对少数人来说，2007 年发生的那一场金融风暴是他们这辈子最幸运的事情。他们从那场危机当中崛起——变得更加富有、更有能力，并且拥有更光明的未来。

问题是：下一场金融风暴对你的人生来说，将会是最幸运的经历，还是最悲惨的经历？

根据富勒博士所说，"危机"这个词汇是一个非常有力量的字眼，但是它经常被一般大众误用并且误解。富勒博士说："'危机'（emergency）这个词语根源于'崛起'（emerge）"，这也是一项他所推崇的基本原理之一。他说："各种危机中必定会有新的事物、新的人们，以及新的社会崛起。"

对于那些想获得人生第二次致富机会的人们而言，好消息是：的确会有不少人从危机当中变得更有能力、更坚强，甚至变得更富有。

"危机"这一枚"硬币"同时也存在着两个面。坏消息是：并非所有人都能从金融危机当中崛起，许多人会因此而被彻底淘汰出局。

因此在接下来这场金融风暴当中，你要怎么做才会有机会崛起？

不断扩大的危机

富勒博士相信人类现在所面临的并非一般的危机，他相信人类目前在一场极为严峻的危机边缘，他相信人类面临的是一次进化上的危机。更重要的是，他相信我们人类现在还有机会选择从这场危机当中崛起，要不然就会从此灭亡。

我们的政治领袖们对这件事情却只字不提，富勒博士为此感到非常忧心。相比指出并面对人类所面临的危机这种做法，我们的领袖却一直在遮掩事实，想尽办法一而再再而三地拖延，看样子是想把问题交给下一代去处理。刻意忽略当今所面临的危机这种做法，其实是在助长将来爆发更大的毁灭性灾难、祸患及崩盘等。

富勒博士相信人类长久以来已经把焦点过度放在金钱、权力及武器之上。他相信改变的时刻已经来临了。富勒博士相信我们全体人类有意识地做出新决定的时刻已经来临了，要开始把焦点摆在他所谓的"振兴所有生命的作为"

之上，而非持续那些"残杀所有生命的作为"。如果人类不做出这种改变，富勒博士相信人类就会跟恐龙一样将面临灭绝的命运。

合作VS竞争

在这次的演化过程里，人类必须学会并且懂得如何开始相互合作而不再彼此盲目竞争。

竞争是人类的天性之一。人类从穴居时代开始，就学会要通过不断地斗争打败其他人类才能够确保自己的生存。至今人类持续在战争和武器之上投注数万亿美元的经费……同时，全球却仍然有数百万的民众每天饿着肚子上床睡觉。

我对富勒博士所提出的解决办法充满了兴趣。当我坐在观众席里聆听他的教诲时，我不禁产生了以下想法：如果全体人类一致决定彼此互相合作而不再相互斗争时，我们是否可以解决全球目前所面临的众多危机？虽然解决问题的方法说来简单，但是从我个人过去的经验来看，刺激人类相互彼此竞争的欲望远比鼓励他们彼此合作来得容易许多。

当我还是小孩子的时候，我记得富爸爸曾经跟我说过："我根本犯不着去理会我的竞争对手。每天员工前来公司上班，光是处理内讧就让我忙不过来。我最困难的工作，就是要想办法让自己的员工彼此合作。似乎每个人都想要有属于自己的'地盘'，属于自己的'行事风格'，特别是'坚持自己的看法'。如果我们内部可以更加协调合作而非彼此竞争，我们所有人都可以赚到更多的钱。"

听过富勒博士的教导之后，我才知道为什么非得发生全球性的危机不可，唯有这样才能促使人类彼此之间开始相互合作。除非爆发真正的危机，要不然依照人类的天性而言，他们的本能反应就是开始竞争，或者更糟：完全不会采取任何行动。

就算这次人类决定同心协力合作一致，富勒博士仍然担心即将爆发的危机可能会超过全体人类所能处理的能力。

成绩上的竞争

在聆听富勒博士的课程时，我理解到传统的学校教育在不断地教导学生如何竞争，而不是如何彼此相互合作。在求学期间我经常想要跟其他同学合作，但经常被指责成作弊行为。

从许多方面来看，现在的教室跟当年尼安德特原始人的洞穴并没有什么两样。在一个被称之为"教室"的山洞里，年轻学子被告知要跟其他同学相互竞争才能获得好成绩。"优等生"并不表示这个学生真的比其他孩子更聪明，"优等生"只是在告诉别人自己打败了其他同学而已。这跟放学后强壮的同学霸凌欺侮弱小同学的做法并没有什么两样。怪不得有很多小朋友都不喜欢上学。

家长也会助长这种弥漫校园的原始行为。他们期待自己年轻有为、手持木棒的尼安德特小宝贝能彻底打败并且击溃班上的其他同学。虽然没有哪个家长愿意承认，但是他们之所以要孩子在学业上获得好成绩，只不过是希望孩子将来能争取到待遇优厚的工作职位。从许多方面来看，对成绩的要求其实说穿了都只是为了钱罢了。

当学生以全班最优秀的成绩毕业后，这些优等生进入的下一个山洞被称之为"职场"。一旦找到了工作，这位年轻人的目的就是要在公司内部获得职位上的晋升，换句话说，现在的目的是要"彻底打败其他同事"。他们不敢彼此相互合作，因为顶头上司的职位只有一个，因此他们会想尽办法来确保这个位置将来会变成自己的。如果企业之间太过于合作有可能会被世人指控为垄断，就算非正式的合作但是有排挤其他竞争者的嫌疑时，也会被指责成彼此勾结——以上两者在很多情况下都属于犯法行为。

在政治界里相互合作有时候会被视为背叛行为，因此民主党人绝不敢跟共和党人进行任何形式的合作。在很多情况下，如果某个政客对另外一个政党"伸出友善的手",那么他所属的政党就会无情地把他的手立即砍断(开除党籍)。正因为如此,在政府机构当中经常会发生双方互不相让的情况,几乎看不到彼此谋求合作进步的情况存在。在这种恶性循环当中人人一事无成,结果原先只不过是紧急的状况就会恶化,甚至演变成一场大灾难。

正如富勒博士所说:"人类下次进化所面临的挑战就是要学会如何彼此合作,携手解决我们目前所面临的全球性问题。"问题是:人类只知道如何彼此竞争,没有人教导我们如何相互合作。学习如何彼此合作,光是这一点就已经是一种了不起的进化。

问:那么我们的学生有没有可能在学校教室里学会如何合作而非竞争?
答:当然有可能。

问:你能不能举个例子?
答:没问题,我给你举两个实际的例子。

1. 在任何团体运动中,相互合作是至关重要的。有人曾经说过:"团队中没有所谓的个人,但是团队胜利时意味着你也赢了。"太多从学校毕业的优等生只懂得争取个人所属的胜利,而不是想办法让整个团队一起获得胜利。

在团体运动中,团队成员得彼此激励,让每个人彻底发挥自身的潜力,要不然团队是无法获得胜利的。

反观在课堂内,抱持个人主义的学生很不希望其他同学发挥潜力,因为他们个个都想要独占鳌头。

2. 在美国海军陆战队后备军官学校里,评估一位年轻的后备军官是否称职,并不是看他率领团队的获胜次数而定,反而要看整个团队凝聚的状况,以及团队内部协力合作的程度来决定最佳人选。

该校在进行人才评估时,有时候该团队是胜是败根本不列入选才的考虑之内。

换句话说，对海军陆战队而言，团队合作远比是否获胜来得更为重要。任何海军陆战队队员都清楚地知道：只要彼此相互合作，到头来一定会获胜。正因为如此，海军陆战队认为他们是军队中最强的一支，但是没有一位海军陆战队队员认为自己比其他队员更优秀。海军陆战队队员从一开始就被教导：无论职位高低，都要尊敬并且敬重任何其他海军陆战队队员。正因为如此，他们会强调说："一日为海军陆战队队员，终生为海军陆战队。"海军陆战队队员彼此之间的紧密联结是属于精神层面的，跟功名财富一点关系也没有。

因此，现在进一步回答你之前的问题："在彼此相互合作的环境下，人们是否真的能进行学习？"答案是肯定的。但是在学校的教室中或者是在学术界里就不一定是这样了。因为学校与学术界这个领域本质上是"打败对手，要不然就等着被打败"，在这个领域中会不断强调并且强化"适者生存"、"谁赢谁输"、"我比你聪明"，以及"我是第一名"等这类的思维（而非"我们赢了"这种观念），更何况通力合作经常也会被视为"作弊"行为。

问：你的意思是说我应该开始学习如何跟别人合作？
答：是。但别忘了"一必定是多元的，而且至少有二"这个一般原理。海军陆战队会将队员训练成强而有力的个体及绝佳的队友。但是一旦涉及金钱财富，绝大部分人都非常软弱，因此不会有人想把这种人邀请到自己所属的赚钱团队之中。
在这个世界里，世界上最有钱的人们都是依托团队在运作的。但是绝大部分的人们都选择单打独斗。正因为如此，绝大多数的民众在金钱这场游戏当中都无法获胜。
如果你打算想要最大限度地利用你即将来临的第二次致富机会，那么你必须开始锻炼自己的能力，同时要学会跟团队合作的本事。

最大的问题

我们的问题在于无法通力合作，因此一些紧急情况会慢慢演变成全球性的巨大灾难。富勒博士很担心这些不断恶化的紧急状况，如果现在不加以面对与解决，可能会恶化至巨大、超出我们现在人类所能处理范围的大灾难。

以下是一些他认为已经开始逐渐恶化，且可能进一步演变成大灾难的紧急状态：

环境上的危机

回溯至 20 世纪五六十年代期间，富勒博士就已经对全球变暖的趋势做出了警告。

如今许多世界领袖不但没有相互合作来解决全球环境的问题，大部分甚至还否认这类环境问题的存在。无论你是否相信全球变暖这个理论，事实上，地球两极的冰山正处于不断融化中，许多地方的海平面也在不断上升，土壤流失、海洋污染等问题也日趋严重，而全球数亿人口所赖以为生的渔业也同样面临枯竭的命运。

不管你是否相信全球变暖，不可否认的是：全球天气的变化越来越剧烈。近年来有卡特里娜和珊迪两场巨型台风横扫美国中西部，新奥尔良和亚特兰大等美国南方城市因为下大冰雹而被迫停止上班上课。全球各地不断发生大旱灾，但是在其他地区又同时暴发大洪水。

这种环境上的严峻形势一直处于不断加剧之中。

核能上的危机

20 世纪五六十年代期间，富勒博士就已经公开表示反对核能的使用。他说上帝允许人类跟核能最接近的距离就是九千三百万英里，亦即太阳与地球之间的距离。

虽然兴建核电厂的企业宣称核能是一种"干净的能源"，但是他们从不提核电厂所产生的废料是足以致命的。现在的核废料都被弃置在地表深层的洞穴之中。问题是核废料需要数万年至数十万年才能衰减完毕，从而不再对人类造成伤害。但同时也需要花费纳税人数十亿美元来确保储放这些核废料的安全性。

2012年由于巨大海啸席卷了日本，造成许多核废料顺着洋流遍布全球。仅是这一场紧急事件，将会影响我们人类数千年之久。

军事上的危机

在20世纪七八十年代冷战到达最高峰这一期间，富勒博士曾经说："如果我们不淘汰战争，就会被战争所淘汰。"他的意思是说：人类利用自身的智慧研发出具有大规模杀伤力的毁灭性武器，这些武器的威力如此强大，万一真的爆发了核子大战，地球上最后唯一能生存下来的恐怕只有蟑螂了。在发生核子大战后没有所谓的战胜国或者是战败国。下一次世界大战的结果就是全体人类都战败了。

对富勒博士而言：战争演变至此，其实就是伟大的神灵在提醒我们应该改变历史的方向，是人类应该进化的时候了，亦即应该彼此相互合作而不再互相斗争。

很不幸的是，人杀人的游戏还在继续上演着。现在的恐怖分子已经有能力对抗全世界最强大的军队。因为现在的恐怖分子会利用互联网大打宣传战，把一般民航飞机当成武器使用，并且还可以轻易获得如何打造出"公文包大小"的核武器、生物武器及化学武器等知识。虽然美国在军事上投注了数万亿美元的预算，但是恐怖分子只要在纽约、伦敦、东京、巴黎等地引爆一个极为简陋廉价的"脏弹"，就能对世界经济造成致命的打击。

在1972年越战期间，我亲眼看见我中队上的另外一位伙伴，被SA-7

肩射式地对空飞弹 Strela 所击落。当时发射那枚飞弹的越共军人根本不需要经过多年的训练。他只要稍微瞄准并且扣下扳机，飞弹就会自行完成一切——击落造价数百万美元的 CH-53 绿色巨人直升机，同时消灭机上 63 位海军陆战队队员。2014 年马来西亚航空的客机也是在乌克兰上空被同样的武器给击落的。

美国人至今仍然在军事训练及研发新武器上投入数万亿美元的经费。但如今一位没有受过任何训练的恐怖分子，只消利用一枚造价 1 万美元的热导飞弹来击落民航客机就能拖垮甚至重创全球的经济。

很不幸，对抗恐怖主义跟第二次世界大战那种传统战争的打法是很不一样的。我们在越战吃足了苦头才学到了这个教训。恐怖分子并没有穿着可供辨认的制服，也不会遵守传统战争里的交战规则。恐怖分子也没有可以被摧毁的生产工厂、码头、机场等设施。他们之所以会获胜，是因为他们没有什么可以损失的。恐怖分子为什么会连战连捷？是因为他们可以在任何地方、任何时间，并且持之以恒地主动出击。当我们对抗恐怖分子时，我们是在和一种思想交战，而不是某个特定的国家。许多人相信，如果我们继续把焦点放在杀害恐怖分子之上，我们就会创造出更多的恐怖分子来。

因为未能领悟"战争是一种应该被淘汰而且过时的产物"这个教训，所以我们依然持续在进行各种战斗。正因为如此，恐怖主义危机日益严重。

病毒的危机

几个世纪之前，鼠疫借着跳蚤与老鼠到处传播，如今我们的客机在到处传播埃博拉（Ebola）病毒。

经济上的危机

现代的战争都是借着货币来进行，因此造就了经济上极大的危机。很讽刺的是：用货币所打的战争，其攻击的对象不是武装的恐怖分子，而是不分男女老幼的一般无辜百姓。

每天有数十亿的民众都活在日常的经济危机之中。

正因为这场经济上的危机越演越烈，所以富勒博士写下《劫夺的巨人》这本书，专门用来说明超级有钱人和当权派是如何剽窃无辜民众的财富。

马斯洛的"人类需求五层次理论"

美国心理学家亚伯拉罕·马斯洛于1943年在《心理学评论》上发表了《人类动机论》这一研究报告。

虽然当年马斯洛并没有用三角形来描绘他所发表的概念，但是现在只要讲到马斯洛的"人类需求五层次理论"时，都会用金字塔的形状来表示。

下面这张图就是在阐述马斯洛的"需求层次论"，从图中可以看出经济上的危机是如何影响着我们的人生。

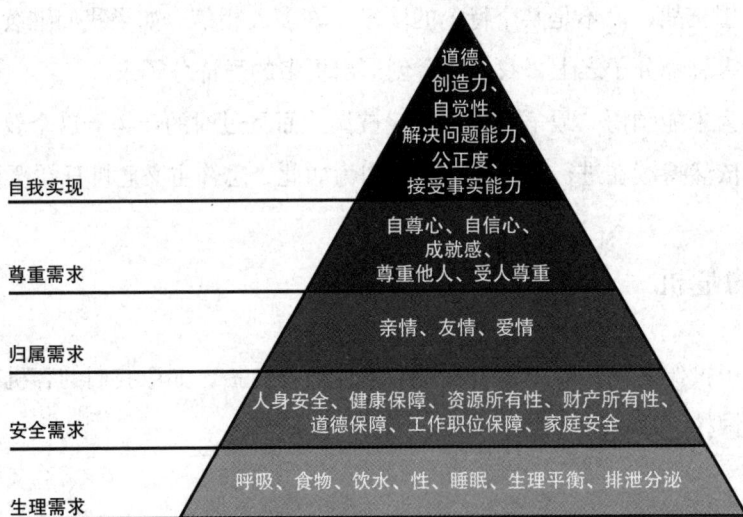

自我实现：道德、创造力、自觉性、解决问题能力、公正度、接受事实能力

尊重需求：自尊心、自信心、成就感、尊重他人、受人尊重

归属需求：亲情、友情、爱情

安全需求：人身安全、健康保障、资源所有性、财产所有性、道德保障、工作职位保障、家庭安全

生理需求：呼吸、食物、饮水、性、睡眠、生理平衡、排泄分泌

马斯洛针对他所谓的"楷模人士"来进行研究，而这些人包括了爱因斯坦、亚当斯、罗斯福、道格拉斯等。根据维基百科的说法，马斯洛解释他选

择特定研究对象的道理是基于："倘若研究的样本是情感不健全的、没有充分发育发展的、不成熟的或者是不健康的，那么这些不健全的心态会导致研究出不健全的理论。"在此要特别指出：金字塔最下方两层的基础（生理需求和安全需求）的确会对上面三层（归属需求、尊重需求、自我实现）造成极大的影响。

现实生活的崩溃

1973 年我打完越战回到夏威夷时发现我的穷爸爸已经失业了。我的穷爸爸辞去了夏威夷教育部长的职务，并以共和党的身份角逐夏威夷副州长一职，对抗他原来的顶头上司夏威夷州长（隶属于民主党）。在竞选失败之后，州长就把穷爸爸拉入黑名单中，从此他再也无法出任夏威夷任何公职。

为了生活，穷爸爸取出了他毕生的积蓄及他所有的退休金，买下了一家全国连锁的冰激凌加盟店。结果不到一年生意就宣告失败，此时我的穷爸爸变成了一位身无分文、顶着博士光环的中年失业人员。

目睹父亲自身的"马斯洛金字塔"崩溃这个过程是件很痛苦的事情。当最基础的两大需求，亦即生理需求（基本生存的需求）及安全需求开始瓦解，穷爸爸其他三个层次的需求也跟着烟消云散。

在父亲竞选失败两年之后，我的母亲过世了。两年后，我的父亲虽然再婚，但是很快地以离婚收场。那时候穷爸爸才 50 岁出头，虽然儿女们都尽力要让他宽心，但是他仍然抱着悔恨独自生活，并且丧失了爱其他人的能力，生活失去了意义。

这位一生充满自豪又有自信的男人，被竞选失败、丧偶之痛、失去头衔与权力、失业等彻底击垮了他的自尊，让他无法站起来重整旗鼓，再次面对这个世界。

他不再努力追求自我实现，整日坐在家里看电视、酗酒，内心充满了愤怒和悲苦，同时嫌弃厌恶其他亲朋好友的成功。

当你检视马斯洛需求金字塔的顶端时，你可以找到"道德"这个字眼。

我很敬佩父亲从来没有失去自己的道德观。虽然事后有很多人拿着大把的钞票接触他，想要利用他原本的名声和成功，但是他都一一婉拒了。他宁可选择面对财务上的困境，也决不放弃自己的道德与良知。

其实很多人都会轻易地出卖自己的道德。每当生理上和安全方面的基本需求受到威胁时，很多人都会去犯罪、出卖灵肉、偷盗、说谎、欺骗，等等。当民众因为绝望而狗急跳墙时，各种泛滥的诉讼案件就会大幅增加，使得那些唯恐天下不乱的律师们个个发大财。

我在 1973 年就看到了未来社会的发展：不是我父亲那一代的未来，而是我这一代和下一代的未来会如何。

现在有越来越多的人认为自己理所应当地应受到政府的照顾，而并非自力更生并且提高自身能力。他们的致富计划通常是希望能幸运中到乐透大奖，要不然就是发生一场"意外"，然后想办法靠国家赔偿来过日子。

当民众的生理和安全需求受到威胁时，最先瓦解的就是原本讲求伦理、道德和法律的文明社会。

在我看来，我们的经济已经处于紧急状态之中。问题是：什么人会从这次的经济危机中崛起？而又是什么人会被淘汰？哪些人会强化自己的自信心，进一步实现自我，并且把握住自己人生和财富上的第二次致富机会？

问：马斯洛所讲的"自我实现"到底是什么意思？

答：一个懂得自我实现的人是不会被击倒的。正因为如此，马斯洛研究的都是那些诸如爱因斯坦、亚当斯、罗斯福、道格拉斯等伟大人物。他并没有去研究那些心理有问题或神经质的人物。

一个懂得自我实现的人无论面对什么样的阻碍，都会持续朝目标前进。

问：所以一个懂得自我实现的人不需要靠别人的敦促或激励？

答：完全正确。在金钱、事业或者是理财等领域中，有很多人需要依赖别人的敦促或激励才会有所作为。他们需要"有所得"才会有所行动。这些人开口就会问:"如果我来替你工作你会付给我多少钱?""有什么样的奖金可以领?""我什么时候可以加薪?""我能享有什么样的福利?"

也有不少人需要"被捧着",亦即"如果你能满足我的自尊心,我就会更卖力地工作"。也有很多人在心里默想着:"如果你有任何让我心里不舒服的地方我就辞职给你看,或者在工作上让你有的受。我会在背后说长道短甚至散布各种谣言。如果你真的把我惹毛了,我一定会上法庭告你对我造成伤害或者是性骚扰。"

还有一种人需要借着"惩罚"来逼自己。很多人都必须经过辅导咨询或者被斥责之后才会回到工作岗位上。也有很多人会因为公司有进行所谓的"绩效评估"才勉强有正常的工作表现。

问:这是不是从家庭教育中习得的?

答:我相信是的。我经常听到一些父母会说"每当我的孩子考到一百分时我就会给他一千元",或者"每当孩子读完一本书时,我就会给他一些钱",或者"我的孩子只要帮忙做些家事我会给他一些零用钱"等的话。对我而言,这是在训练孩子从小要为钱工作。正因为如此,富爸爸一直以来拒绝付钱给我和他的儿子。他说:"因为孩子做事而付钱给他们,根本就在训练孩子变成打工者的心态。"

富爸爸训练他的儿子和我将来要成为一位创业家——能自我鞭策的人,这样子长大之后才能打造能创造收入并且提供工作机会的各种资产。他不愿意把我们教导成那种需要钱才会去工作,同时追求工作保障及优厚福利的普通上班族。他说:"如果你长大之后真的想这么做,那么你就去上学好好念书,毕业之后就来替我这种人工作。"

功成名就、金钱利益与伟大

简单来说,功成名就和金钱上的利益可以通过激励、启发、威胁或者补偿等方式来达成。对绝大多数人而言，功成名就并且变成有钱人就已经足够了。但以上这些成就远比不上所谓的"伟大"。

根据马斯洛的说法，唯有借着自我实现才能达到伟大的境界。当一个人懂得如何自我实现，就算是没有任何钱、没有优厚的工作、没有接受过良好的教育、没有专业的认证、健康不佳或者无家可归等，都无法阻止这种人追寻自己所要的人生。

当你在为自己的第二次致富机会做打算时，或许你应该问自己："我要怎么做才会变成积极主动的人？"如果你能变成具有自发性的人，那么在将来即将面对的各种危机当中，你将会比别人拥有更佳的机会，并从中崛起。

金字塔的顶端

永远别忘记在马斯洛金字塔的顶端写着"道德"这个名词。

对很多人来说，在他们追逐名利、成功与金钱的路途上，第一个会被牺牲的就是他们的道德。这也就是为什么许多野心勃勃的成功人士一直无法达到伟大境界的主要原因之一。对许多人来说，获得名气、成功及金钱的渴望是如此强烈，他们愿意为此付出一切，其中也包括了自身的价值观与道德。你可以在电视上看到这种人，或者在报纸杂志上看到这些人的消息，甚至和他们共事。

在现实生活中，有许多伟人一辈子都没有办法获得一般人口中所谓的功成名就，或者是财富。有上亿像我穷爸爸一样默默无名的英雄们，无论他们的人生遭遇到多么大的困境，他们也绝对不会出卖自己的灵魂与道德。

当你有了第二次致富的机会，我希望你能下决心成为这类的英雄人物。就算这辈子无法功成名就或发财致富，你仍然会立志要拥有伟大的人格，成为伟大的人物。这个世界非常需要伟大的人物——具备坚定不移的道德情操与人格，同时抱持着"我们一起获胜"（而非"我一定要赢"）这种想法的人们。

伟大的自我检视

请问问自己下列各项问题：

问：你知道非常出名但是仍然不能视为伟大的人物，请写下他的
　　名字。

答：_____

问：你知道非常成功但是仍然不能视为伟大的人物，请写下他的
　　名字。

答：_____

问：你知道非常有钱但是仍然不能视为伟大的人物，请写下他的
　　名字。

答：_____

问：你知道非常伟大但是算不上功成名就或有钱的人物，请写下他的
　　名字。

答：_____

问：你是否想跟某个（些）伟大的人说他（们）很伟大，他（们）做了
　　哪些让你觉得他（们）很伟大？请写下他（们）的名字和事迹。

答：_____

　　如果你能进一步联络这些人，并向他们述说你认为他们很伟大，这难道
不是一件很令人欣喜的事情吗？别忘了还要向他们特别指出你认为他们很伟
大的详细原因与理由。只跟他们说声"你很伟大"固然很好，但是这么做对
方也许搞不清楚你的本意，同时也缺乏力度。

如果你能认可并指出他人的伟大之处，你们的伟大程度会同时有所长进。如果一个伟大的人能赞扬其他十位伟大的人，而这十位伟大的人又各自赞扬其他十位人士，那么马斯洛所谓的"自发性伟大"这种精神将会遍布全世界。

一旦这种伟大的自发性传遍世界（而非绝望），那么身为老百姓的我们就会有力量一起来解决世界正在面临的各种危机，再也不用枯等那些政府领袖们出手相救。

可想而知，那些抱持着"我想要赢"、"我最厉害"心态的人们不会喜欢这种事情发生，但该是他们靠边站的时候了，让全世界一起赢的时候到了。

下一波经济危机

在即将来临的经济危机中，数百万现在生活富裕的人们很可能会经历马斯洛需求金字塔崩溃的体验。

在前几章里，我阐述了美国及全球许多国家正在面临的经济危机。接下来我将更进一步详细说明这场即将爆发的经济危机，并且分享我认为在这场危机中受害最深的将会是哪些人，以及我这么认为的理由。

贫穷阶级

由于尼克松总统在 1971 年切断了美元金本位制的关系，贫穷阶级在"向贫穷宣战"的这场战役中彻底被打败了。当银行和政府可以不受拘束地印钞票后，税赋、通货膨胀，以及贫穷人口数就不断地增加。

很不幸的是，这些人绝大部分都无法从下次的经济危机中崛起翻身。

中产阶级

当数百万民众于 2007 年失去了原本的高薪工作、自用住宅、退休金之后，中产阶级在"向中产阶级宣战"的这场战役中也彻底被击溃了。

2014 年 4 月 22 日《纽约时报》的头条报道为：

《美国中产阶级再也不是全世界最富有的中产阶级了》

该报道指出加拿大地区的中产阶级收入水平，已经超越了美国中产阶级的收入水平，同时欧洲地区贫穷阶级的平均收入，同样也超越了美国的贫穷阶级。

到了 2014 年，少部分的美国中产阶级从上次的金融海啸中重新站了起来。但目前受过高等教育刚毕业的年轻人，以及有着丰富工作经验的中年人，这两个族群的失业率都还是高居不下。而找到新工作的这群人，其中有 2/3 的人其收入也远远不及 2007 年金融海啸爆发之前的水平。

下次轮到谁

《富爸爸财富大趋势》一书于 2002 年问世。这本书综合了富爸爸对政府、金钱和银行体制的教诲，以及富勒博士在《劫夺的巨人》中所教导的内容、基本原则和"预测模式"等。

在《富爸爸财富大趋势》这本书中预言了 2016 年前后股市将会发生人类历史上最大的一次崩盘。正如你所知，华尔街媒体机制对此做出了严厉的反驳，并且无所不用其极地打击本书和我这位作者的可信度。虽然富爸爸预言的是十几年后的事情，但《精明理财》、《金钱》杂志，以及《华尔街日报》等，都对此做出了很不客气的指责。

问：你认为媒体为什么要对此做出这么尖锐的抨击？
答：因为《富爸爸财富大趋势》这本书特别指出：当今数百万上班族每
　　个月不断地把所得投入到 401（k）退休金计划，这种做法有着先天
　　性的缺点。就是因为有这样子的缺陷，富爸爸预测人类历史上最大

的一次股市崩盘将会发生在 2016 年左右。我认为《精明理财》的记者之所以竭尽所能地贬低这本书（以及我个人），是因为杂志社需要保护他们的广告收入来源，亦即那些劫夺的巨人们。

我能体谅保护广告收入来源的动机，但是有必要说谎吗？为什么人要为了金钱而出卖自己的良心？《金钱》杂志和《华尔街日报》在没有说谎的情况下，也一样对富爸爸的预言提出了反驳的论述。我尊重并且接受这两家媒体所做出的响应。任何一枚硬币都有着两面性。《金钱》杂志和《华尔街日报》只不过是报道出他们所认同的那一面而已。我也不曾寄望会有媒体认同富爸爸、我那一本书或者是个人的观点。

问：到底哪一边的说法是对的？

答：我担心富爸爸和富勒博士的说法已经被证明是对的。正如我 10 年来经常在说的："预言家提出预言的目的，是希望全社会一起来证明是他自己错了。"

问：为什么预言家希望自己的看法是错的？

答：因为预言家是在对大众发出警告。没有预言家希望自己的预言成真。他们希望人们可以采取行动、做好准备，并且在预言实现之前做出改变。

问：曾经有过成功的例子吗？

答：恐怕没有。劫夺的巨人及政府领袖们只让这些危机越来越恶化，使得预言所描述的状况更加严重。

问：富爸爸的预言到底有多么准确？

答：让我给你看一张图表，然后你自己判断。

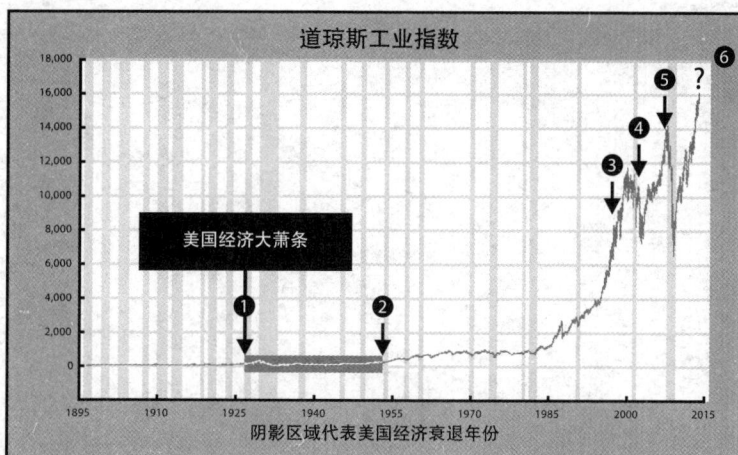

道琼斯工业指数

阴影区域代表美国经济衰退年份

第一点： 留意最左边一个箭头所指的位置是1929年股市大崩盘之处。现在仍然有很多人，就连《经济学人》杂志也一样，到现在还在公开声明当年的股灾是人类历史上最严重的一次。

第二点： 经济大萧条一共历时了25年之久。

第三点： 1997年《富爸爸穷爸爸》一书问世，书中强调"你的自用住宅不能算是一项资产"。

第四点： 2002年《富爸爸财富大趋势》一书问世。

第五点： 留意2007年道琼斯工业指数在10月份时做头的图形。我在《富爸爸财富大趋势》一书中有提到在2016年史上股市最大崩盘发生之前，会先爆发一次股灾。

2007年爆发金融海啸的确印证了我们的预测。2007年的金融海啸打击了数百万的房主，他们在那时候才发现自己的住宅并不是一项资产——而在10年前的1997年出版《富爸爸穷爸爸》一书时，早就对此做出警告。

2007年股灾消灭了绝大部分的中产阶级及中产阶级的邻家百万富翁们。

第六章

"一千兆"到底有多大？

> "你无法避开那些迎面而来但你自己却又看不到的事物。"
>
> ——巴克敏斯特·富勒博士

我们中有很多人都知道将来我们会面临许多严重问题，但最大的问题在于：这些问题是无形的（肉眼是看不到的）。如果我们能亲眼看到这些问题，或许我们就能避开它们。

无形的年代

1974年的时候，数百万工薪阶级的财务未来被大大地改变了。

1974年美国国会通过了《雇员退休收入保障法案》，而这项强制法令逐渐演变成现在的401(k)。如今西方世界的上班族几乎都采用这种"确定缴费制"的DC退休金计划。例如在澳洲被称之为"超级年金计划"，在加拿大被叫作"注册退休储蓄计划"，而日本的名称叫作"确定缴费退休金计划"。

工业时代工薪阶级的退休金计划于1974年宣告结束。工业时代的退休金计划多半实行"确定给付制"的DB退休金计划。在这种退休制度下，退休人在退休后每个月都可以领退休金，直到死亡为止。

反观确定缴费制，如同其名，也就是工薪阶级必须要自行缴费以此作为自己的退休金。而且这个退休金账户里的钱都得经由缴费的方式才能计入。如果上班族退休之后把退休金花光了，那么这个退休金计划对他就再也没有帮助了，因此很可能会造成退休之后个人财务上的危机。

确定给付制（DB）是工业时代的退休金计划，而确定缴费制（DC）则是属于信息时代的产物。

而在信息时代中，盯着市场是一件非常容易的事情。除了电视和广播节目会有新闻报道之外，我们一样可以二十四小时不间断地利用互联网或智能手机随时跟踪市场的表现。如果股市上涨人们就会感觉到心情愉快，而当股市下跌人们就会变得沮丧烦心。

无形的巨人们

由于缺乏财商教育，只有少部分的上班族知道存在着比股票市场还要更加巨大的金融市场。这些市场对于那些没有受过财商教育的上班族而言是一种无形的存在。他们眼睛看不到的巨型金融市场如果不幸着了凉、咳嗽，甚至打个喷嚏，将会毁掉数十亿民众舒服安逸的退休生活。

在本章稍后会更详细探讨其中一个无形的巨大金融市场，亦即金融衍生品的市场，这个一般人接触不到的巨型市场在 2007 年几乎将全世界的金融体系在一夕之间拖垮。

在探讨这个巨型市场之前，我们得先清楚了解富勒博士说下面这句话的意思：

你无法避开那些迎面而来但你自己却又看不到的事物。

我从富勒博士那里学到的最重要的一点，就是要训练自己能看到一般人不可见、不察觉的事物。

如何看到那些无形的事物

我想起富勒博士讲述自己年幼时第一次看到汽车的故事。他记得当时的民众和马匹们都因为汽车的声音而饱受惊吓。当时许多民众认为汽车只是件有钱人的玩意儿，是一股很快就会退出的流行热潮。正如我们现代人所知道的，汽车很快取代了马匹成为人类最主要的交通工具之一，进而完全改变了整个世界的运作模式。汽车的发明让人类的生活更加便利，同时也让无数人发了大财。现在养马才是有钱人流行的玩意儿。

富勒博士跟我们讲这个故事的重点是：当时的人类可以用肉眼看到汽车这个产物。而汽车这项科技将人类从农业时代的交通模式（牛马）转型成工业时代的交通模式（不再使用畜力）。

他想表达的重点是：当时的人们在几年之后，可以清楚地看到人类的生活方式前后发生了什么样的变化。但是从目前的信息时代来看，人们是看不到那些正在改变我们生活方式的新科技与事物。从许多角度来说，信息时代是一种变化于无形的时代。

失业率的上升

为什么失业率一直不断地上升，同时高薪的工作也越来越难找了呢？原因之一就是因为人类在信息时代中逐渐被取代了，就像当年马匹被汽车所取代一样。以摄影为例，人类当年需要经过冲洗的程序才能最终看到照片。我还记得小时候必须把拍摄过的底片用小纸袋装好，拿到附近的照相馆，然后在一个星期之后再取照片。

摄影的数字化不但消灭了数十万的工作机会，同时也让柯达这家公司破产了。之前，这家公司还是美国财富 500 强的公司之一，但是这个工业时代的巨人因为没有办法成功转型为信息时代的企业，最终只得宣布破产。

柯达公司由于数字相机这项新科技的发明而成为历史。讽刺的是，数字摄影这项科技是柯达公司自己在 1975 年所研发出来的。虽然该公司在研发数字摄影的科技中投注了数十亿美元，但是这家拥有陈旧商业模式及庞大员工的老字号企业无法和这项新科技接轨，因此于 2012 年宣告破产。

富勒博士多年之前就在强调：随着信息时代的来临，会有越来越多的工作被取代。问题在于：普通老百姓看不到取代他们的科技是什么，也没有能力预见新科技的来临。数百万的民众今天虽然还在快乐地上班，但是很有可能明天就会突然失业，因为他们一下子就会被无形的改变所淘汰。

当你开始计划人生的第二次致富机会时，你一定要能看得到即将来临的改变，就算是无形的事物也一样。

盲人给瞎子引路

更严重的问题是，我们现在的领袖们完全看不到即将来临的改变，他们跟一般大众一样盲目。这种无形的改变也正是为什么当今华盛顿高层（及全世界各国元首们）彼此之间都丝毫不让步，完全采取对立立场的原因之一。因为在他们眼中只看得到对方而已，所以他们只知道相互攻击，而不会着手处理真正的问题。

我们的领袖们现在都会对百姓开出许多选举支票，他们这样承诺：

- 会创造更多的就业机会
- 要保障劳工的权益
- 花更多的钱投入基础建设，以创造更多的就业机会
- 改善学生的学业水平，让他们可以跟其他国家的孩子们竞争
- 让孩子们花更多的时间在学校学习
- 提高基本工资所得
- 不会再对银行进行纾困
- 一定要提高有钱人所缴的税费
- 降低企业的所得税

他们甚至还许诺了许多其他公共建设计划、对百姓的承诺和各种未来的梦想等。他们想尽办法证明给你我这样的普通老百姓看，好像他们"很有一套"的样子，知道自己在做什么，并且会带领民众摆脱目前的状况。但事实上，他们根本就是在扮演着盲人给瞎子引路的角色。

在信息时代，要能"看到"那些肉眼所看不到的、无形的改变，才是当前最大的挑战所在。

学习如何看到不可见的事物

你人生的第二次致富机会很有可能取决于你是否能看到那些无形的事物。

问：为什么我要学习如何看到那些无形的事物？
答：因为谁能看得到那些无形的事物，谁就能成为未来世界的主人。这些人懂得用心智来看普通人肉眼无法察觉的事物。

大脑与心智

富勒博士经常会提到人类"大脑"与"心智"两者的不同之处。对他而言，这两者是完全不同的。

简单来说，大脑是用来看那些可见的物体，而心智则是用来看那些不可见的事物。富勒博士的说法是：大脑会看到物体本身，而心智可以看出物体之间无形的相互关系。当时富勒博士采用行星的运动来解释这两者的不同之处：人脑只能看见行星本身，而心智则能看出行星彼此之间无形的引力作用。

以高尔夫球为例，球员在推杆之前会用大脑来检视小白球、球洞及果岭的状况等。但是最顶尖选手还可以运用自己的心智，可以看出推球之后小白球在果岭上所行走的那一条无形的路线。能看到这种隐形球线的选手，都是那些赢得大赛奖杯与大笔奖金的球员。

虽然上面列举的是过于简易的例子，但是我们可以知道人类的智慧其实存在于我们的心智之中，而非大脑里。这也就是为什么斯科特·菲茨杰拉德会说：

> 测试一个人是否拥有一流的智慧，只需看其脑海中是否有能力同时存在两个完全对立的想法，而且心智仍然能维持正常的运作。

很不幸的是，绝大部分的人被训练成用大脑（而非心智）来看待事物。

唯一正确的答案

学校不断地教导学生"所有的问题都只有一个正确答案"。当人们相信凡事都只有一个正确答案时，就会衍生出争论、否定、离婚、吵架、谋杀、法律诉讼，以及战争等。学校教授的是人脑可以背诵的"答案"，而非运用心智进一步探索各种可能性。

就像富爸爸所说的：

> 当你开口跟一个笨蛋吵架时，立即就产生了两个笨蛋。

所以，当两个人都自以为拥有唯一正确的答案时，实际上就产生了两个傻瓜蛋。

当父母和学校教导孩子们"凡事都只有一个正确答案"时，此时马斯洛需求金字塔的顶端就被压扁，进而戕害孩子自我实现的能力。而培养自发性的自我实现需要：

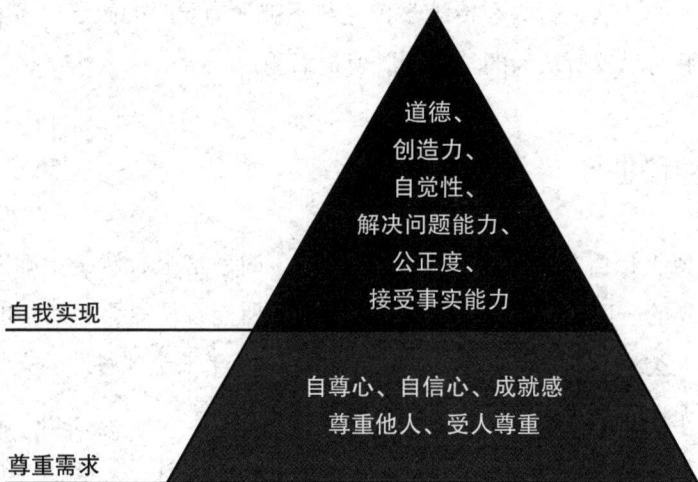

自我实现 —— 道德、
创造力、
自觉性、
解决问题能力、
公正度、
接受事实能力

尊重需求 —— 自尊心、自信心、成就感
尊重他人、受人尊重

第二次致富机会

　　想要获得人生第二次致富的机会，那么这个人必须具备足够的勇气，能看得到一般人所看不见的事物。能把握住第二次致富机会的人，需要勇于创新并且能发挥灵感，能找到许多解决问题的不同方式，并且愿意接受事实而不存有个人偏见，只有具备这样能力的人才能成功。

　　想要拥有人生第二次致富机会需要具备自尊心、自信心、成就感，尊重他人并且获得别人的尊重。简单来说，自尊心是需要有勇气的。"勇气"这个词汇是由法文的"lecoeur"演变而来的，也就是"心"的意思。勇气并非源自人脑。这个世界充斥着各种受过高等教育的"大脑"，但是这些大脑缺乏迈入未知领域或承担风险的勇气——因为勇气源自人心而非大脑。

　　想要获得人生第二次致富机会，你必须能区分大脑及心智两者所看到的事物。第二次致富机会的重点并不在于"自己是对的"或者"找到正确的答案"，而在于采取行动、不怕犯错、吸取教训、跌倒之后重新爬起来，直到获得成功为止。

很不幸的，这种行为在传统学校里并不被视为聪明的做法。事实上，这种做法恰好与学校所认为的"聪明"背道而驰。

无形的神秘世界

富勒博士相信 99% 的宇宙都是无形的。如果这个看法是正确的，那么人类所建立的一切认知，都只是基于自己肉眼所能看见的那 1% 的事物而已。

其实人类早就察觉到这些无形的事物。数千年来全球各地的人类，都感受到这些无形事物的存在、神秘感，以及力量。

正因为如此，人类会信仰神祇，界定圣地，崇拜生物、图腾及特定的人物等。这些人物包括耶稣、亚伯拉罕、穆罕默德、释迦牟尼等。人们借着实质上的体现才有机会接触到无形世界那种神秘的力量。

以前当疾病蔓延造成人口大量死亡时，人们就想要找出那个把邪恶散播在人群之中的恶人，因此开始进行所谓的"猎巫"行动。结果由于显微镜的发明，让路易·巴斯德等科学家们可以看到原来"不可见"的世界——亦即微生物与细菌等，从此人们知道疾病与疫情是源自这些病菌，而并不是什么邪恶力量所造成的。

现代的猎巫行动

当今世界，在财务方面也有着类似猎巫般的行动，即所谓的阶级斗争。许多人宁愿相信是世界上的有钱人让自己处于贫穷之中。虽然的确存在着一些利用非法手段压榨他人的"有钱的恶人"，但是绝大部分的有钱人都是对社会提供了相当的价值才会发财致富的。

在法国大革命盛行断头的年代里，许多权贵的脑袋（比如皇后玛丽·安东尼亚）都被贫穷阶级给砍了下来。这些贫穷暴民同时也砍了不少"创业家"的脑袋，那一群发明家、承担创业风险的企业家，以及提供就业机会的老板等也丢了项上人头，因而断送了当时法国经济的发展。每当贫富差距悬殊时，社会就注定会爆发这种乱象。

至今法国的经济尚未恢复到断头年代之前的繁荣。法国虽然曾经贵为世界强权之一，如今它已经沦为一个仇视富人的国家。

问：美国是不是越来越有可能引爆民众的暴动？甚至发生阶级斗争？

答：是的。如果穷人和中产阶级继续把有钱人当成他们面临财务困难的罪魁祸首，那么贫富差距在信息时代中只会越来越悬殊罢了。

问：为什么会这样？

答：在我看来，原因有二。

第一个原因是有钱人懂得如何把自己的财富藏匿于无形的领域之中。有钱人同时也有办法移转他们的财富。当有钱人把自己的财富转移走时，那么投入该国经济的资金就会变少，这会让穷人和中产阶级的生活变得更加困难。诸如苹果公司等企业，每年在海外都会赚取数十甚至数百亿美元，但是这些企业都不会选择把这些钱汇回美国国内。他们合法地把这些钱存放在境外，因为按照美国相关公司税法的规定，如果把盈余汇回美国国内，将会被课以更重的税赋。如果政府决定降低公司的营业税，相信会有更多企业愿意把盈余汇回美国国内，因而带动美国国内整体经济的繁荣。

第二个原因是当你对有钱人充满愤怒与不满的情绪时，你就很难看清楚有钱人到底是怎样变有钱的。

问：如果我抱着仇视与愤怒就无法看清楚有钱人到底在做什么？

答：是的，这是我个人的观点。你这么做只会看到硬币其中的一个面：你自己所认识的那一面。为了充分把握即将来临的第二次致富机会，了解有钱人到底在做什么才会让他们变得那么有钱，是一件很重要的事情。如果你内心充满愤怒和嫉妒，那么你就看不清楚有钱人到底在做什么。懂得越多就可以让人看得越清楚，愤怒和无知只会让人盲目。

财富的演进

若想要了解为什么有钱人和一般人之间会有巨大鸿沟，那么回顾人类财富演化的历史——了解狩猎采集时代、农业时代、工业时代、信息时代之间的不同，将会对我们有所帮助。

狩猎采集时代

在狩猎采集时代，所有的人类都是平等的。整个社会由一种阶级构成，并没有所谓的富人、中产阶级或者穷人等。部落酋长跟所有族人一样都住在山洞、茅屋或是帐篷里。酋长的山洞里并没有提供冷热分离的自来水，酋长们也没有私人飞机。当时自然而然地形成一种共产制度，在这个社群或部落当中人人平等，没有所谓私人财产的概念。酋长的生活、饮食和交通等都跟其他人毫无轩轾。酋长无法享受到更高级的医疗照顾，而他的孩子们也没办法就读所谓的明星学校。所有的事情都很公平而且人人平等。当猎物和可采集的植物变少或者气候发生变化，整个族群毫不费力地就可以迁徙，因为当时的土地不具有任何价值。

农业时代

当人类开始豢养家畜并且种植植物时，就开启了所谓的农业时代。此时土地就变得非常有价值，因此人类社会就被分成两种不同的阶级，也就是拥有土地的富人，以及没有土地的穷人。不动产（realestate）这个词汇源自西班牙语的"皇室庄园"（royalestate），而"农民"（peasant）是从法文中的"pays"和"sant"这些字源演变而来，意思是"在该土地上耕作之人"。由于土地变得极为有价值，因此人类开始发展出"缴税"、"收税"等观念，也就是农民必须缴纳税金给国王，才有这份荣幸可以在国王的土地上居住及劳作。为了回报农民所缴纳的税金，国王答应要保护农民们免于受到其他国王们的欺侮。

为了确保对农民的控制，国王会把大量的土地交给亲朋好友们，亦即贵族或者是领主们来共同协助管理。房东或地主（landlord）一词就是从此演变而来。领主们负责向农民课征税赋，并且把他该缴纳的税金转缴给国王。因此，国王和领主们就有能力住在自己所属的城堡里，而农民只能住在茅草屋之中。贵族们骑马出行，但是农民只能走路。

如果发生战争，国王就会集合其国土上的农民们，给他们发放武器并且进行战斗训练，然后派这些农民们上战场，用他们来保护贵族们的土地所有权。

人类被划分成两个不同的阶级肇始于农业时代，亦即富人和穷人、贵族和平民这两种阶级。在农业时代期间，贵族们越来越有钱，农民们辛苦地工作并且缴纳税金，有时候还要替国王抵御外侮或者扩张领土。几千年来都是如此，并没有产生什么大变化。

工业时代

工业时代变成了三个阶级：有钱阶级、中产阶级、贫穷阶级。

在农业时代只有肥沃的土壤才具有价值，但是在工业时代有另外一种土地开始变得很有价值。在工业时代兴建工厂不需要寻求肥沃的土壤，正因为如此，亨利·福特会选择价廉、布满石头、完全不适合耕种的底特律市来兴建他的汽车工厂。而在工厂四周，属于中产阶级居住的郊区开始蔓延开来，因此中产阶级开始拥有属于自己的土地和住宅。

随着工业时代取代农业时代，国王和领主们开始逐一变卖他们所拥有的不动产，开始经营银行并且对中产阶级提供所谓的"房贷"，以便让这些中产阶级拥有属于自己的地权。对现代的中产阶级来说，房贷仍然是日常生活中最大的一笔支出。

而贫穷阶级依然要向他们的地主缴纳租金，只是形式或略有不同罢了。

工业时代创造了一种全新的贵族，也就是银行家和实业家们。其中少数手段激进的银行家和实业家们被世人称为"强盗贵族"。

维基百科对"强盗贵族"这一名词的形容如下：

> 在各种社会批判或研讨经济的文章里偶尔会出现"强盗贵族"一词，这是专门被用来贬低20世纪身处北美的一些美国商人。最先提出这种说法的文章可以追溯至1870年发行的《亚特兰大月刊》。到了19世纪末，该名词开始专门被用来形容那些会采取各种使用过分的剥削手段来累积自身财富的商人。所谓过分的剥削手段包括了尽一切力量来垄断自然资源、累积对政府高层造成影响的能力、不合理地压低工资、打压或者并购竞争对手来建立垄断的市场进而哄抬物价，或者把价格炒得过高的股票卖给无知的投资人，然后刻意掏空公司让投资者血本无归等手段。

很多人相信人类的贪婪是随着工业时代的发展而膨胀起来的。的确是这样。在工业时代里，贫穷阶级变得非常有钱的机会大大增加了，因此也造成了人们的贪婪和野心的膨胀。许多强盗贵族一开始是白手起家，之后变得比农业时代里的任何一位国王或贵族还更加富有。

以下举出几个声名远播（或恶名昭彰）的强盗贵族：

- 安德鲁·卡内基：钢铁——匹兹堡和纽约
- 詹姆士·杜克：烟草与能源——北卡罗来纳州
- 安德鲁·W.梅隆：金融与石油——匹兹堡
- J.P.摩根：金融、工业并购——纽约
- 约翰·D.洛克菲勒：石油——克利夫兰和纽约
- 利兰·斯坦福：铁路——加州旧金山
- 康内留斯·范德比尔特：水上交通和铁路——纽约

富勒博士曾指出：有一些强盗贵族甚至还出钱成立了全美国最著名的大学院校。许多强盗贵族还用自己的姓来当成大学的名字，例如斯坦福、杜克、范德比尔特、卡内基、梅隆等。富勒博士甚至还把哈佛大学称之为"摩根大通会计师养成私立学校"。约翰·D.洛克菲勒在 1891 年出资成立芝加哥大学，并于 1903 年成立美国通才教育董事会。

洛克菲勒宣称自己成立通才教育董事会的目的，是想把那些比较聪明的农村小孩从农业时代教育成工业时代的人才。这些表现杰出的青年男女们，很可能都被培养成了首席执行官、总裁、首席财务官、会计师、律师，也就是强盗贵族们旗下的"新贵族"。

许多人怀疑洛克菲勒成立通才教育董事会真正的目的，是想要一手控制国民教育所教导的内容。正如稍早所说,成立通才教育董事会看样子是在"劫持"我们的教育体制。这些人怀疑洛克菲勒想要把国家最优秀的青年才俊通通教育成出色的员工和高管，但绝对不是把这些人教育成跟他自己一样的创业家。好消息是现在有越来越多的大专院校提供课程给那些想要成为创业家的学生们，而不是一味地训练学生成为高管和员工。想要把财商教育纳入现有的教育体制中，需要发生更巨大的改变及更久的时间才有可能实现。

阶级斗争

不只是在美国地区，全世界都在发生所谓的阶级斗争。有很多民众认为当今所有的有钱人都跟之前的强盗贵族如出一辙，全都是骗子和小偷。

但是，如果你是一个想要追求人生第二次致富机会的人，那么你必须站在硬币的边缘上来看待硬币的两面。如果你只愿意看硬币的某一个面，那么你可能一辈子也无法理解到底是什么让那些强盗贵族变得这么有钱，让他们的财富远远超过古代的皇帝和国王们。如果你持续盯着硬币的一个面，那么在阶级斗争的过程中你很可能会陷入贫穷困顿的那一边。

维基百科也摘录了电视台记者约翰·斯托塞尔的论点，很显然他是支持硬币的另一面：

他们并非强盗，因为他们从没有偷窃任何人的财物；他们也不是贵族，因为他们都是来自贫穷的家庭……

范德比尔特是借着讨好人而致富的。他发明了许多方法让旅行和运输变得更为价廉。他打造更大、更快的船只，并且在船上供应食物点心。他让纽约到哈特福的票价从原来的 8 美元降至 1 美元。光是这一点，他对当时消费者所做出的贡献，就已经远比那些自称"为消费者把关"的机构所能做到的还多出许多……

洛克菲勒是借着贩卖石油而致富的。虽然他主要的竞争对手及政府都说他做的是独家垄断的生意，但事实上并非如此。他当时面对一百多家的竞争对手，但是没有谁被强迫一定非买他生产的石油不可。洛克菲勒借着降低价格来吸引民众购买他的石油，这也就是为什么竞争对手都非常厌恶他的原因。由于他不断努力找出更价廉的方式来挖掘和运输石油，因此替数百万民众省下了许多开支。当时天一黑就被迫要上床睡觉的劳工阶级们，由于开始能负担得起煤油灯，才有办法在晚上进行阅读等活动。贪心的洛克菲勒甚至还可能挽救了鲸鱼被灭绝的命运，因为他使得煤油和汽油变得如此价廉，从而完全消灭了市场对鲸鱼油脂的需求。当代大量捕杀鲸鱼的相关渔业活动瞬间就消失殆尽了。

尽管这几位资本家做了许多好事，但是许多民众仍然将他们归类成臭名昭彰的强盗贵族，完全无视他们对改善普通民众生活所做出的贡献。换句话说，这些强盗贵族并非一味地贪婪，其实他们是很慷慨的。如果你想要致富发财，或许你应该想办法如何更慷慨才是，想办法如何去服务更多的人。

信息时代

苏联于 1957 年发射第一枚环绕地球轨道的人造卫星斯普特尼克一号。许多人把这个事件当成信息时代（也就是"无形事物"）的开端。当时人们都知道有个人造卫星在环绕地球，但是没有办法用肉眼看见。如今有成千上万的人造卫星——我们肉眼所看不到的东西——在我们日常生活中扮演着不可或缺的角色。

信息时代的来临再一次促使财富演进。现在有一种全新的不动产存在，也就是无形的不动产。有些人把它称之为"虚拟世界的不动产"。就是因为这种虚拟世界的不动产，让那些没有念完大学只有 19 岁的年轻小伙子成为亿万富翁，同时又让那些 59 岁从优秀大学毕业的高级主管们个个失业。

虚拟世界的不动产存在于我们的智能型手机、iPad、计算机等各种移动装置上。每当我们访问谷歌或亚马逊时，就跟我们在玩《大富翁》游戏时踩到最贵的那两块地皮一样。

那些没有从大学毕业却属于当今不可见时代的新强盗贵族们有：

1. 史蒂夫·乔布斯		苹果公司创始人
2. 史蒂夫·沃兹尼亚克		苹果公司创始人
3. 比尔·盖茨		微软创始人
4. 拉里·埃里森		甲骨文创始人
5. 汤姆·安德森		MySpace 创始人
6. 戴维·卡普		Tumblr 创始人
7. 达斯汀·莫斯科维茨		Facebook 创始人
8. 马克·扎克伯格		Facebook 创始人
9. 迈克·戴尔		戴尔计算机创始人

这要责怪谁

你可以借着各种理由来责怪以上这些人。例如他们是造成现代贫富差距悬殊的罪魁祸首，目前各国失业率高居不下也可以归咎于他们。你甚至还可以责怪他们说，现在之所以会有这么多民众需要仰赖政府的救济也都是这些人害的。

但是我们同样也可以学会责怪自己。

正如同我稍早所说的，当人们察觉不到这些无形的大改变时，就会开始无的放矢地责怪他人。因此盲目的群众就会开始想把巫婆绑在十字架上烧死，或者把人送上断头台，或者互相彼此攻击（例如民主党和共和党），而不是想办法解决为什么他们看不到无形事物这个问题。

为什么有钱人越来越有钱

当我和安迪于 1967 年夏天一路借着搭便车的方式去加拿大蒙特利尔时，我们不光是要看世界博览会中富勒博士所设计的美国馆穹顶建筑，我们还想更进一步了解富勒博士为什么经常会说"上帝希望所有的人都能致富"这一句话。富勒博士在他 1981 出版的著作《关键路径》中说过类似的话："事实上，现在我们地球这艘宇宙飞船上存在着六十亿位以上的亿万富翁……"当时这些话对我们二十几岁的脑袋瓜来说，简直是天方夜谭。我们在学校里所学的根本不是这样，学校一直告诉我们说只有极少数的人才会变得非常"有钱"。

虽然我们在穹顶建筑里驻足许久，但是仍然没有得到我们所期望的答案。我们的双眼只能看到这个庞大的建筑，一个看起来不需要什么支撑、却能独自站立的球体建筑。它跟之前我们所看过的建筑截然不同。虽然该建筑物涵盖了这么大的室内空间，但是看起来却轻得跟羽毛似的。

虽然我们没有得到想要的答案，但是我们的心智却能感受到富勒博士所预见的未来世界。当我和安迪离开蒙特利尔时，心中确实感受到了无限的可能性：相信终有一天人类有可能创造出一个人人安居乐业的世界，一个没有"你死我活"或者是"人人为己"的世界；一个人们不需要彼此杀害，更不需偷窃谎骗才能苟活的世界；一个真正你我都能"双赢"的世界。

正如你们所知，我相信只要愿意学习、采取行动、不怕犯错、从错误中学习，并且持之以恒，人人都必定能成为自己财务未来的舵手。我自己就是一个活生生的例子：在校成绩差，来自夏威夷希洛市乡下地区的孩子竟然能异军突起获得巨大成功，我相信你也一样可以做得到。你一定会有第二次致富机会，只要你愿意相信自己，并且把所学的知识以实际行动运用起来即可。

有钱人遵循的基本原理

有钱人遵循的基本原理其中有一项叫作"简成"（ephemeralization），它的意思简单来说就是"以少做多"的意思。

农业时代的国王们也是借着"以少做多"而致富的。为了避免到处漂泊寻找食物，他们停止迁徙并且开始自行生产食物。借着养地并且开垦农田的方式，他们可以从土地上创造出比原本更多的食物，进而养活更多的人口。

工业时代美国的强盗贵族们也完全遵循着"简成"的基本原理。他们也是想尽办法以少做多。

回想前面约翰·斯托塞尔对于强盗贵族们的慷慨是怎么说的。他的解释其实就是在描述"简成"这项基本原理。

问：因此有些人说强盗贵族们非常贪婪，但也有人说他们非常慷慨？

答：是的，再次印证所有的硬币都有两面。有智慧的人会站在硬币的边缘上（也就是某个问题或者是理念），然后把两面都看清楚。

问：诸如史蒂夫·乔布斯、马克·扎克伯格、戴维·卡普等企业家，这些就是所谓的新强盗贵族？那他们是否也有遵守"简成"这项基本原理？

答：是的。永远别忘了马匹终究被汽车所取代。而在信息时代，就变成人类被他们所看不到的科技所取代。

如今虚拟世界的不动产（例如亚马逊或阿里巴巴）把传统的不动产——诸如百货公司和零售店等——打击得体无完肤。全球各地都有数百万的民众因为这种变化而失去了自己原先的工作。

问：这也就是为什么贫富之间的差距会越来越大的原因？

答：这的确是其中的一个原因。

问：你的意思是说有些人还在用工业时代的方式做事，也有人早就在运用信息时代的新方法？

答：是的。还有为数不少已经失业的高层主管们，仍然在找寻工业时代才有的高薪资、福利优厚的理想工作。很不幸，绝大部分的学校和老师们在创业和职场这些领域中，仍然在教导工业时代的观念。很多老师们想要得到更高的薪资，但同时也想要减少自己班上学生的人数。这种观念完全违背了"简成"这项基本原理。他们应该思考"如何以少做多"（例如服务更多的学生人数，用更有效的方式来教导，获得更好的教育效果……）的办法。

问：不是有些老师在利用互联网，以更便宜的方式来教导更多的学生们？

答：是的。有少数几位老师因为这么做了而赚到了上百万的财富，而且他们的确是值得拥有这样的收入。这些老师们在遵守"简成"这项基本原理，也就是"以少做多"的观念。

富勒博士做出了很多的预言。有些成真了，还有一些尚需多年后才能日渐成熟。

他在去世之前，也就是 1983 年的时候，预言在这个世纪结束前，地球上将会有一种崭新的科技出现，这项科技将会永远地改变这个世界。

互联网于 1990 年首次开放给商业界使用，全球因而感受到通信及信息上的大跃进。

互联网的普遍使用正式宣告了工业时代的结束，人类从此迈入了信息时代。

所以顺应工业时代所建立的城市（例如底特律市）就变成了一座座鬼城，而例如硅谷这类信息时代的重镇开始兴起繁荣。数百万工业时代的工作机会也跟着消逝于历史的洪流之中。

> 问：如果老师（或者任何其他人）不遵守"简成"这项基本原理会
> 怎么样？

> 答：这个问题请你自行回答。我个人相信，那些想要获得更高收入同时
> 又想要做更少事情的人们，失业只是时间问题罢了。很多目前失业
> 或者只能打零工的人们，持续让工业时代的观念占据着他们的脑袋，
> 因此让他们的心智无法看到身边的各种新契机。

> 问：我们的政治领袖们是不是也有同样的问题？他们是不是同样也看不到
> 这些改变？

> 答：是的，这也就是为什么下一次会爆发上百万亿美元的危机。

看不到的巨人们

全世界最大的市场有：

1. 金融衍生品市场；
2. 外汇市场；
3. 债券市场；
4. 股票市场；
5. 期货市场；
6. 不动产市场。

全世界最大的三个市场就是排在最前面的三个，依次为金融衍生品市场、
外汇市场、债券市场。

至于股票、期货、不动产这三个市场，其规模谁大谁小仍然存有争议。
在我看来，每个市场都已经够庞大了，而且彼此之间还会相互影响，从而造

成衡量上的困难。举例来说，很多人投资不动产是通过房地产信托投资基金（REITs）这个投资工具来进行的，而这项工具本质上来说是一种股票。期货、股票、债券等也都一样有着各种演化的投资工具，常常把投资人搞得一头雾水。

金融衍生品市场

最重要的关键是：全世界最大的市场就是金融衍生品的市场。其他市场在规模上都跟它差距很大。而且只有少数人知道、了解——甚至能看得见——这个怪物市场的存在。

问：这个市场到底有多大？
答：在 2007 年金融风暴之前，金融衍生品市场的规模估计有 700 多万亿美元。

问：为什么它这么重要？
答：因为 2007 年金融海啸发生的原因，并非因为不动产价格下跌或者是股市崩盘所致。该危机完全是因为金融衍生品市场所导致的。

问：那么金融衍生品到底是什么东西？
答：在我回答这个问题之前，我先引用一些在金融衍生品方面著名专家们所说过的一些话。

全世界最富有的投资者沃伦·巴菲特说：

金融衍生品是金融界大规模杀伤性武器。

世界上最成功的投资家之一乔治·索罗斯，也公开表示自己不会去运用称之为"金融衍生品"的契约。

因为我们搞不清楚它们实际的运作原理。

1970年把纽约市从金融崩溃的边缘挽救回来的投资银行家菲利克斯·罗哈廷是用这种说法来形容金融衍生品的：

金融界的氢弹。

硬币的另一面

当然，有些人就是喜欢金融衍生品。号称"大师"且连续获得四任美国总统指定（里根、老布什、克林顿、小布什）的前美联储主席艾伦·格林斯潘对金融衍生品赞赏有加。

由于风险集中，因此可以更容易被识别，而当集中后的风险超过投资者的风险偏好时，运用衍生性工具或者其他信用、利率等方面的风险投资工具将潜在的风险转移给其他实体。结果不仅个人金融机构不易受到潜在风险的冲击，整个金融体系也变得更具弹性。

在本·伯南克被推荐成为格林斯潘接班人后所举行的听证会中，他的答复更加精彩。以下节录了当时部分的答询内容：

参议员保罗·沙宾斯：巴菲特警告我们说金融衍生品就像定时炸弹一样，会影响订立契约的双方及整个金融体系。根据《财经时报》的报道，目前这种炸弹至少还没有被引爆的前例，但是这个正在迅速成长的市场隐含的风险确实存在。对于这些担忧你怎么看？

本·伯南克：跟你方才提出的看法相比较，我个人对金融衍生品持更为乐观的看法。我认为大体上来说它们非常具有价值。借着把风险分享、切割、细分等这种特别的运作方式可以把风险转移给那些愿意承担风险的特定对象。我个人相信他们对于整个金融系统提供了许多不同的弹性手段。由于重视安全稳定，绝大部分金融衍生品交易的进行，都是由那些有动机去了解、并且会加以妥善运用的老练金融机构和个人操作的。美联储的职责就是确保旗下监管的机构具备良好的系统和程序，以确保金融衍生品的投资组合被妥善地加以管理，并且不会超出这些机构所能承担的风险上限。

快转至2007年

当股票和不动产市场突然在2007年开始崩盘，造成数百万家庭的成员失去自己的工作、自用住宅及他们的退休金时，真正的问题并非出在那些次级房贷贷款人、劣质不动产甚至欺诈性次级房贷上。真正的问题出在那些被称之为"信用违约掉期"、债务抵押债券等各种金融衍生品身上。

巴菲特当时做出了以下的声明：

> （金融衍生品）所具有的风险，虽然现在是潜在的，但是绝对足以致命。

当次级房贷这个炸弹被引爆之后，金融衍生品的风险就从"潜在"风险升级为"致命"风险。

金融衍生品是金融市场中隐形的黑死病，使得雷曼兄弟和贝尔斯登等巨型银行倒下，同时使得数百万民众失去了自己的工作、自用住宅和未来。

问：金融衍生品到底是什么？
答：用极为简化的方式来说，金融衍生品就是一种保单，与你所购买的房屋险或者是车险等类似。

当次级房贷贷款人停止缴纳他们付不起的房屋贷款后，这些具有大规模杀伤性的武器就被引爆了。爆炸的威力就像是袭击纽约和新泽西州的珊迪飓风一般。两者唯一的差别就是保险公司受到了严格的规范，并且拥有对保单进行理赔的财力。而金融衍生品这个全球最大的市场，几乎完全没有任何规范，也不存在着任何强制履约理赔的办法。当这些金融衍生品出了问题，结果都是由纳税人买单，而非那些出售这些金融衍生品并从中获利的银行或个人来承担责任。

真正的强盗贵族

美联储主席、美国财政部部长，以及各大银行的总裁们应该可以被视为真正的强盗贵族。他们利用"简成"这个基本原理来让自己变得更富有，但同时赔上了全球的经济。他们非常贪婪，而非慷慨。而且从我个人的观点来看，他们违反了这项基本原理来剥削百姓，而不是利用这项基本般原理来改善所有人的生活。

如今贫富差距的鸿沟越来越深。数百万民众失去了一切，包括他们的梦想。很不幸的，目前只有一位银行家被起诉，但是格林斯潘和伯南克仍然在享受着他们的退休俸禄及在各地演讲的收入。

问：谁应该为这次金融衍生品风暴负责任？
答：克林顿总统于 2000 年签署并通过了《商品期货现代法案》，替扩大金融衍生品市场打下良好的基础。在 2000 至 2007 年间，金融衍生品市场从 100 万亿美元膨胀到 700 万亿美元，结果就引爆了市场。

问：如今金融衍生品市场的规模有多大？
答：根据公信力极佳的《惠灵顿周刊》主编伯特·多门的统计，2014 年衍生性金融商品市场的规模已经达到了 1200 万亿美元之高。

问：1200 万亿美元到底有多大？

答：这是好大一笔钱。

下一章我将会述说其他市场及政府以何种方式干预这些市场，来让我们一窥究竟，探讨普通大众所看不到、更不了解的领域。

问：我为什么需要知道这些事情？

答：因为如此一来你就可以躲过绝大多数人根本不知道的即将来临的大冲击。

第七章

如何看见无形的事物？

> "文字是一种工具。这是人类发明的所有工具中最有威力的一种。"

——巴克敏斯特·富勒博士

富勒博士经常会在课程里或者是书中强调语言文字的威力。在他人生的低潮时，他反省自己当时所面临的各种困境，大部分都始于言语。他说："我对语言文字开始抱持着非常谨慎怀疑的态度。"所以富勒博士从那个时候起决定保持缄默，直到他能清楚掌握自己口中所说出来的每一个字。他连续保持缄默的时间长达两年以上。

当富勒博士说上述一番话的时候，我脑海中一直不断地闪现富爸爸所说的话："你的自用住宅并非一项资产。"

为了避免费力解释"资产"与"负债"的区别，富爸爸画出下面这个简单明了的图表：

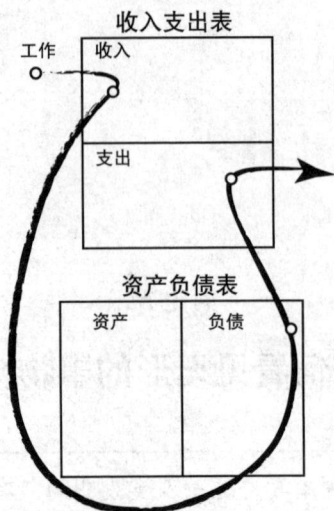

收入支出表

工作　收入

支出

资产负债表

资产　负债

　　后来，我才明白光是知道"资产"与"负债"两个名词之间的差别，就让我在人生当中遥遥领先了其他人。富爸爸那些一而再再而三重复画给我们看的简单图形，让我能看到一般人所察觉不到的事物。数百万的民众之所以会面临财务上的困境，是因为他们经常把自用住宅和自用汽车当成资产，而非当作债务来看待。更严重的是，有好多人根本搞不清楚到底什么才算是资产。

　　富勒博士对语言文字开始抱持着非常谨慎怀疑的态度，你也应该如此。

　　"现金流"，很有可能是财商教育当中最重要的词汇之一。分辨何者是资产何者是负债完全取决于现金流。如果你能清楚地了解"现金流、资产与负债"这三个词汇，那么你就大大提高了自己获得富足生活的机会。很多人之所以会在财务上困顿挣扎，是因为他们的现金流大部分在流出，同时几乎没有现金流在流入。

　　我鼓励你花点时间把你自己所拥有的一切资产与负债在纸上一一列举出来。分辨该项目为资产还是负债的方式是：如果有一天你不再工作，哪些项目会给你带来现金，而哪些又会让你花钱破费？绝大部分的贫穷阶级和中产阶级拥有的都是负债，而不是资产。

　　绝大部分的退休基金并非资产。它们属于未担保的给付义务，而你只能期待它在你退休之后仍然有能力给你带来现金收入。

当人们开始留意自己能买下来或者是打造出来的资产之后，他们看世界的眼光就会发生变化。他们开始能看到那些无形的事物。

另外一个重要的词叫作"富有"。富勒博士对富有的定义是按"你能维持这种生活 X 天"的天数来计算。富爸爸对"富有"的定义是靠问这个问题："如果你不再工作了，你能生存多长时间？"有人估计美国民众不再工作的话，最多只能生存一个月。正因为如此，数百万的民众战战兢兢地上班，只求一份稳定收入。他们有的只是一份工作，完全没有任何财富。

我和金之所以能在 47 岁和 37 岁的年龄退休，是因为我们把焦点放在资产之上。我们致力于买入能产生现金流的各项资产。

我们并没有花费心思寻找有保障的工作、升职加薪或者是长期投资于股市之中。

与其把重点放在"储蓄存款"这种词汇上，不如让我们把焦点放在"债务"上，并且利用债务来打造自己的资产。

一些反义词

当我们的学子被教导"好好上学念书，找份工作，努力工作，存钱储蓄，买房子（因为他们认为自用住宅是一项资产），清偿债务，并且长期投资于股市之中"，他们完全因为这些词汇而变得盲目。他们无法看清硬币的另一面，亦即有钱人的世界。

以下举些反义词的例子……

员工	雇主
存钱储蓄者	举债借贷者
课税所得	免税收入
负债	资产
自雇者	创业家
薪资收入	现金流
赌徒	投资者

学校训练学生运用左列中的词汇，有钱人则是把焦点集中于右列中的词汇。如果人们愿意花点时间的话——就像富勒博士在两年缄默期内所做的事——那么他们就能开始看见金钱世界中无形的事物，一个只有少数人能看到并了解的世界。

问：我能看得出"现金流、资产、负债"三个词汇之间的差别，但是一个位于 S 象限中的自雇者和 B 象限中的创业家之间到底有着什么样的不同？

答：自雇者是在为钱而工作，B 象限中的创业家是为了资产而工作。

举例来说，一个不动产中介算是自雇者，因为他是在为钱工作（因为其收受的佣金就是他的收入）；而一位不动产业界的创业家，他工作是为了打造一项能创造现金流的资产。

上述例子中的不动产中介将要承担所得税中最高的税率，而不动产投资者获得的现金流收入很可能完全不用缴纳任何所得税。

不动产中介在工作时所赚到的收入是要课征所得税的，而不动产的投资者们所获得的收入是不用课征所得税的。

不动产中介会把赚到的收入存起来，不动产创业家们会借钱来买下各种不动产。

如果不动产中介每年经手十个不动产对象，而不动产创业家每年买下十处供出租用的不动产，那么十年后那位不动产中介很有可能比创业家赚到更多的收入，但是该创业家会远远比那位中介更富有，且享受完全免税的现金流收入。

问：全世界都是如此吗？

答：差不多。全球各地的税法并没有太大的差别。永远不要忘记黄金法则：拥有黄金的人拥有制定游戏规则的权力。

问：为什么绝大部分的人都没有听说过这件事情？

答：因为绝大部分的学校在教学生的时候，教的都是前面提到的反义词左列中的词汇。正因为如此，大多数的人都只想获得稳定收入，而不会像有钱人那样，他们要的是现金流。根据"一必定是多元的，而且至少有二"这项基本原理，每一枚硬币必定有两面，就像宇宙中的阴阳一样。

你或许已经留意到现金流象限一样也可以用二分法来看。在 E 象限和 S 象限那一边的人们是在为钱而工作的；B 和 I 象限这边的人们则是为了获得资产而工作。

E 代表雇员　　　　B 代表大企业家
S 代表自雇者　　　I 代表投资者

经济危机中受伤的总是位于 E 象限和 S 象限中的人们，而在大部分的情况下，B 象限和 I 象限中的人们却会因此而受惠。E 象限和 S 象限中的人们之所以损失惨重，是因为他们储蓄存款，以及金钱的价值因为大量印钞票、通货膨胀及更高的所得税率等而大幅减少。许多人失去了原本自以为是资产但实为负债的东西，例如自用住宅及退休金账户中的股票价值等。

我不断地强调：当你开始研究并从所得税率的角度来看现金流象限的

话，你就能看到整个金钱世界的样貌。

现金流象限图及其税率

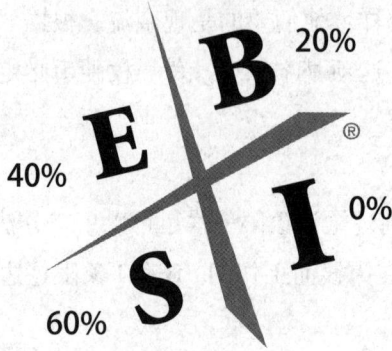

问：为什么四个象限在税率上会有这么大的差别？

答：理由之一是因为 E 象限和 S 象限中的人们是在为钱工作，存钱储蓄，并且长期投资于股市之中。

B 象限和 I 象限中的人们为了打造资产而工作。相比 E 象限和 S 象限的存钱储蓄，他们（B 象限和 I 象限）反而会到处举债借钱。相比 E 象限和 S 象限的直接投资，他们（B 象限和 I 象限）会致力于创造出各种让 E 象限和 S 象限人们来投资的资产。

问：这一切听起来为什么会这么复杂？

答：因为你开始看到硬币的另一面，也就是金钱的无形世界。这就好像要一个左撇子开始运用右手写字一样，他需要一段时间来适应。

问：我要如何重新锻炼自己，以便看到金钱世界的另一面？

答：一般来说我会推荐人们先玩一玩《富爸爸现金流》这款游戏。当你玩得次数越多，并且教会更多人一起玩该游戏之后，你就越能看清楚收入类别中的工资收入和资产类别中各种投资收入之间的差异在哪里。E象限和S象限的人们把焦点放在收入类别之上，而B象限和I象限的人们却把重心集中于资产类别之中。

《富爸爸现金流》游戏是目前市面上唯一一款让玩家领略负债真正威力的游戏。懂得运用债务的玩家必定会击败害怕运用债务的其他玩家。当你越擅长这款游戏，你就越清楚为什么负债会让有钱人越来越富，而同样的事物（例如所得税和负债）却让贫穷阶级和中产阶级越来越穷。当你一旦能看到硬币的另一面时，你就不会像现在这么混乱，并且一个崭新世界的大门将会为你打开。绝大部分的人根本不知道这个世界的存在。

问：所以我要先从"留意自己在运用哪些词汇"开始着手？
答：是的，并且留心劫夺的巨人们在做些什么：他们在留意一般人根本看不到的无形事物。

当我们回顾过去来展望未来之际，有些新声音同时也在分享他们对未来世界趋势的看法。我喜欢把他们称之为"新的小小鸡"，而且我深深着迷于这些人对未来的看法。

未来会怎样取决于我们所能看到的，以及那些所看不到的事物。重点在于：从工业时代向信息时代的演变过程当中，不要以为只是一些商业手段的改变而已。我们现在所处的环境是一个二十四小时在不停运转的世界，所有无形的领域都在以飞快的速度演进中。我们要训练自己的心智来看到肉眼经常忽略的事物，并且随时留意自己所运用的词汇，以及其他人在运用哪些词汇也不可轻视。

在介绍一些"新的小小鸡们"之前，让我们先复习一下《小小鸡》这则童话故事。虽然它是老掉牙的故事，也已经被翻译成多种语言及不同的版本，但是这个故事的精神运用于现代可能比当年还来得更加重要。以下是最普及的版本内容：

小小鸡

小小鸡在森林里散步。

有颗小果实掉下来砸到他的尾巴。

小小鸡说：

"天要塌下来了。我要赶快跑去告诉国王。"

小小鸡遇到了母鸡潘妮。

他说："母鸡潘妮，天要塌下来了。"

母鸡潘妮说：

"你怎么知道的，小小鸡？"

小小鸡说：

"有一部分掉下来砸到了我的尾巴。"

"我们赶快跑吧。"母鸡潘妮说。

"我们快跑去告诉国王。"

结果他们遇到了火鸡洛基。

母鸡潘妮说：

"火鸡洛基，天要塌下来了。"

"你怎么知道的，母鸡潘妮？"

"因为小小鸡告诉我的。"

"小小鸡，你是怎么知道的？"

"是我亲眼看见的。"

"是我亲耳听到的。"

"有一部分还掉到了我的尾巴上。"

"我们赶快跑吧。"火鸡洛基说。

"我们赶快跑去告诉国王吧。"

结果他们遇到了幸运小鸭。
火鸡洛基说：
"幸运小鸭，天要塌下来了。"
"你怎么知道的，火鸡洛基？"
"因为母鸡潘妮告诉我的。"

"你怎么知道的，母鸡潘妮？"
"因为小小鸡告诉我的。"

"小小鸡，你是怎么知道的？"
"是我亲眼看见的。"
"是我亲耳听到的。"
"有一部分还掉到了我的尾巴上。"
"我们赶快跑吧。"幸运小鸭说。
"我们赶快跑去告诉国王吧。"

结果他们遇到了大鹅谷西。
幸运小鸭说：
"大鹅谷西，天要塌下来了。"
"你怎么知道的，幸运小鸭？"
"因为火鸡洛基告诉我的。"

"你怎么知道的，火鸡洛基？"
"因为母鸡潘妮告诉我的。"

"你怎么知道的，母鸡潘妮？"

"因为小小鸡告诉我的。"

"小小鸡，你是怎么知道的？"
"是我亲眼看见的。"
"是我亲耳听到的。"
"有一部分还掉到了我的尾巴上。"

大鹅谷西说："我们赶快跑去告诉国王吧。"
结果他们遇见了滑头狐狸。
大鹅谷西说："滑头狐狸，天要塌下来了。"
"你怎么知道的，大鹅谷西？"
"因为幸运小鸭告诉我的。"

"你怎么知道的，幸运小鸭？"
"因为火鸡洛基告诉我的。"

"你怎么知道的，火鸡洛基？"
"因为母鸡潘妮告诉我的。"

"你怎么知道的，母鸡潘妮？"
"因为小小鸡告诉我的。"

"小小鸡，你是怎么知道的？"
"是我亲眼看见的。"
"是我亲耳听到的。"
"有一部分还掉到了我的尾巴上。"

滑头狐狸说：

"我们赶快跑吧。"

"我们赶快跑到我的窝里去。"

"然后我跑去告诉国王吧。"

接下来这些动物都跑进了滑头狐狸的窝里，结果小小鸡、母鸡、火鸡、小鸭、大鹅他们从此消失了，再也没有从狐狸的洞穴里走出来。

勇气的故事

这个故事的结局有众多不同的版本，故事的主旨也是众说纷纭。在这个版本的结局里，滑头狐狸把所有的羽类动物都吞下肚里去了。在其他版本里，小小鸡和他的朋友们得以幸运地逃走。

《小小鸡》的故事是一则有关勇气的故事。把自己心中的话大声说出来是需要勇气的。

正如同一则名言所说：

邪恶获得胜利的唯一必要条件，就是所有正直的人束手旁观。

我们都认识一些束手旁观的人，或者那些对于自己的忧虑或者不满的事情仍然选择三缄其口的人们。我也明白这些人选择这么做的理由为何。当一只小小鸡并非易事。当我在 1997 年出版《富爸爸穷爸爸》一书时就有很深刻的亲身体验。当我在书中写道"你的自用住宅并不算是一项资产"时，我就一直被揶揄和抨击。当我在 2002 年《富爸爸财富大趋势》一书中说人类历史上最大的一次股灾将会在 2016 年左右发生——而且在那之前也就是 2002 年到 2016 年之间还会发生一次预警性的崩盘后——我就被世人当成"小小鸡"，一只整天跑来跑去并且高声喊叫"天就要塌下来了"的丑角。

富勒博士、富爸爸，还有我，特别是在金钱和经济相关领域中，并不是受人尊敬的"小小鸡"。我们从未接受过经济学家、银行家或者是股票交易员等方面的培训，我们也从未在华尔街工作过。因此我很能理解别人不把我们的话当回事的态度。

新的"小小鸡"

在千禧年计算机病毒危机之后不久，有一群新品种的"小小鸡"开始警告世人"天要塌下来了"，而他们却引起了众人的注意。为什么？因为他们是一群新品种的"小小鸡"。他们从名校毕业，并且在商业界、银行界、金融界及军方等拥有相当高的经验和名声，而且他们来自富勒博士所说的"劫夺巨人们"所统治的世界。

好消息是，有越来越多的民众开始留意这些警告。坏消息是，这些人跟我们多年来所讲的话是一样的——亦即虽然他们各自从不同的角度切入——但是他们所抱持的观点和富勒博士、富爸爸和我多年来所讲的内容完全相同。

问：这样公平吗？

答：我并没有说这是公平的。我想表达的是：只要具备一些财商教育，往后当滑头狐狸在讲故事的时候，就能帮助你看到硬币的两个面了。

问：这种现象会一直持续下去吗？

答：有可能，但是我怀疑应该不会。目前比语言文字、操纵扭曲、谎言更强大的力量正在成形。

问：这是些什么样的力量？

答：容我向你介绍另外三位有胆识、勇于发声的"小小鸡"。或许他们能让你了解正在成形的各种力量，远比那些假造的失业率报告、通货膨胀报告、无法兑现的选举空头支票，以及被崩盘救援小组操纵的国际市场价格等更能反映出当今的现实状况。我在本章稍后还会更详细探讨这些形成中的力量，以及崩盘救援小组操纵干预的方式。

新品种的"小小鸡"

这三只"小小鸡"也加入了历代各个"小小鸡"所构成的合唱团。最大的差别就在于：这三只"小小鸡"出身于名校，也在银行界高层、企业界高层及军方等领域工作过。三位都拥有各自的著作，并表达出他们个人对于这次危机的看法。

这三位是：

1. 理查德·邓肯：著有《美元危机》《新的经济大萧条》
2. 詹姆斯·瑞卡滋：著有《货币战争》《金钱之死》
3. 克里斯·马特森：著有《崩盘之路》

理查德·邓肯

理查德·邓肯在范德比尔特大学主修经济学，并于 1983 年毕业，之后赴百森大学商学院主修国际财经专业，并于 1986 年毕业。

之后他在华盛顿特区替世界银行工作，并且身兼国际货币基金组织顾问一职。

当我在 2003 年看完《美元危机》一书之后，我和理查德一拍即合。拥有这种位居世界金融金字塔顶端的朋友，并从世界银行和国际货币基金组织的观点来跟我解释当今世界经济的发展，这让我倍感荣幸。我们一起在全球各地同台解释目前的"钱"是如何让世界越来越贫穷的原因。

在他的著作和演讲里，理查德解释"游资"是如何流窜于各国之间，从而造成全球各地经济奇迹和经济泡沫化的现象。举例来说，当游资流入日本时，日本的经济就会突飞猛进。此时全球各地的经理人和大学顶尖学者通通涌入日本，想要研究日本的"经济奇迹"。很多人认为是日本人的管理能力造就了该国经济的繁荣，但事实上，这不过是因为"游资"的涌入罢了。

当"游资"于1992年离开日本之后，日本的经济泡沫就破灭了。日本到现在尚未从那次的衰退中恢复过来。事实上，日本的经济到现在还是起伏不定，而且无论采用政治干预或由银行来振兴，仍然无法改变现状。

后来"游资"流窜到东亚和东南亚其他国家，造就了泰国、印度尼西亚、韩国、中国台湾等亚洲国家和地区的繁荣，结果同样的戏码再次上演。这些国家的经济突飞猛进，但最后这个泡沫在1997年亚洲金融风暴的时候被戳破了。

"游资"后来流入美国，并由房利美、房地美及各大银行承接这笔"游资"，并且用于发放各种次级房贷之中，又更进一步利用这些次级房贷创造出许多金融衍生品，结果美国经济于2007年崩溃——完全和理查德在其2003年出版的书中所做出的预言相符合。

后来这笔"游资"跑到欧洲，使得原本富裕的冰岛、希腊、意大利及西班牙等国的经济如今变得支离破碎，复苏之日更是遥遥无期。

早在2000年间，理查德也针对金融衍生品市场的高度成长提出了警告，很不幸的是，市场对他的警告充耳不闻。

从理查德的角度来看，很容易就能看清楚这笔从1971年尼克松总统借着切断美元金本位制，来推翻布雷顿森林体系所产生出来的"游资"，是如何在南美洲、亚洲、欧洲等地产生出这么多的痛苦和贫穷。

问：为什么"游资"会造成贫穷？
答：完全跟"次级房贷"让美国经济濒临崩溃是一样的道理。每当有钱流
　　入银行时，银行一定要想办法把这些钱给贷出去。千万别忘了，虽
　　然储蓄存款是你的资产，但它却是银行的负债。借着稍早解释过的
　　"存款准备金制度"，银行可以把这笔钱放大数倍之后再转贷出去。
　　举例来说，如果在目前存款准备金制度下存款准备率的比例是10%

的话，那么就表示银行可以放出储备金额 10 倍的贷款款项。存款准备率的高低完全要看当时美联储是想要放松还是紧缩货币的供给来决定。

当银行愿意放款时，物价就会上涨。当物价上扬后，银行就更愿意把钱借出去，直到经济体无法再行吸收更多的"信贷"或"债务"为止。换句话说，愚蠢的民众会一直不断地借钱，一直到借到自己还不起的地步时，这时候"游资"就会被抽走。

詹姆斯·瑞卡滋

詹姆斯在 1973 年获得约翰霍普金斯大学学士学位，并在 1974 年从该校尼采高级国际研究学院获得国际经济学硕士学位。

接着他在宾夕法尼亚大学法律系获得法学博士学位，并且在纽约大学法学院获得税务法法学硕士学位。

詹姆斯也在 1981 年参与了美国解决伊朗人质危机事件。之后因为担任长期资本管理公司总顾问一职，他成为当年美国长期资本管理公司跟美联储进行纾困谈判的主要人物。詹姆斯在华尔街拥有 35 年之久的工作经历。

詹姆斯于 2001 年开始发挥其在国际财经方面的专长，协助美国国家安全局及国防部防范未来其他势力可能引发的货币或金融战争。

《福布斯》杂志对他所著的《货币战争》一书做出了如下评论：

> 将来的历史必定会把詹姆斯·瑞卡滋视为货币战争中（预警敌人来袭）的保罗·瑞威尔 [1]。

《金融时报》的评论家也对这本书做了非常精辟的评论：

---

[1] 保罗·瑞威尔：美国银器工匠。在美国独立战争期间，英军计划发动突袭，保罗得知消息后连夜骑马通知相关人士。——编者注

但愿他这次看错了，我们只能抱有这样的希望了。

在这本书中，詹姆斯·瑞卡滋解释各国之间如何用货币进行斗争，正如书名《货币战争》所阐述的一般。

以往国家会利用各种武器来消灭他们的敌人。如今各国却想利用钱来击败他们的对手。很不幸的是，各国领袖同时也在运用该国的货币来残害本国百姓的福祉。

各国政治领袖最大的恐惧之一就是失业率，因为高失业率通常会导致民众的暴动。正因为如此，美国更加积极地推广"食物券"的发放工作。饥饿的民众是会上街头抗议的，而丰衣足食的民众则会任其摆布。

克里斯·马特森

克里斯·马特森于 1994 年获得杜克大学神经毒物学博士学位，并于 1998 年获得康奈尔大学财经学硕士学位。

他也曾任《财富》300 强企业辉瑞药厂的财务分析师。

他后来跟雅虎前副总亚当·塔加特合伙成立"极致繁荣"这家以财商教育为主的企业。

富爸爸公司举办了为期两天的课程，特别邀请克里斯和亚当来带领大家研读《崩盘之路》这本书。结果全球各地的人们蜂拥而至参加了该次研讨会。

富爸爸公司的不动产顾问肯·麦克罗在课程结束后跟我说：

> （他们的讲座）让人忧心，但又非常具有启发性，同时让我充满力量。我今天立即就会做出改变，绝对不会空等明天的到来。

克里斯·马特森具有一定的科学家背景，并用这一特长来诠释目前世界经济所面临的问题。我认为这也是为什么他的看法会跟富勒博士这么相似的原因。好消息是在《崩盘之路》这本书中，克里斯把科学和经济变得非常容易让人理解。

克里斯在书中想指出的是：滑头狐狸们并没有向民众坦承廉价能源的时代已经结束了。换句话说，美国和其他国家虽然拥有充足能源，但是其成本与价格必定会一路攀升。如果克里斯的看法属实，那么能源上涨将会严重打击股市等金融市场。

保罗·瑞威尔

历史上关于保罗·瑞威尔午夜快骑的故事——亦即他沿路喊出的警告："英国人要打过来了！"——也是一则小小鸡的故事。只是这一次英国人真的要攻过来了，保罗因此成为英雄而名垂千古。以下这则名言非常适合描述保罗·瑞威尔当年的作为，以及他当时的心境：

> 勇气就是尽管怕得要死，仍然决定系紧马鞍，翻身上马。
>
> ——约翰·韦恩

谁是滑头狐狸

现在比较重要的问题是："到底谁是滑头狐狸？"

其实到处都是滑头狐狸们，他们想尽办法想要把你骗到他们的窝里去。我们之间也许有些人这辈子碰到了不止一只的滑头狐狸。很多人都被某只滑头狐狸所欺骗，或者爱上一个已经结了婚的滑头狐狸。很多人也都在跟滑头狐狸共事。也许有些读者本身就是一只滑头狐狸。

而今滑头狐狸可以从地球的任何角落里利用收音机、电视机、报纸、互联网入侵你的家园。

滑头狐狸所采用的工具

问：滑头狐狸们是如何混入我们的生活之中的？

答：方法有很多，但最主要的就是借助语言文字。简单来说，滑头狐狸会说出你想要听，以及你想要相信的话。语言文字就是滑头狐狸的工具。举例来说，我们都看过类似的电视广告这样保证："你只要吞下这粒小药丸，就能在一个礼拜内甩掉五公斤的脂肪。"（我每次都经不住诱惑，一定会上当。）虽然我清楚知道这种广告很可能是个骗局，但是我仍然说服自己这次它可能会是真的。我想要自己相信可以大吃大喝又不用运动，还可以拥有广告中模特儿一般的身材。

什么叫"美联储的宣布"

目前的金钱世界无时无刻地在留意美联储主席所说的每一句话。问题是，只有极少数的人听得懂美联储主席到底在说些什么。正因为如此，每当美联储主席发表公开声明时都被人称之为"美联储的宣布"，或者当年美联储主席艾伦·格林斯潘宣布某个事项时，也都被人称之为"老潘的声明"。

前美联储主席的格林斯潘曾经说过：

自从出任联邦储备委员会主席一职，我学会了要非常不连贯地咕哝自语。如果你们认为确切地理解了我讲话的含意，那这表示你一定是对我的讲话产生了误解。

富爸爸对语言文字的观点

富爸爸对他自己所运用的语言文字也非常谨慎，因为他知道语言文字拥有无比的力量。就像本书及我所写过的书中都再三强调富爸爸对文字语言影响力的谨慎态度，这也是为什么他会严格禁止我和他的儿子说类似"我买不起"这种话。他说："穷人说'我买不起'的次数比有钱人多，这也就是为什么他们陷入贫穷的原因。"

富爸爸同时也说："富人、穷人和中产阶级之间最大的差别，就是他们所运用的语言和文字不同。中产阶级和贫穷阶级都在说上班族的语言，例如工作、职位、福利、薪资等字眼。他们不懂得运用金钱这套语言里的文字。因此他们只能为钱工作，而无法让钱为自己工作。"

你的第二次致富机会可以先从下定决心学习并且运用新的语言和文字开始，特别是那些能帮助你获得心目中所冀求结果的那个领域内的语言和文字。

富勒博士和富爸爸两人都一致认为最有力量的词汇之一就是"责任"。对他们而言，"责任"是一个神圣的字眼。富爸爸曾经说过："政客们不应该一直重复强调民众的权利，他们应该要阐扬每位公民的责任。"

肯尼迪总统在说下面这句话的同时也践行了这一观点：

不要问国家能为你做些什么，而是要问自己能为国家做些什么。

很不幸的，现在的政治领袖们都在强调"应得权益"的观点，而非"负起责任"。除非改变我们所用的语言和文字，用"负起责任"来取代"应得权益"，否则我们的经济状况是不会发生变化的。

问：因此我的第二次致富机会要从观照并且察觉自己所运用的文字和语言开始？

答：是的。如果你愿意花时间来察觉，并且持续、有意识地改变、改善，同时升级自己的想法和讲话时所运用的语言和文字，你的生命就会开始发生改变，你也会开始察觉到许多不同之处。这并非一蹴而就，而是日复一日地下功夫才行。改变自己所运用的语言和文字就能改变自己的命运。最重要的是，这一切的改变都是由你自己来掌控的，因为只有你才能控制自己的想法和讲话时所运用的语言和文字。

无论如何，你都注定成为跟自己想法及所讲出来的话相符合的人物。

问：真的这么简单吗？

答：我并没有说这很容易就能做到，但是的确就是这么简单。如果这是件很容易的事，那么每个人早就已经做到了。无数人选择说比较轻松容易的话，例如"我天生注定就不是有钱人"或"我对钱没有什么兴趣"等。同时也会有很多人刻意责怪有钱人，因此说出一些类似"有钱人都非常贪婪"或"有钱人应该要缴更多的税"，以及"政府应该给我更多的钱"这样的话。而每个人在实际生活中完全呈现出与自己思想和讲话时所采用的语言和文字相符合的状态。

问：我要如何改善财务方面的词汇？

答：也许订阅《华尔街日报》是一项不错的选择。每天至少阅读两篇文章，并且准备一本金融术语词典。每天给自己定一个目标，即查阅两个新的词汇，并且把这两个新词汇运用在你当天跟别人的对话之中。一个月之后你脑海中大约就会拥有六十组新词汇，坚持一年，你的生命可能会有很大的改变。但是别忘了：这世界上没有百分百的保证。

问：为什么没有保证？

答：因为你自己必须要运用并实践这些新词汇。你得采取行动才能让这些语言文字内化为自身的一部分。太多人只会背诵词汇，并且在谈话当中运用这些词汇以让自己看起来很有学问的样子，但是无法把这些词汇付诸实践。

在看完《富爸爸穷爸爸》这本书之后，成千上万的人都知道"资产就是把钱放到自己口袋里的东西"。虽然他们清楚地了解了"资产"的定义，但是绝大部分人仍然没有采取任何行动来打造或者收购任何资产。很多人没有采取行动是因为害怕犯错、害怕赔钱，甚至害怕丢脸。因此，虽然他们知道"资产"这个词汇的定义，但是这个词汇尚未跟他们的行为合为一体。

改变自己的未来就跟学习高尔夫球是一样的。如果你想要改善自己的球技，你就必须上课、做老师交代的练习，并且在上场打球时实践应用所学。很多人都会去上课，但是从不练习，更遑论上场打球，因此他们的球技也不会有什么进展。

问：为什么人们害怕犯错？
答：理由有很多。其中一个理由是：因为在学校里犯错最少的那些人都会被视为优等生，而那些犯错过多的人则会被贴上"愚蠢"的标签。在现实生活当中，那些犯下多次错误并且愿意从错误中学习的人们，远远比那些丝毫不犯错的人们要更有成就。

如果你害怕运用词汇，也不敢采取行动实践词汇，同时还因为对犯错感到恐惧而失去从错误中学习教训的机会，那么你是无法学会金钱这套语言的。就像约翰·韦恩所说的："勇气就是尽管怕得要死，仍然决定系紧马鞍，翻身上马。"

问：那些不懂得金钱语言的人们会遇到什么样的事？
答：那些滑头狐狸就会把这些人骗到窝里，然后在星期天晚上吃炸鸡，感恩节享受火鸡大餐，圣诞节不愁没有烤鹅，甚至还可以在过中国的春节时端出烤鸭来。

问：滑头狐狸是怎么办到的？
答：利用语言和文字做到的。他们光说一些别人们想要听的话。在缺乏财商教育的状况下，民众就会盲目跟随那个往自己耳朵里灌迷魂汤的滑头狐狸……因为民众在财商教育方面的缺失，才会让滑头狐狸有机可乘。伯纳德·麦道夫就是这么做的。他只挑人们想要听的话说，因此有 500 亿美金就跟着他回到窝里，结果创下截至目前人类历史上最大的一次庞氏骗局。

我说截至目前的原因，是因为还有股票市场、不动产市场、乐透彩市场、社会保障等这些合法的但规模更大的庞氏骗局存在。

问：庞氏骗局到底是什么？

答：或许这就是你第一个应该要查找的词汇，并且实际应用到你今天的谈话之中。了解庞氏骗局是一件很重要的事情，因为滑头狐狸们最爱用这一招了。民众也热爱庞氏骗局，因为人们想要相信"只要今天把钱放进去，明天就一定会变出更多的钱出来"。事实上，庞氏骗局是根本无法长久维持下去的。

真正的滑头狐狸们

当富勒博士写《劫夺的巨人》这本书时，曾写道"无形的巨人"在控制着我们世界的经济。这些无形的巨人同样也控制着我们的法律、政治及政客们。

接下来就举些例子来说明这些劫夺、无形的巨人们是如何影响美国及全世界的经济的。

从许多方面来看，所有的政客们个个都是滑头狐狸。他们都只会讲民众想要听的话。如果把硬币的两面都展示出来（把所有的真相都说出来），那么他们永远都不会当选。为了把你骗到他们的窝里，政客们需要保持民众缺乏财商教育的现状。由于缺乏财商教育，绝大部分的选民只能看到硬币其中的一个面，也就是政客们想要民众看到的那一面。他们绝对不敢跟选民说出硬币另外一面所代表的真相。让我们来检视美国最近十任总统表里不一的实际情况。

约翰·肯尼迪总统（1961—1963）

肯尼迪总统改变了失业人口数的统计方式。如今每当美联储报告失业人口数时，事实上这些数据无法反映出真相。现在的失业人口并不包括已经灰心丧志、不再寻找工作的既有失业人口。当今的失业率只反映出"目前"正在"积极主动"寻找工作的人口数。这也就是为什么社会上失业率可能高达20%，但是政府公布的失业率却只有7%的原因。

问：他为什么要这么做？

答：理由有很多。其中一个理由，可能是他想要让民众感觉到他在任职期间是有所作为的。也许他想要连任，而高失业率可能会影响他的竞选。

另外可能的理由是：美国在第二次世界大战之后的经济繁荣已经走到了尽头。日本和德国已经重新站起来了，并且开始和美国竞争，从而造成美国经济的萎缩。

另一个鲜为人知的理由，就是必须要维护美联储的面子。高失业率代表美联储并没有恪守职责。国会甚至为此于1977年修正了《美国联邦储备法案》，明确了美联储的这一"双重使命"。

问：这又是为什么呢？

答：因为双重使命宣告了美联储必须要达成的两项工作：降低失业率及抑制通货膨胀。

问：因此肯尼迪总统非但不承认失业率偏高，反而同意美联储改变统计数据？借助改变失业率的统计方式来变更计算方式？

答：是的，这也是一种看法……

问：他们为什么要这么做？

答：因为他们要讲民众们想要听到的话。这就是滑头狐狸的做法。问题是，
真正的失业率远高于政府所公布的数据。

问：这又有什么不对？
答：因为这么一来，根本无法指出问题的大小及严重性，更遑论如何进
一步解决这个问题。这么做只会让失业的问题日益严重罢了。

林登·约翰逊总统（1963—1969）

有人相信是从约翰逊总统开始允许挪用社会保障基金里的钱，来把它当
成美国政府预算的一部分。问题是这么一来社保基金是被花费掉了，而不是
被拿去进行投资。换句话说，原本用来保障民众退休生活的钱被用于支付政
府账单。这也就是为什么社保基金里已经没有什么钱了，绝大部分都是美国
财政部打的白条罢了。正因为如此，数百万的战后婴儿潮一代的民众，以及
他们的下一代退休时，很可能一毛钱都领不到。

富勒博士说过："如果当年（1930年）把社会保障基金投入股市的话，
现在所有的退休人士个个都会变成千万富翁。"不过现在再这么做已经为时
已晚。如今社会保障制度只不过是一个大规模的庞氏骗局，这项基金里面的
钱已经告罄（用"赤字开支"更精确些），而且还要面临7500万战后婴儿潮
一代的人们开始陆续退休提领的窘境。

问：有数百万的民众当年都把自己的钱投入社会保障制度及联邦医疗保
险制度之中，现在美国政府要怎么支付他们呢？
答：这我就不知道了。每当新投入的资金不足以支持原先参与者的提领潮
时，所有的庞氏骗局都会垮台。

理查德·尼克松总统（1969—1974）

当尼克松总统取消了美元的金本位制之后，他必须想办法操纵通货膨胀的真相。为了掩盖通货膨胀的实际数据，他修正了居民消费价格指数（CPI），亦即政府出手干预了通货膨胀计量的方式。非但没有反映通货膨胀的真实情况，他反倒把能源和食物从计算居民消费价格指数的公式中剔除了。

当奥巴马总统于 2008 年就任时，当时的油价是每加仑 1.78 美元。当他连任当选后，每加仑的油价已经涨到了 3.50 美元。

虽然油价已经上涨了近 1 倍，但是根据政府公布的居民消费价格指数来看，通货膨胀的数据依然维持不变。

由于许多肥料的原料来自石油，而且但凡播种、收割、运输食物都需要用到石油，食物的价格早就随着原油价格的上涨而上扬了。虽然每个老百姓都知道食物的价格比之前贵了许多，但是根据居民消费价格指数来看，这几年根本没有发生任何通货膨胀。

问：这不也是美联储的双重使命之一，所谓的"抑制通货膨胀"？
答：是的。这也是那些缺乏财商教育民众想要听到的话，就算是谎言也一样。教育体制内没有财商教育的好处，就是当局很容易欺瞒普通大众。在民众缺乏财商教育的状况下，当局也可以很容易地剽窃他们的财富。

问：上层领导可以借用诡计来误导来剽窃民众的财富？
答：是的，通货膨胀就是剽窃财富的手段之一。通货膨胀会侵蚀你工作的价值，侵蚀你赚来的钱，并且侵蚀你存下来的财富。

吉拉尔德·福特总统（1974—1977）

当福特总统于 1974 年取代尼克松总统时，恰好正是通过《雇员退休收入保障法案》的时期。这一法案为 401(k) 铺平了道路。

> 问：为什么《雇员退休收入保障法案》这么重要？
>
> 答：因为通过这个法案，有钱人就可以直接把手伸进一般民众的口袋之中。换句话说，这个法案允许华尔街在民众领到薪水之前，就先把其中一部分钱取走。

> 问：为什么会这样？为什么华尔街可以先拿到钱？
>
> 答：1974 年通过《雇员退休收入保障法案》跟之前 1943 年的《现行纳税法案》非常相似。1943 年的《现行纳税法案》赋予美国国税局可以在民众实际领到薪水之前，就可以从中先扣除所得税的权力。而 1974 年的《雇员退休收入保障法案》赋予华尔街银行同样的权力。只要拥有 401(k) 退休金账户，那么华尔街的银行在民众实际领到薪水之前，就可以从中先扣除民众领取的退休金。

> 问：富勒博士对股票市场抱有什么样的看法？
>
> 答：在他看来，早期都只是那些有钱人在投资股票市场。当时交易所内流传着这样一句口头禅："千万别放那些贱民进来瞎搅和。""贱民"一词源自中古世纪，通常用来形容出身卑微的普通百姓。简单来说，这句话的意思就是在说"千万别让那些穷人进股市"。

当劫夺的巨人们了解到这些"贱民"也有不少钱之后，他们就借着《雇员退休收入保障法案》等各种退休基金计划为这些"贱民"大开股市之门。当"贱民们"的钱投入股市之后，这些有钱人就变得更加富有了。

吉米·卡特总统（1977—1981）

卡特总统或许是近代史上讲话最坦白、行事风格最直接的美国总统。他看起来是一个掏心掏肺、直言不讳的总统。或许正因为如此，他是一位被世人所"遗忘的总统"。

卡特的思想总是有些超前于时代。他一直倡导同性恋平等权，并预言"美国将会选出一位同性恋总统"。2014年一位公开的同性恋球员在美国橄榄球联盟选秀中中签。尽管饱受争议，美国最高法院依然裁定同性婚姻在全美合法。

如今美国用无人机在中东发动空袭。我们恐惧何时恐怖分子也用无人机而不是劫持民航客机来袭击我们。卡特曾经发表过他对战争的一些看法：

> 虽然战争有时候是必要之恶，但无论它多么有必要，它永远都是一种恶，绝对不会是一种善。我们不能通过互相残杀来学会如何和平相处。

然而，战争不仅在中东的沙漠，也在美国的国会山。参众两院正在上演现实版的《纸牌屋》，双方钩心斗角、尔虞我诈，而非通力合作、制定良法。人们不禁想起卡特的下面这句名言：

> 除非实现双赢，否则任何协议都无法持久。

时光流逝，多年后，人们不会忘了卡特卸任后对民主和人权的追求，更不会忘了他为了促进世界和平所做出的种种努力。他被"仁人家园"这一义工组织誉为"最著名的志愿者"。

罗纳德·里根总统（1981—1989）

当1987年股市发生黑色星期五的崩盘时，时值里根总统就任期间。下图呈现的就是当时的情况。

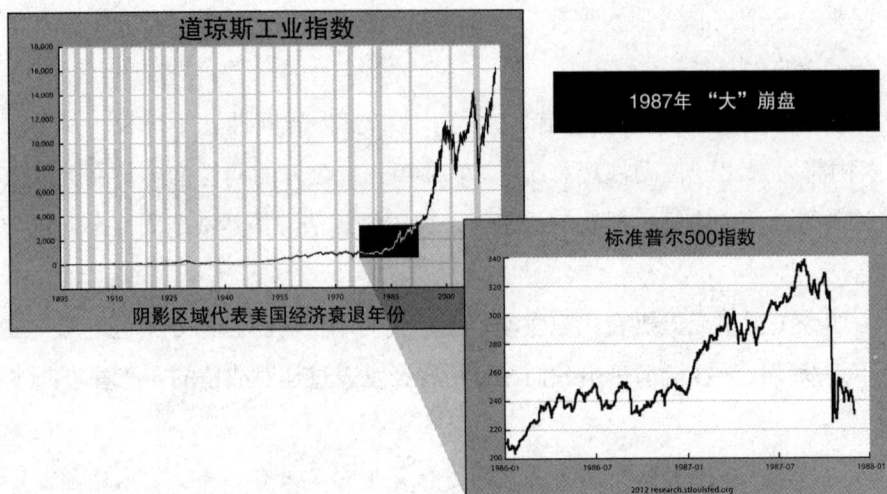

道琼斯工业指数

1987年 "大" 崩盘

阴影区域代表美国经济衰退年份

标准普尔500指数

2012 research.stlouisfed.org

为了避免将来股市再次崩盘，里根总统于 1988 年成立了所谓的"总统金融市场工作小组"，如今已经被世人称为"崩盘救援小组"。

问："崩盘救援小组"是干什么的？
答：没有几个人知道实情，只有极少数人会提到它。

问：到底会发生什么事情？
答：只要发生崩盘，就会有一批神秘的"匿名"买家，通过摩根大通银行、高盛银行及海外账户等，在期货市场买进大量的"金融衍生品"。这类神秘的买家不但有能力可以阻止股市崩盘的恶化，他们同样有能力干预其他市场，例如阻止黄金和白银市场的上扬。当你下次看到股市"神奇地"恢复到原有指数水平时，很可能是滑头狐狸的杰作。亦即所谓的"崩盘救援小组"进场，撑住股票市场……直到哪天干预无效为止。

问：根据上述描述，那你在《富爸爸财富大趋势》一书中预言 2016 年股市会发生大崩盘就不一定会发生？

176

答：正确。被操控的市场是可以被硬生生地撑住，避免崩盘的发生。

问：可以撑多久？
答：谁知道！

问：操纵金融市场又有什么不对？
答：这么一来所有的赌徒们都会受到保障。如今有数百万的民众愚蠢地把
钱投入股市，因为他们知道政府一定不会允许股市崩盘的发生。

问：政府这么做又有什么不对？
答：这么一来就会鼓励投资者不要把资金投入实业或者是工厂之中，因而
会减少许多就业机会。结果资金通通往各种投资市场集中，大家都
从事赌博行为，使得资金不能流入实业上来改善我们的经济状况。
滑头狐狸口中说是在保护你的投资，但是他真正想保护的是那些大
银行及他们所拥有的金融赌场。

问：他们是怎么办到的？
答：通过许多不同的方式。其中一种方式是通过联邦存款保险公司来达成。

问：这个组织的作用是什么？
答：它为存款人的储蓄提供了保障。当 2007 年开始爆发股灾时，银行非
常害怕存款人会将其储蓄提领一空。因此政府重组联邦存款保险公
司，并将存款保障的额度提高至 25 万美元之高。

问：这么做哪里不对了？
答：这会让存款人开始失去戒心，不再关注银行的实际经营状况，反而
会因为拥有这样的保障，而盲目地将自己的储蓄存款交给任何一家
银行。

问：这么做又哪里不对了？

答：因为联邦存款保险公司早就没钱了。它已经没有足够的资金来应付下一次的风暴。

问：这样又会发生什么样的事情？

答：如果再次发生崩盘，那么联邦存款保险公司就要宣布破产，而纳税人又要再一次地帮银行进行纾困——每个存款账户高达 25 万美元。

问：这么做哪里又不对了？

答：这次的损失将会高达数万亿美元。你的子子孙孙多年后所缴的税金，这次通通会提前拿过来先给银行当作纾困之用。

问：所以当滑头狐狸说"你的存款都受到了保障"时，他并没有进一步说明联邦存款保险公司已经身无分文，而这些将来通通都会由纳税人来买单？

答：是的。滑头狐狸永远只会说一些你想要听的话。就连《经济学人》杂志都说 25 万美元的存款保障额度在不久之后就应该要予以调降才行。他们也倡议：所有银行应该进行所谓的评比，让储蓄人知道银行的经营状况，以及自己存款的安全程度。《经济学人》杂志认为为每个储蓄账户提供 25 万美元的存款保障会让纳税人和未来几代人承担过高的风险——而且这个机构的存在只是在保障银行，而非一般的存款民众。

乔治·H.布什总统（1989—1993）

他曾经在竞选时亲口承诺："现在请大家听我说——绝不加税。"结果他仍然在任期内提高了税率，因此 4 年后竞选连任失败。

比尔·克林顿总统（1993—2001）

对于现代银行业大开方便之门的，就属克林顿总统了。如果要指出哪些人应该为 2007 年的金融风暴负起责任，那么的确可以把大部分责任归咎于他。简单来说，他让银行界的朋友们变得非常非常有钱，但同时牺牲了绝大部分的贫穷阶级和中产阶级。讽刺的是，绝大部分民众竟然还相信他是平民百姓之友。

克林顿总统任内做了两件具有重大影响的事情，其中一件就是废除了《格拉斯－斯蒂格尔法案》。这个在 1932 年制定的法案中明确规定：禁止商业银行从事投资银行的业务。

因此花旗银行被允许跟所罗门美邦公司进行合并，克林顿总统甚至公开宣称："《格拉斯－斯蒂格尔法案》已经过时了。"

问：为什么这件事情影响深远？
答：因为他允许商业银行转型成投资银行。借此他们就可以拿储蓄人的存款来从事银行本身想要进行的投资。

问：为什么银行想要这么做？
答：因为这么做就可以赚到更多的钱。银行家可以借着投资股市赚大钱，获利远比之前把钱借给贷款人来收取利息高得多。结果法案通过后没过多久，股票市场就一飞冲天。股票市场这家赌场正式开张，在这里下注的投资人一旦损失了，通通都由政府和纳税人一起来买单。如果市场不幸崩跌，里根总统的"崩盘救援小组"也会出面再把股市拉抬上来。

问：结果发生了什么事情？
答：结果美国产生了一个新的阶级，即投资阶级。他们既不富有也不贫穷，早已经不属于中产阶级了。这些人绝大部分都受过良好的教育，拥有收入颇丰的工作（例如医生、律师等），最重要的是这些人都拥有额外的一些钱可以拿来投资于"不可能会输"的股市之中。2007年金融风暴对这些人并没有造成太大的影响，因为他们并不属于数百万失去工作、失去自用住宅、失去退休金的那群人。

问：你曾说过，如果富爸爸对2016年股灾所做出的预言成真，则会有一些人深受其害，当时你所指的是否就是这群人？
答：就是这群人。

问：那么克林顿总统做的第二件事情又是什么？
答：我在前一章就已经写过了。克林顿总统于2000年签署通过《商品期货现代法案》，替更大的金融衍生品市场铺平了道路。结果导致从2000年至2007年间，金融衍生品市场从100万亿美元膨胀至700万亿美元的规模。

别忘了巴菲特把金融衍生品称之为"金融领域的大规模杀伤性武器"，而且这些武器也在2007年开始逐一引爆。

垃圾进，垃圾出

在无法掌握正确无误的财务数据这一前提下，你是无法做出理想的财务决策的。换句话说：垃圾进，垃圾出。

我们的政府不但在狂印钞票，它也在操纵着新闻信息。它并没有向大众开诚布公地说出所有真相。

前《财富》500强经济分析师约翰·威廉斯目前是"影子数据"网络的总编辑，该网站为订阅者提供经济方面最新、最正确的各项数据。

2014年12月，我通过富爸爸广播电台采访邀请他做嘉宾。光是听他讲政府如何扭曲、掩饰经济数据的手法就令人既惊讶又难过。富爸爸曾经说过：

"政府没有说谎。它只是不会讲真话罢了。"

过往的画面

通过下图你可以清楚地看到：在里根总统就任期间，1987 年股市大崩盘时的市场规模大小。你同样也可看到克林顿总统就任的 8 年间到底发生了什么样的状况。

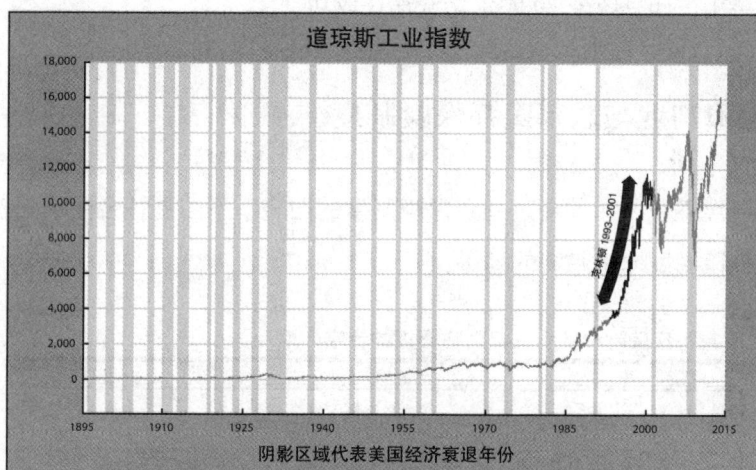

乔治·沃克·布什总统（2001—2009）

在所有大幅增加国家赤字的总统当中，没有谁能比小布什总统在其任内更有所"作为"了。在 2004 年竞选连任之前，他的声望连同就业率双双下滑，看起来连任似乎是无望了。

外界谣传他跟医药业界私下有着协议，利用他入主白宫的地位大力推动《处方用药改善及现代化法案》。该法案也被称之为《联邦医疗保险计划现代化法案》。这成为美国联邦法案之一，并于 2003 年通过实施。此举创下美国公共医疗实施 38 年以来，规模最大的一次彻底翻修。该法案深获老年民众的喜爱，同时也让医药界非常高兴。从我个人的观点来看，该法案的通过进一步坐实了美国注定宣布破产的命运。

美国联邦预算中心前审计长戴维·沃克对该法案是这么形容的：

> 这是美国自 20 世纪 60 年代以来所有推动的法案中，在财政上最不负责任的一次。

结果小布什总统于 2004 年竞选连任成功。

社会保障制度与联邦医疗保险制度

你已经不止一次地看过社会保障制度的图表。下图是社会保障制度与联邦医疗保险制度未来趋势的缩影。

联邦医疗保险和社会保障面临严重的赤字

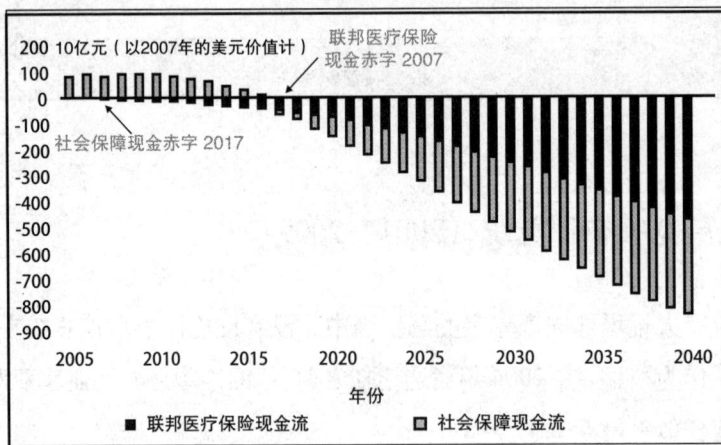

问：这张图在告诉我们什么事情？

答：这因人而异了。对于那数百万期待政府将来会帮忙照顾他们退休生活的民众而言，看样子不会有好的下场。

贝拉克·奥巴马总统（2009—2017）

奥巴马总统高举着希望的旗帜于 2009 年入主白宫。结果在 2012 年竞选连任时，大部分的希望都已经变成了失望。

奥巴马总统是一只老练的滑头狐狸，也是一位伟大的演说家。他每次一开口就会让民众非爱即恨。只有极少数的百姓能站在硬币的边缘上看待这些事情。

奥巴马的确强行通过了所谓的《平价医疗法案》，或称为"奥巴马总统的全民医疗保障"。

永远别忘了，政府颁行计划与法案时所采用的名称，个个都符合滑头狐狸所耍的诡计。这些名称通常恰恰与该计划或法案真正的作用完全相反。

举例来说：

社会保障制度的确为"战后婴儿潮一代"的民众提供了一些保障，但是对数百万的"越战的一代"来说并非如此。社会保障制度与联邦医疗保险制度将会成为"越战的一代"，以及随后数代民众沉重的财政包袱。

《雇员退休收入保障法案》只让银行界变得更加富有，但是完全没有让员工在领取退休金与享受晚年生活方面获得更好的安全保障。

《平价医疗法案》则已经让负担不起保费涨价的数百万民众叫苦连天。唯有经过一段时间才能够全面了解奥巴马全民健保所造成的影响。

如同《小小鸡》那一则故事所说：

> 滑头狐狸说：
> "我们赶快跑吧。"
> "我们赶快跑到我的窝里去。"
> "然后我跑去告诉国王吧。"

接下来这些动物都跑进了滑头狐狸的窝里，结果小小鸡、母鸡、火鸡、小鸭、大鹅他们从此消失了，再也没有从狐狸的洞穴里走出来。

奥巴马总统利用"平价医疗"等字眼来诱骗民众。他有所保留，并没有提及《平价医疗法案》本身实际上是一种新增的税赋。

问：它为什么是一种增税法案？
答：因为奥巴马总统的全民健保加重了E象限和S象限的税赋。

问：就是那些为钱工作的象限？
答：是的，尤其是那些会把赚来的钱投入股票、债券、共同基金之中的E象限和S象限的人们。他提高了利息收入、股利收入、资本利得等来自纸资产方面的所得税。

问：哪些人不需要缴纳奥巴马变相课征的所得税？
答：有一群人的确没有被奥巴马变相课征的所得税所影响，也就是那些懂得利用负债来买进能创造出现金流的不动产的那些投资者。
那些利用翻修转卖不动产来获得资本利得的投资者，现在会因为奥巴马总统所颁发的法令而大幅增加自己所要缴纳的税金。

问：所以这又是资本利得和现金流两者的差异？
答：是的。所谓资本利得就是当你卖出资产（股票、债券、不动产或者企业等）时，所获得的利润。这些因为买卖而产生的利润是要课税的。而为了现金流投资房地产的投资者，其现金流的收入是不用课税的。事实上，只要找到得力的税务顾问，这些现金流收入很可能都无须缴税。

问：这样公平吗？
答：当然。税法是对每一位公民一视同仁。不公平的地方是我们的学校缺乏财商教育，普通人不知道要到哪里找寻这方面的教育。

问：全世界是不是也都是这样的？

答：是的，大部分地区是这样的。我之前有说过：用语和政府相关政策可能会有所不同，但是总体来看，税法的精神与法律条文是一样的。我最近去了一次苏格兰，我在当地的朋友格雷姆和他太太莉安娜只用了 20 万英镑就买下了一处有 150 年历史的教堂。苏格兰政府以政府拨款补助的名义给了他们 35 万英镑来修缮维护这处教堂。这是一笔不用归还的金钱。

问：他只付了 20 万英镑但收到苏格兰政府 35 万英镑的补助？你的意思是说他完全免费得到了这项资产？

答：是，同时也不是。他必须按照政府想要进行的方式来行事，也就是修缮教堂并为低收入居民提供居住空间。这里最为关键的是：他正在做政府希望他做的事情。

他打算利用 40 万英镑投资者的钱（称之为股东权益）修复教堂，并提供 16 栋供低收入居民用的住宅。接着他再到银行申请 70 万英镑的债务（称之为负债），来完成整个计划。

两年之后，当计划开始落实并且开始收到 16 栋住宅的租金时，按照他制订的商业计划，此时要回头找银行，给银行看该不动产所增加的现金流，然后按照新的现金流来申请全新的贷款额度。

拿到新贷款之后，所有投资者都能拿回他们一开始投入的金钱，并且持续享受免税的现金流收入，直到该不动产报废为止。换句话说，由于两年之后所有投资者都把本金拿回来了，所以他们得到的投资报酬率是无限大的。除此之外，还有更好的事情：他们从那个新贷款拿回本钱的时候是完全免税的，因为他们拿到的钱是该不动产所产生出来的债务（非所得），而这笔债务将来都是由租客们帮他们清偿的。

当我和事业伙伴兼富爸爸公司顾问的肯·麦克罗站在该教堂前评估这笔投资的时候，起码有 20 多位路人经过"教堂出售"的招牌，但这些人完全无视这个绝佳的投资机会。肯感到非常自豪，因为通过他的书籍和课程，他教会格雷姆和莉安娜如何开展这类的投资。

这种投资方式在全球各地都能用。问题是，那些每天为了薪水而上班，路过教堂的普通民众，缺乏格雷姆和莉安娜花时间训练自己、且最终看到无形现金流的这种能力。

问：为什么我的头开始痛起来了？

答：因为你的脑袋和心智开始能看得到那些无形的事物了。你开始能看到那些劫夺、无形的巨人们是如何借着货币制度来控制全世界：随意发行他们想要的货币额度，使得通货膨胀，以便让我们的工作所得、储蓄存款等不断贬值，从而导致那些需要为钱而工作的人们的生活变得越来越辛苦。你也开始了解到真正的有钱人不会长期投资于股票市场之中的原因。别忘了：凡事都是一体两面。有钱人卖出自己企业的股票，让中产阶级和贫穷阶级来购买。你也开始看出当今教育体制是如何借着教导我们要为钱而工作，而让我们变成财商方面的文盲。

问：而这一切都肇始于语言文字？

答：是的。语言文字能让自己的脑袋和心智看到硬币的另外一面，以及无形的事物。这个世界上的人们每天匆匆忙忙上班，完全无视有钱人是怎么变得更有钱的。他们顽固地相信税法是不公平的，即便税法是非常公平的。因为只要拥有财商这方面的智慧，就能把税法转变成对自己有利的状况，来享受税法上的各种减免与优惠。有钱人、穷人和中产阶级之间的差别就是从语言文字开始的。语言和文字让有钱人变得更有钱，同时也让穷人和中产阶级越来越穷。

如果你真的想要获得人生第二次致富机会的话，那么先从改变自己所运用的语言文字开始着手。

永远不允许自己说出"我负担不起"这种话。说出这种话的人必定是贫穷阶级。也千万别说"量入为出"这种话。这种话将会打压你内心那个梦想富有的精神。

从今天起——此时此刻起——运用有钱人的语言文字，而非贫穷阶级和中产阶级所用的词汇。开始运用资产、负债、现金流等词汇，而不再说类似有保障的工作、稳定的收入及存钱储蓄等词汇。

富勒博士相信语言文字是"人类发明的最强而有力的工具之一"。只要改变你所运用的语言和文字，就能改变你的人生。好消息是：语言和文字都是免费的。

问：我现在立即能做些什么？

答：本书接下来的内容将探讨这方面的事情。目前本书一直都在陈述过往，而下一篇则将焦点移至探讨现在及未来这些方面。

本书第二篇和第三篇的重点就是要讲你的第二次致富机会，也就是有关财商教育这一方面。但是跟以往传统教育不同的是，这里所说的财商教育并不是要你变得比别人聪明，或者要想办法记住正确的答案。这里的财商教育强调的是通力合作，而非彼此竞争。在接受财商教育之前，你必须清楚地知道自己未来的愿景是什么，并且知道自己要学习什么样的技能，才能实现自己渴望的梦想与未来。

财商教育并非争执孰是孰非，或者避免犯下错误。真正的财商教育是需要具备勇气，并且在怀有恐惧的状况下，知道自己在人生成功的路上或者追求自己与家人的未来幸福时，必定会跌倒犯错，但是仍然愿意采取行动的行为。你的第二次致富机会取决于在走偏或跌倒犯错之后，你是否还能重新站起来，并且具备从错误中学习的能力。

本书接下来两篇的重点是：无论你以前做过（或者没做过）什么事情都没关系，重要的是如何让自己充满力量并重新站起来，并且利用过往和现在为自己打造出一个更光明的未来。你的第二次致富机会就从今天开始。

就如同富勒博士所说的：

我们应召而来，是要做未来世界的建筑师，而非它的受害者。

第二篇
现状

你是明智的人，还是精神失常的人？

"精神失常就是不断地重复同样的做法反而期待会有不同的结果发生。"

——阿尔伯特·爱因斯坦

引　言

精神失常的政府

一个由于钞票太多所造成的危机，如果政府还想要借着发行更多的钞票来解决，这种行为还算正常吗？

精神失常的百姓

当政府持续发行巨额的钞票纯粹只是为了支撑股市时，你继续坚持为钱工作、存钱储蓄、长期投资于股市之中，这些行为还算正常吗？

是恢复理智的时候了

本书第二篇主要探讨你个人目前的财务状况。当你开始检视自己目前真实的处境，才能开启你的第二次致富机会，才能自己决定自己未来的状况。

问：政府不是打算花钱来修缮道路、桥梁、学校等公共设施吗？这么一来不就提供了更多的就业机会？难道这种做法无法挽救我们的经济吗？

答：花钱修缮损毁老旧的公共设施的确是个好主意。这种做法的确会增加一些工作机会，但是仍然无法挽救我们的经济。政府继续印钞票来应对开支，在公共部门中创造高薪资的工作机会，同时还要补助越来越多不想找工作的失业民众等做法，只是在拖延不可避免的最终结局。

印钞票是一种精神失常的行为，你我都心知肚明。问题是：当你发现自己在一个精神病疗养院里生活与工作时，你会怎么办？当你发现院长和职员的精神都不正常，反而是那些病患还比较明智的时候，你又会怎么做？

当你开始寻找这些问题的答案时，你就开始启动了自己的第二次致富机会。

第八章

之前和之后

"从毛毛虫的照片上是无法看出它将来会变成一只蝴蝶的。"

——巴克敏斯特·富勒博士

一般人最喜欢看之前和之后的对比照片了。电视播放减肥广告时，经常会把减肥前后的对比照片摆在一起：减肥之前 100 多公斤的照片，以及减肥后只剩 42 公斤、穿着比基尼、拥有魔鬼般身材的名模照片。然后配音员就会说："如果这个 52 岁的老婆婆都可以得到这种身材，那么你一定也可以做得到。"接着订购专线的铃声就会响个不停，购物网站开始拥塞。结果是数百万元的钞票换了主人。

之前和之后的照片都很容易打动我们。这类照片在提醒我们内在真正的自己是谁，同时也在提醒我们拥有与生俱来的无比潜力，我们有能力来实现自己的梦想。我们都会想起自己内心深处想要展翅高飞的那一只蝴蝶。

"改头换面"形式的电视节目最近也大行其道。这类的节目会找一个非常邋遢、没什么吸引力的小人物上节目，然后改变他们的服装、发型、化妆等，这时候再让这个人踏上舞台时，就变成了人人心目中的白雪公主或者是白马王子。还有另外一种类似的电视节目，借着上油漆、重新装修厨房和浴室等方式，专门把老旧破败的房子修缮成人们心中梦幻般的房屋。

我自己的电视节目

多年来，电视节目制作人会不停地联络我，问我是否愿意制作这类改头换面的电视节目。他们想要由我出面给一些"穷光蛋"进行改头换面——希望把这些人变成有钱人。几年下来，我至少跟十几位非常认真、想要做出这类节目的制作人商谈过，但是每一次的讨论都会因为这样或那样问题而打住："真的可以做得到吗？""那么实际上要做些什么？"所有的制作会议都毫无例外地在遇到"如何在财务方面让一只毛毛虫变成蝴蝶"这个问题时，就再也讨论不下去了。

内在和外在的差别

外在的改头换面与内在的改头换面两者之间差异甚远。把老房子刷上油漆或者让人穿件新衣服是件蛮容易的事情，这些都属于外在的改头换面。但是如何让一个穷光蛋变成有钱人？想要做到这点并非上个妆或者是换件新衣服就可以办得到。

从贫穷到富有是一种无形的蜕变——跟表面刷刷油漆的改头换面方式有着极大差别。这种属于内在的改头换面是没有办法做成吸引观众的实境电视节目，因为这些改变都是无形的。这些改变包括了内在思维架构的改变——改变人们对自己和金钱的看法，并且还改变他们做出选择的方式。我个人知道以上这些的确是可以做得到，但是我跟电视节目制作人尚未找到一种方法，即用具体呈现的方式来把它拍成电视节目。

经济危机

近代之所以会发生经济危机，是因为有很多人在外表上装出一副很阔绰的样子，但是他们的内在却是非常的贫乏。次级房贷危机就是人类这种欲望的最佳写照。有数千万的人被准许向银行申请忍者贷款（向没有收入、没有工作、没有固定资产的人贷款），因此他们可以拿着这笔贷款来买房子，或者拿去偿还他们一辈子也还不起的自用住宅贷款。结果银行把这些"次级房贷"包装成金融衍生品，并且把这些"大规模杀伤性武器"卖给疯狂追逐营利的世界。换句话说，人们因为有装点门面的动机，因而造成房地产和股票市场的繁荣与泡沫，同时也会促进消费者信用卡卡债（甚至学生贷款）额度的激增。

想要拥有富人的外表并没有什么不对的地方，我自己从来就不曾想要缩衣节食。从我个人的观点来看，缩衣节食就等于在扼杀自己的精神。我反而会想尽办法来拓展自己的财源，寻找新的赚钱方式，好让我可以享受生命中更高质量的生活。

我非常喜爱自己所拥有的豪宅和名车，我想很多人也会跟我一样。问题在于在缺乏财商教育的状况下，绝大部分人永远都不会具备富有的内在，而这点才是我们当今社会所面临的真正危机。

第二次致富机会

本书的目的并不是要帮助人们做"外在的改头换面"。我所谓的"第二次致富机会"并非重新装修自己的厨房，或给自己的房屋打造一个全新的外表，更不是让个人拥有全新的行头，或者让身材变得更健美，也完全不是要你重返校园进修以获得更高薪的工作等。

第二次致富机会是一种比喻，如同毛毛虫化作蝴蝶一样。每个人都拥有从毛毛虫蜕变成蝴蝶的潜力，这也就是为什么广告界运用"之前和之后对比照片"这类的宣传手段会这么有效果的原因。通过之前和之后做比较的方式，会激发我们内心深藏的潜能。

把毛毛虫变成蝴蝶

问：你是否曾有过破产的经验？

答：是的，有数次经验。

问：因此你知道那是一种什么样的感受？
答：我很清楚地知道。

问：因此对于那些没有钱的人们，你是否会替他们感到惋惜，或者是可怜他们？
答：不会。我不会对贫穷的人感到惋惜。我有同理心，但我并不同情他们。

问：你为什么不会可怜他们，或者为他们感到惋惜？
答：因为我知道每个人都拥有一种与生俱来的力量，任何人只要他愿意，绝对可以借着这股力量来改变他自身的生活。
    如果我替他们感到惋惜或者是可怜他们，就表示我认为他们没有这种能力。如果我替他们感到惋惜或者是可怜他们，就表示我认为上帝对这些人很不公平。但事实上，我知道上帝并没有对不起这些人。我坚信每个人都拥有自由做出各种选择的权利。

问：你这么想会不会太理想化了？
答：是的，的确有点理想化，但同时这也是一种非常务实的想法。我之所以明白这一点，是因为我自己也曾可怜过自己。我也曾陷入自怨自艾的低潮之中。自我可怜最大的问题就在于有些人会很享受那种低潮的处境。

问：你说的是哪些人？
答：其他受害者、输家，以及自暴自弃和自怨自艾的人们。
    自怨自艾的人们通常会吸引到各种"救世主"及"积极行善"的人们。虽然许多积极行善的人们有时候的确会帮助到一些人，但很不幸的，并非所有积极行善的人们都有能力协助他人重新找回内心潜藏的力量。许多"救世主"也无意识地会让受害者一直处于无助的状态。帮助他人、安慰他人、照顾他人、给人们重新站起来的力量等做法之间，有着极大的不同。

我已经强调过很多遍：纯粹拿钱给贫穷的人们，只会让这些人更沉溺于原来的贫穷之中。

别误会我的意思。我们每个人偶尔都需要发挥本身的同情心来关怀他人。我们自己跌倒之后，也需要别人的鼓励来协助我们重新站起来。短暂的自我可怜或者是自怨自艾是无伤大雅的，毕竟这也是自我疗愈的过程之一。

问：所以你曾经自怨自艾过？
答：当然了，而且还不止一次。但是我发现自怨自艾的做法长期来看对自己毫无帮助。自我可怜只会让自己所面对的问题越来越严重，而且解决问题所需的时间越耗越久。

问：因此当你生意失败赔光积蓄之后，又发生了什么事情？
答：当我自我可怜的派对开完了之后，我就重新站起来，卷起袖子认真工作。

问：你不是已经没有钱了吗？你不是宣布破产了吗？
答：是啊。身无分文让我变得更坚强、更聪明，而且更有能力。就是因为没有钱了，所以我被迫认真思考，努力发挥自己的创造力。如果我身边还有些钱的话，我东山再起之路就不会走得如此辛苦。但是就因为没有钱反而把我锻炼得比一般人更加坚强，同时也培养出自己原本没有想到的能力。

我相信每个人都有所谓的强项和弱点。如果我选择自我可怜的话，那么就是在强化我自身的弱点。如果我沉溺于自怨自艾的情绪中，我的强项就会逐渐变弱，同时也会越来越强化自己的弱点。

问：因此政府的各种补助津贴及民间捐款，很有可能会不断强化受益人的弱点，同时造成他们自身的强项越变越弱？

答：我相信是这样的。我也知道会有许多人驳斥这个观点。的确有时候一个人需要别人对他伸出援手，但是更多时候这个人真正需要的是别人来狠狠地踢他一脚（给予严厉的鞭策）。我人生当中有很多次被人严厉地鞭策，虽然当时心里很不是滋味，但是每次经历都把我锻炼得更为坚强。

问：所以如果缺钱能激发自己发挥强项的话，那它也可以成为一个人从穷人到有钱人蜕变的动力和理由喽？

答：是的。

问：这么一来，有钱也可能会变成某些人的弱点了？

答：的确是如此。我们都看过许多家境优越的孩子被宠坏了的样子。虽然让孩子们予取予求可以让家长和孩子心里感到舒服，但是父母这么做的同时，也在冒着让孩子能力变弱的风险，甚至有可能完全阻碍孩子发展内在心灵的力量，特别是在跌倒之后重新站起来的能力与意愿。

我曾在富爸爸广播节目里访问特朗普的两个儿子小唐纳德和埃里克。在那近一小时的访谈当中，他们分享了自己出身于富豪名门的成长经验。虽然他们的确拥有普通人根本不会享有的优势，但是他们成长的过程却一点也不轻松。特朗普要两个儿子到船码头或者是在建工地上跟工人一起工作。一般人绝对不会想象有钱富豪竟然会要求儿子去做这些事情。我偶尔也会跟这两位年轻人私下相处。从我个人的亲身体验来说，他们的确是非常富有的年轻人，但是绝对不是那种被宠坏的富二代。虽然他们出身于特朗普家族这一名门家庭，但是他们两位甚至比我很多朋友的孩子们还要来得更为脚踏实地。

悲剧的开端

我住在美国亚利桑那州凤凰城一个富裕的小区里。这个小区并不大，拥有不到四十户的豪宅，周边建有一个高尔夫球场。但是自2007年金融风暴之后，光是在这个小区内就发生了三起自杀事件及一场火灾。

问：谁自杀了？

答：其中有一位是继承了父亲数千万美元遗产，但是因为做生意把这笔钱赔光了的年轻人。另外一位当年是为了钱才娶了现在的太太，但现在却把老婆的钱给赔光了。看样子对他而言，与将来在法庭当中和老婆进行离婚诉讼相比较，选择自杀的痛苦相对少一些。至于那一场火灾的元凶，是一个专门从事翻修转卖房屋的青年。他之前以350万美元的价格买进那栋房子，并且想以500万美元的价格转卖出去。当他确定房子无法在短期内脱手，自己又付不起高额房贷的时候，纵火烧房成了他最后的选择，他希望保险公司来赔偿他的损失，如今他不但身陷囹圄，而且我还听说他已经在狱中自杀了。

问：这些人是否就是那些外表看起来很有钱，但内在却不是这么一回事的人们？

答：这是我个人的看法。有意思的是：同样在金融风暴期间，我们小区当中有许多邻居反而都变得更加富有了。他们在风暴期间找到了许多极好的投资机会。因此，虽然那次的股灾的确毁掉了许多民众的人生，但是却对一些人来说是个非常难得的好机会。

在小区内有一位邻居在股灾爆发时陷入了很大的麻烦之中，但是他并没有选择自杀，反而在动荡中屹立不摇，努力想办法熬过那段时间。如今，他变得比之前更加坚强、聪明，并且更富有。

问：这么说来他找到了自身新的强项，并且大大强化了这些优点？

答：我相信是这样的。有时候跌倒并不是坏事，只要你能重新站起来并且变得更加坚强。从我个人的经验来说，当人们跌倒时拿钱给他们这种做法，虽然会让他们再度站起来，但是这些人却变得更为软弱而非坚强。当政府给大银行们进行纾困的时候，就是在制造这类的结果。如今这些大银行的规模比从前还大上37%。虽然它们变得更为巨大，但这并没有让这些银行变得更加健全。就如爱因斯坦曾经说过："想要解决问题，就不可以采用当初制造出问题本身的思考模式。"

问：意思是说下一次的股灾会比上次更加严重？
答：恐怕是的。

问：那么我要如何找到自己的强项，又该怎么强化它们？
答：其实这就是人生的奥秘。我真希望有个简单的答案能直接告诉你。我也希望我有个魔法棒可以让你摇身一变就能获得成功，可惜我没有这样的法宝。

问：你会不会认为上帝刻意创造股灾，来让人们有机会变得更加坚强？
答：我认为有可能，至少这也是一种看待事情的方式。就像我在前一章里所说的，富勒博士所提出的基本原理当中有一项叫作"危机中必有崛起之机"。我相信我们正处在人类历史上最大一次财务危机爆发的前夕。问题是：我们要如何趁机崛起？

彻底破产

1984年12月，我和金离开夏威夷的时候身无分文。我们两个人合在一起的资产负债表如下图所示：

收入支出表

收入
0
支出
？

资产负债表

资产	负债
0	$820000

我们在圣地亚哥过着无业游民般的生活。我们没有工作，也没有收入。我们不是睡在汽车里面，就是借朋友的地下室暂住，因此开支非常低。偶尔拿到一些钱的时候我们才有三餐可吃。那时候对我们来说，每天都在面临经济上的危机。

我一项资产都没有。为了让我的尼龙钱包事业能继续维持，我在离开夏威夷之前早就把手上所有的东西变卖完了（基本上都是位于夏威夷的不动产）。

负债字段中的 82 万美元负债，是投资者当初给我创业用的贷款，早就用在我的尼龙钱包事业之中。当我决定离开公司时，我同时也得承担清偿这些贷款的责任。我打电话给投资者让他们知道我的决定，并且告诉他们我一旦重新站起来之后就会把钱还给他们。虽然其中有一些人跟我说"算了，这笔钱不用还了"，但是我知道其他人一定会要我负责到底。

活在当下

我之所以告诉你们我在圣地亚哥身无分文的故事，是因为本书的第二篇着重于面对现状。在金和我能大步朝未来迈进之前，我们必须清楚地了解自己目前真实的状况。

绝大多数人在财务方面并没有活在当下，也不了解自己真实的状况，是因为他们不懂得什么叫作财务报表。虽然拥有高学历，但这些人在财务方面却跟文盲没有什么两样。因为他们看不懂财务报表，更别提运用自己的财务报表了。

如果你曾经看过《富爸爸穷爸爸》这本书，并且玩过《富爸爸现金流》这款游戏，那么跟那些高学历的知识分子相比较，你在财商教育方面已经足足领先了他们一大截。当你替自己光明的未来做规划时，你就可以好好发挥自己所学到的相关知识。

第二次致富机会

到了 1994 年，我们的财务报表变成了下面这幅图表中所展示的样子：

收入支出表

收入
$10000租金收入
支出
$3000个人支出

资产负债表

资产	负债
52栋出租公寓	$85000自宅

我们算不上有钱人。当时的我们是所谓的"身家上的百万富翁"，每年从资产中产生的现金流让我们拥有每年 12 万美元的被动收入。从此我们再

也不需要工作了。在 1984 到 1994 年的 10 年间，我们达到了财务上的自由。

我们当时仍然住在一个较小的房屋里，过着一般中产阶级家庭的生活。最大的差别是，我们一辈子再也不用工作了。我们再也不是金钱的奴隶了，我们开始让钱为我们工作。我们正处在从毛毛虫蜕变成蝴蝶的过程当中，但是我们清楚地知道自己尚未完全蜕变成蝴蝶。我们察觉到自己内在已经开始发生蜕变，但是整个过程还没有彻底完成。我们还不能展翅高飞，因此我们知道还得下更多功夫才行。更重要的是，我们体会到富足从内在的心灵开始萌芽，而非从外在追求而来。

那些看起来比较有钱的人们

在这 10 年间，许多人看起来比我们有钱多了。他们的财务报表看起来应该长这个样子：

收入 高工资
支出 高消费

资产 股票、债券、 储蓄存款	负债 豪宅、名车、 信用卡卡债、 学生贷款

这些外表看起来很有钱的人所面临的问题是：他们在内部财务上已经一

塌糊涂了。光看这些人的外表，你可能无法想象他们每个月都要为了支付账单而伤透脑筋，他们甚至有可能是月光族。虽然他们也熬过了2007年的大股灾，但是他们在近期可能就没有如此幸运了。如果富爸爸的预言成真，那么在未来经济的动荡中，这些人将会变成首当其冲的受害者。

问：能不能跟我再说一次为什么这一群人面临极高的风险？

答：没问题。克里斯·马特森在《崩盘之路》一书中把财富分成三大类：

1. 主要财富；
2. 次级财富；
3. 第三级财富。

那些拥有高薪工作、豪宅、银行里大量存款及各种股票的人们，他们所拥有的是属于第三级的财富。克里斯说在下一次的危机中，受伤最重的就会是那些只拥有第三级财富的群众，也就是把资产通通放在有价证券中的投资阶级。

问：如果第三级财富属于有价证券之类的，那么请问主要财富和次级财富之间有什么不同？

答：主要财富属于资源上的财富。但凡原油、黄金、白银、鱼类、森林及肥沃的土壤等都属于主要财富的层级。

次级财富是属于生产的领域。但凡生产食物的农夫、捕鱼的渔夫、钻油的工人、挖黄金的矿工及生产各种百货的工厂老板等都属于次级财富的一环。

或许你太年轻，没有看过1993年上映的《豪门新人类》这部电视连续剧，但是容我在这里向你介绍该节目主要剧情，以及它和三种财富之间的关系。

从前有一位贫穷的矿工杰·坎培特到自家后院林子里打猎寻找食物，

结果开了一枪之后他的人生从此发生了转折。当子弹击中地表后，杰就眼睁睁地看着原油从地下源源不绝地涌了出来。此时 OK 石油公司付给他一笔为数可观的权利金，获得在杰家院子里钻油的权利。此时杰摇身一变，成了一位百万富翁。

杰这时候拥有的是资源——也就是土地和原油这两种主要财富。当 OK 石油公司取得了在杰家后院采矿的权利之后，该公司就拥有了属于产品的次级财富。

那么石油公司付给杰的权利金这笔钱又是怎么来的？当然是 OK 石油公司从股市和投资者那里筹措而来的资金，也就是第三级的财富。

问：所以说拥有第三级财富的人们多半是那些存钱储蓄或者借着炒股票赚钱的投资客，或者是拥有并且在发行股票的企业家们？

答：是的。就如克里斯·马特森在书中所解释的，手上握着有价证券的人们所拥有的只不过是一种"真正财富的兑换券"罢了，但绝对不是财富本身。举例来说，美元纸币并不是一种财富，它只不过是一种可以用来兑换真正财富的媒介罢了。拥有某家食品公司股票的小股东手上所持有的，只是对公司部分财产权利的持有证明而已，但是这位小股东所拥有的并非生产食品的产业链。

问：这有什么不对的地方呢？

答：如果股市崩盘了，首当其冲赔钱的就是公司的所有股东。

问：股东们会先赔钱？为什么会这样？

答：呃……我想办法用最简单的方式跟你解释看看。假设说某家企业不幸倒闭宣布破产了，如果该公司有任何剩余资金的话，首先有权利拿到钱的是该公司的员工们。如果这笔钱还有剩余的话，那么接下来可以拿到钱的就是倒闭公司上游的供货商。第三顺位是公司的债主，也就是贷款给公司或者持有公司欠款证明的对象。最后可以拿到钱的（如果到现在还会有钱剩下来的话）才是倒闭公司的股东们。

问：那么股东们现在所面临的风险是不是比之前高出许多？
答：是的。

问：为什么？
答：就之前来说，股票从1954年迄今都算是相当安稳的投资，因为股市
　　从1954年起就一直非常稳定地上涨。虽然股市在这期间有几次拉回、
　　空头市场，甚至还发生了几次大崩盘，但是股市终究还是恢复到了
　　原先的价格水平。因此长期投资股市的人个个都收获丰硕，有些甚
　　至还发了大财。

问：1954年到底发生了什么事情？
答：股市于1929年创下了381点的历史高点，并且埋下了日后爆发经济
　　大萧条的种子。结果股市崩跌后总共花费了25年的时间，也就是要
　　一直到1954年的时候，股市才重新站回381点。如今股市已经连续
　　涨了60多年，同时也让数百万的民众赚到了不少的财富。你可以从
　　下图当中看到股市在这期间上涨的模样。

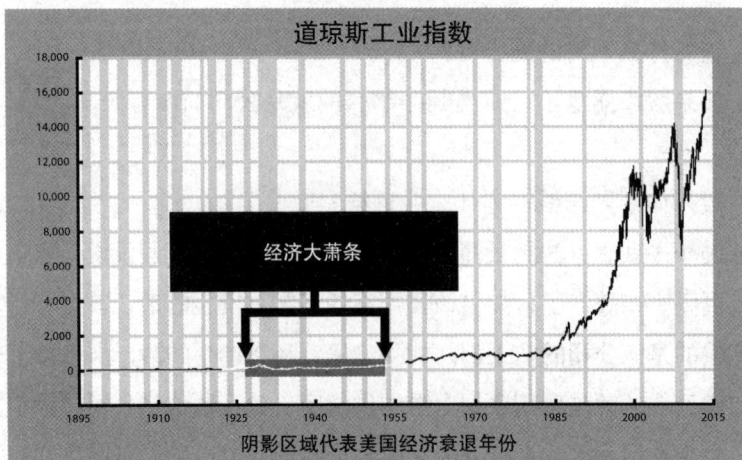

道琼斯工业指数

经济大萧条

阴影区域代表美国经济衰退年份

从上图中你就可以看出来为什么从 1954 年起会有数百万的民众从股市当中赚取了不少的财富，并且到现在还愿意继续把自己的钱投入到股市之中。这也就是为什么会有这么多民众仍然相信并听从"持股续保，长期投资"这种过时的投资建议。

问：所以问题就出在这些长期投资于股票市场的人们，他们所拥有的是属于第三级的财富，也就是有价证券，对吧？

答：是的。而且只要克里斯·马特森、詹姆斯·瑞卡滋或者理查德·邓肯等任何一只新品种的"小小鸡"的预言成真，那么股票市场注定要发生大崩盘，因此那些拥有大量第三级财富的人们将会付出惨痛的代价。

问：这么说来那些投资于主要财富和次级财富的人们，会比较能撑得过下次的金融动荡？

答：是的。但是再次强调，并不是持有主要财富或次级财富的人们就一定会没事。没有所谓的"百分百的保证"这回事。

问：如果全球第三级财富完全化为乌有，那么世界会变成什么样子？

答：我想全世界各个像纽约这样的金融城市将会受到最大的冲击。

问：为什么会这样？

答：因为像纽约这类的金融城市，完全是靠着第三级财富而建立起来的。纽约市市民所拥有的财富，绝大多数是属于第三级的财富。曼哈顿基本上没有什么农场、工厂或者是油井等。如果第三级财富开始萎缩，那么这些民众所居住的公寓、豪宅等的价值也会跟着下滑。如果纽约市房地产下跌，造成纽约市房屋市价低于市民的房贷额度时，那么就很可能会再次爆发房贷危机。但是这次爆发的次级房贷危机并不是由贫穷阶级所引发的，而是因为有钱阶级付不出巨额房贷所引发的超级危机。

问：你认为发生这种事情的几率有多大？

答：只要政府持续印钞票来应对它的赤字，继续发放失业补助来鼓励民众不用工作，并且持续人为地干预股票市场以防止股市下跌，那么这个问题只会越来越严重。

詹姆斯·瑞卡滋在他所写的《货币战争》一书中提到了目前这种日益复杂化的现象。

问：他说的"日益复杂化"是什么意思？

答：并非直接解决我们所面对的问题，政府无所不用其极地想出越来越复杂的手段来维持经济复苏的假象。

詹姆斯利用终年积雪的山顶来解释这种概念。并非在各处引爆少量的炸药来避免白雪过度累积导致雪崩，政府反而兴建了越来越高、越来越厚的墙壁，希望避免积雪过多而产生大雪崩。采用这种只能暂时舒缓问题的手段之后，在面对任何新问题时，则需要越来越复杂的方式（工程）才能压制它。这么一来，只会让问题越来越严重，但无法从根本上解决问题。

或许你也会这么认为：当有一天政府黔驴技穷，再也想不出更复杂的解决办法时，那么这些防雪墙就会完全垮掉。因为不愿意提早安排一些人为控制的小型雪崩，现在整座山上的雪反而会一股脑地全部冲下来。

问：那么解决的办法是什么？

答：其中一个答案就是：要从这些复杂的第三级财富撤退，回归到第一级、第二级财富。

问：你是否已经从第三级财富中撤资了？

答：我从来就没有进场投资过第三级形式的财富。我个人几乎没有什么储蓄存款、股票、债券、共同基金及其他形式的有价证券。我绝大部分的财富都属于主要及次级财富。

问：为什么要这样？

答：因为富爸爸要我和他的儿子把钱投资在各种以资源和生产为主的主要财富及次级财富之中。真正的有钱人所拥有的就是这两种财富。以往如此，未来更是如此。

问：能不能举几个例子？

答：没问题。我不会采用存钱储蓄这种第三级财富的方式，而是会累积像是黄金白银这类属于资源型的主要财富。

我也不会投资石油公司股票这类第三级财富，而是直接跟人合伙投资油井钻探这类的次级财富。我并不拥有这家石油公司，我拥有的是这家公司生产出来的部分石油。如果油价上涨我就能拿到钱，就算油价下跌我也一样会有钱可拿。

我还拥有不动产，大部分都是公寓型住宅这类的次级财富。我自己是不投资房地产信托投资基金这类第三级财富的资产。

身为一位创业家，我不会购买其他公司的股份。我反而会出售自己公司的股票（属于第三级财富）给其他的投资人。

问：听起来非常复杂而且需要拥有很多钱才能做到。在既没有接受过财商教育也没有什么钱的状况下，请问普通人是否可以投资这类的主要财富及次级财富？

答：当然可以，任何人都能做得到。举例来说，任何人都可以在世界各地投资白银这种主要财富。

我在写这本书的时候，每盎司白银的价格是 20 美元左右，这个价格跟之前 40 美元比较起来已经是相对的低点。如果有人连 20 美元都负担不起，那么这些人仍然可以去收集美国在 1964 年之前用纯银铸造的一角硬币。换句话说，任何只要拥有 0.1 美元的人都可以投资在白银这种主要财富之上。

问：为什么这会是一项好的投资？

答：黄金和白银的价格永远都会受到市场供需及政府的干预而上下震荡。但我认为只要各国政府继续不停地印钞票，那么利用收集黄金和白银这类的主要财富，远远比利用第三级财富的钞票来储蓄存款更有道理。只要各国政府继续印钞票，那么储蓄存款这种做法的风险就会相对变高。

白银拥有一个比黄金和纸钞更大的优势：因为白银的供给量一直处在不断减少中。黄金的供给量一直都相对稳定，而纸币的供给量却是在成山成海地增加中。只要几秒钟的时间就可以凭空创造出大量的通货，但是却需要数年的光阴及数百万美元的资金来探索、采集并兴建新的黄金和白银矿场。

无数的库存白银一直不断地被迅速消耗，这是因为白银不但是贵重金属之一，它更是一种工业用的金属。白银的用途遍布于医药、净化系统、电子工业及其他上百种不同的用途之中。

千万要记得黄金和白银数千年来都被人们当成真正的金钱在使用。没有人知道美元的价值还能撑多久。

问：这是不是为什么比特币变得如此受欢迎的原因？

答：也许是吧。每当民众对政府所发行的通货失去信心时，就会有新的通货发明出来。

问：你会投资比特币吗？

答：绝对不会。

问：为什么不？

答：因为我不了解比特币。对我而言，黄金和白银是比较容易理解的东西，它们同时也是很难复制和生产的资源。想要伪造黄金和白银是一件非常不容易的事情。

从我个人的观点来看（我的看法有可能是错的），比特币应该是属于第三级财富的一种。我找不到它可以被归类成主要财富或者是次级财富的理由，当然，对那些创造出比特币及其他数字货币的人们就另当别论了。

好消息

对于那些将自己资产从第三级财富移转至主要财富和次级财富的人们而言是个好消息。这种做法可以让他们像真正有钱人一样，开始拥有真正的财富。

在前文我曾经介绍过人类演进的四大阶段，亦即：

1. 狩猎时代；
2. 农业时代；
3. 工业时代；
4. 信息时代。

从特定观点来看，主要财富是属于农业时代的财富。工业时代则是讲求次级财富。而信息时代，亦即无形的时代，则是第三级财富当家的时代。

无论财富是有形还是无形的，真正极度富有的人们都会把钱放在同类资产中，也就是主要财富及次级财富之中。就算在信息时代，像比尔·盖茨、马克·扎克伯格、奥普拉·温弗瑞等真正的有钱人，都拥有各种资源和产品。在信息时代里，诸如知识产权等无形资产就如同不动产一般，都是非常真实的一种资产。专利权、商标或者是合约等知识产权虽然是无形资产，但是仍然跟某些房地产一样具有价值。

富人不为钱工作

《富爸爸穷爸爸》这本书开宗明义就说"富人不为钱工作"。换句话说，富人努力工作是为了获得主要财富及次级财富，而不是"钞票"这种第三级的财富。他们辛勤工作是为了拥有各种资源及产品。他们大部分都是创业家，而这些创业家会努力实现他们的点子，寻找适当的资源，并且打造一个能把资源转换成产品的事业，然后这些产品就会变成金钱。他们所拥有的财富并不是来自钞票，而是来自拥有各种有形或无形的资源、产品这类主要财富及次级财富。

传统教育体制教导学生要好好念书、寻找高薪工作、努力赚钱、存钱储蓄，并且长期投资在股票市场之中。这全都属于第三级财富的方式。

从许多方面来看，富人和其他人最大的差别，就是哪些人拥有主要财富和次级财富，而又是哪些人只能拥有第三级财富。

问：因此如果我开始致力于累积主要财富及次级财富，我就会慢慢变成真正的富人，就像富勒博士口中所说的那些"劫夺的巨人们"？

答：是的。你一样可以采取诚实合法的方式，跟那些劫夺的巨人们一样致力于累积属于自己的财富。累积财富并没有什么不对，但是千万要记住：累积财富时，有所谓正确和错误的做法，合法与不合法的方式，以及是否合乎伦理道德（或者完全违背常理）的手段等。

问：如果我只懂得上学念书、谋求高薪工作、辛苦上班工作、存钱储蓄、投资股市，我就会越来越远离真正有钱人所拥有的财富？

答：完全正确。

问：这也就是为什么学校从来就未曾开设财商教育方面课程的原因？

答：没错，从我个人的观点来看的确如此。

问：那么我要如何开始致力于累积主要财富和次级财富呢？

答：这正是我最想听到的话！现在你的第二次致富机会才算真正开始起步。

问：那么我要如何开始？

答：你要从现在开始着手，从你目前真实的状况开始做起。

问：那我要怎么做？

答：就跟我和金在1984年所做的一样。我们先把自己的财务报表做出来，让我们清楚地了解我们目前的财务状况如何。

富爸爸经常会说："银行家从来就不要求我在贷款的时候出示我的在校成绩单。他们也从不过问我当年的在校成绩如何。银行家只想要看我的财务报表，因为他只想知道我是不是在有智慧地运用自己的金钱。"

你现在可以抽空填写下面的财务报表。这就是你目前在财务方面的表现，也就是自己目前累积财富的成绩单。

第二次致富机会的作业

拿一张空白的纸张并画出下面的图形：

收入支出表

收入
支出

资产负债表

资产	负债

重点提示

别忘了富爸爸对"资产"所下的定义是:

资产是能把钱放到自己口袋之中的事物。

而富爸爸对"负债"所下的定义是:

负债是把钱从自己口袋中掏走的事物。

针对这次的作业,"资产"栏中只能写下真正可以产生现金流,且能在"收入"栏内创造出现金的事物。而对于"负债"栏,请写下自己个人所拥有的各种负债,以及每个月因为这些债务会产生什么样的支出,并且把这些支出填入"支出"栏之中。

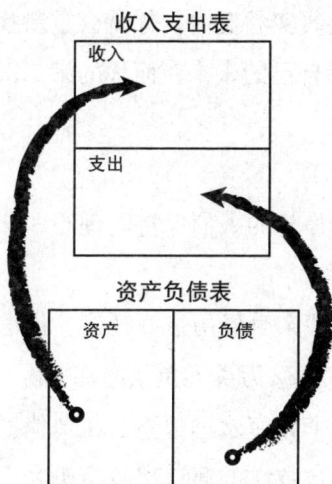

収入支出表
収入
支出

资产负债表
资产 | 负债

把握现在才是真正的力量

你的第二次致富机会要从把握现在开始，甚至可以立即从今天开始。

对很多人来说，起步将会是一个非常困难的过程，但这同时也是毛毛虫蜕变成蝴蝶的过程当中最艰难的一步。

对很多人来说，把自己目前的财务状况清楚地写在纸上是一个蛮痛苦的过程，你可能已经亲自体验到这种精神上的痛苦。我鼓励你先深呼吸几口气，然后坚持完成这个过程。如果能让你清醒地面对真实的世界，这一点点痛苦是非常值得的。

或许你可以找一位可以信赖的朋友来帮忙，协助你完成填写自己的财务报表这项作业。毕竟对很多人来说，金钱是一个充满情绪的领域。或许你的朋友能以更客观的眼光且不受情绪干扰地引导你填写属于自己的财务报表。

千万别忘了：把握现在才是真正的力量。

如果你跳过或省略这个步骤，那么你将会失去自己的力量。当你下定决心完成这个过程时，或许你就会找回一些属于自己的力量。当你鼓起勇气来面对自己在财务方面的真实状况时，你就会重新找回属于自己的力量。唯有如此，你才能重新掌握自己的未来，而你的第二次致富机会也将从这一刻开始。

> 问：你说对那些困顿挣扎的人们保持同理心，却不同情他们，就是这个原因？
>
> 答：是的。这个过程我亲身经历过好几遍。你也看到过我之前的那份财务报表，就是拥有 82 万美元负债的那一份。如果我当时一直自怜自艾的话，那么那个数字永远都不会从负债栏中消失。正如我稍早所说，我个人拥有过数次的第二次致富机会，意思就是说我不止一次地必须从身无分文的状况下从头开始。拥有第二次致富机会并不是一件轻松容易的事情，但至少我越来越聪明，越来越能解决自己所面对的问题，而不是继续假装自己完全没有问题，或者希望会有其他人来帮我解决这些问题。

任何人只要愿意做出改变，并且下定决心采取行动完成整个过程，那么这些人的确值得拥有人生的第二次致富机会（如果他们真心想要走这条路的话）。

> 问：当我把焦点放在自己的财务报表上的时候，我是否就能开始看到自己的强项及弱点在哪里？
>
> 答：是的。

> 问：我应该抛弃自怜自艾、让自己越来越软弱的做法，开始发现自己的强项，找到摆脱目前窘境的出路，并且开始规划自己的未来？
>
> 答：是的。当你开始专注于强化自己的强项时，说明你已开始进行内部改头换面的工作，如同毛毛虫变成蝴蝶这个过程。

别忘了你今天做出来的财务报表，它反映的是你之前的财务状况。现在我们已经准备好迈入未来，来看看之后——也就是你的未来会怎么样。

未来

由于你已经很真诚坦白地检视过自己目前的真实状况了，现在可以开始看看自己的未来如何。

请你在另外一张纸上再画一张财务报表：你将要创造未来的财务报表。

你的未来：5年后的今天

日期：＿＿＿＿＿＿＿＿＿＿＿＿

选择自己的资产类别

所有的财务报表都是以这四种资产类别作为基础的：

1. 从商创业；

2. 不动产；

3. 有价证券；

4. 大宗商品[①]。

花点时间问问自己，对哪个（或哪些）资产有兴趣。你可以随意做出选择。

容我跟你分享我个人所做出的选择。

大宗商品一直是我的首选。我非常热爱黄金和白银。我从 9 岁起就一直在搜集银币。后来我到纽约学习如何成为轮船上的航海员，我主修石油，因此成为油轮上的三副。

我在这里想要表达的重点是：在投资的时候，热爱是一件非常重要的事情。我个人非常热爱黄金、白银和石油。由于热爱这三样大宗商品，我可以很容易地研究学习与此相关的事物。大家都知道市场价格一直变动，我由于热爱自己所拥有的资产，因此我不在乎价格的波动。我还想要拥有更多此类资产。所以每当价格下跌时，我还会再予以买进。

我的第二个选择是不动产。我之所以热爱不动产，是因为我可以很轻松地就利用债务来买进不动产。此外，不动产投资在税收方面也能享受很多的优惠政策。

我热爱不动产，特别是老旧建筑物。这种热爱，让我很容易成为一位好学生，热衷学习不动产及筹措资金方面的相关知识。我秉承活到老学到老的学习态度，我希望你也抱持同样的态度，因为我永远都不能够夸口说我已经学完了所有知识。市场的价格起起落落。当市场低迷时，我就会买下更多的不动产。我很少脱手所拥有的不动产，因为我非常热爱这些房产，以及它们所创造出来的现金流。

我的第三个选择是成为一位创业家，一个从零开始打造事业的人物。我创立了许多事业，但是绝大部分都没有熬过前 5 年的关键期。那些超过 5 年

---

① 在金融投资市场，大宗商品指同质化、可交易、被广泛作为工业基础原材料的商品，如原油、有色金属、钢铁、农产品、铁矿石、煤炭等。大宗商品主要包括三个类别：能源商品、基础原材料和农副产品。——编者注

的是我的尼龙钱包事业、摇滚乐产品事业、教育事业、一座金矿、一座银矿、一家石油公司，以及现在的富爸爸集团。

在所有资产类别中，从商创业是最困难的一种。这也就是为什么全世界最有钱的人都是创业家。这条路既漫长又艰难，但是一旦获得胜利，其果实也非常丰硕。

我最后的选择是有价证券。我参加过许多与股票和期权相关的课程。我非常不擅长股票投资。我不喜欢检视年度报表或看着股价起起落落。

身为一位创业家，为了体验让公司上市的过程，我成立过三家公司并且使其成功上市。我是想要一窥幕后的操作手法，了解如何成立公司并且把股份卖给大众的过程。结果我发现那是一个手段挺肮脏的游戏，在整个上市过程里我并不是很舒服，有可能你会喜欢。虽然我拥有数百万的股份，但都是我自己公司的股票，并非别家公司的股份。

好好花点时间了解

你的第二次致富机会是从改变内在的自己做起。我鼓励你好好花点时间检视四种不同类别的资产，稍微更深入地研究它们，然后决定你最热爱的是哪一种。

如果以上资产都不能获得你的青睐，那么就暂时打住，直到你找到一种能让你热爱的资产为止。

请你务必谨慎小心。选择资产最重要的条件就是要热爱它——热爱学习，热爱成为此方面的学生。我上过太多推销各种投资工具的"课程"，这些课程向天真无知的大众夸口说会给投资者带来巨大的投资回报率，让他们相信可以一夕致富。或许其中有一些值得投资的东西，但是绝大多数都是骗局，误导大众，有些甚至根本就是想要吸金的主办单位所编织的谎言。

千万记住：最棒的投资从来不打广告，真的，永远都不会。无论哪一种资产类别，那些最棒的投资项目永远都是卖给圈内人——那些知道内幕的人士们。举例来说，当我的合伙人肯·麦克罗有一项新投资的时候，他只要稍微打几通电话，那次机会立即会被抢购一空。资金全部到位并且不再接受任何新投资者。他完全不需要印制精美的说明书，或者举办花哨的投资课程，并想办法把自己的投资项目卖给局外人。

你的目标之一应该包括：成为一位优质的投资者，拥有许多知识的投资者。那么，你就有机会成为圈内人。

你们之中或许有人已经知道，在公开市场中进行股票的"内幕交易"是一种违法行为。但是在私营市场中进行内幕交易则是完全合法的。举例来说，当中国的阿里巴巴公司公开上市的时候，是把股份卖给大众。而真正的利润远在公司上市之前，早就被圈内人赚走了。

我有一位朋友经常说："所有的投资都是圈内人在进行的。"唯一的问题是："你离这个圈子还有多远？"

慎选自己的游戏

富勒博士经常会说："他们在玩金钱的游戏。"他非常不认同各国政府和劫夺的巨人们在玩的金钱游戏。

富爸爸也会说："找自己想要玩的金钱游戏，然后从中胜出。"他想要玩的游戏是成为一位在餐饮、旅馆、便利商店及（特别是）不动产领域中的创业家。就像我在《富爸爸穷爸爸》一书中有写到麦当劳的创始人雷·克洛克会说："我从事的其实并不是汉堡制造业。麦当劳真正在做的是不动产。"换句话说，他是借着汉堡事业来购买不动产，而他拥有的都是全世界最昂贵的不动产。这一样是富爸爸及我现在正在玩的游戏。

富爸爸也说："绝大部分的人都不喜欢玩金钱游戏。正因为如此，他们宁可选择有保障的工作，领稳定的薪水。"

"好多人不喜欢玩金钱游戏，他们宁可把自己辛苦赚来的钱交给理财专家处理，并且祈祷自己选对了人。"他接着补充说："很多人之所以不会富有，是因为他们一辈子费尽心力只是不想输，而不是要在金钱游戏中大获全胜。"

我的穷爸爸不喜欢玩金钱的游戏。他在金钱方面非常怕输。他玩的游戏是：好好上学念书，成为公职人员，然后让政府来照顾他的晚年生活。很不幸的是，他最后全盘皆输，因为他从未想过要获胜。

你想要玩什么样的游戏？如果你想要玩的是富爸爸的那种游戏，那么就先从选择自己所热爱的资产类别开始。要下定决心成为最优秀的自己，好好投入自己所选择并且热爱的金钱游戏。

第三篇
未来

BREAKING NEWS

"The Euro will collapse."

The Economist:
October 25, 2014

Cash will be trash again

如果现金变得跟垃圾一样……

……那么真正的财商教育到底是什么？

当现金变成垃圾时，
知识就会成为新的金钱。

引　言

从我个人的观点来看，第三篇引言最好的呈现方式就是总结第一篇和第二篇的内容……

上学读书然后学不到有关金钱的事情，这种做法有道理吗？

为什么要上学读书、找份工作、为钱工作，然后一辈子都学不到有关金钱的事情？教育在我们的日常生活中扮演着举足轻重的角色，这也就是为什么美国在内战之前不让黑奴接受教育的原因。如今还有很多国家的女人仍然无法得到完整的教育。

《富爸爸穷爸爸》这本书第一章就是"富人不为钱工作"。富人工作都不是为了支领薪水。如同富爸爸所说：发薪水支票的人对那些领薪水的人拥有无与伦比的掌控力。除此之外，一个人为钱工作的时候，当你赚得越多就得缴纳更多的所得税。或许这就是乔布斯当年只愿意支领 1 美元年薪的原因。

除了在学校里学不到关于金钱的事情之外，很多学生从学校毕业的时候就身负巨债。学生贷款是所有债务里最繁重的一种。

下图显示学生助学贷款不断上扬的趋势。

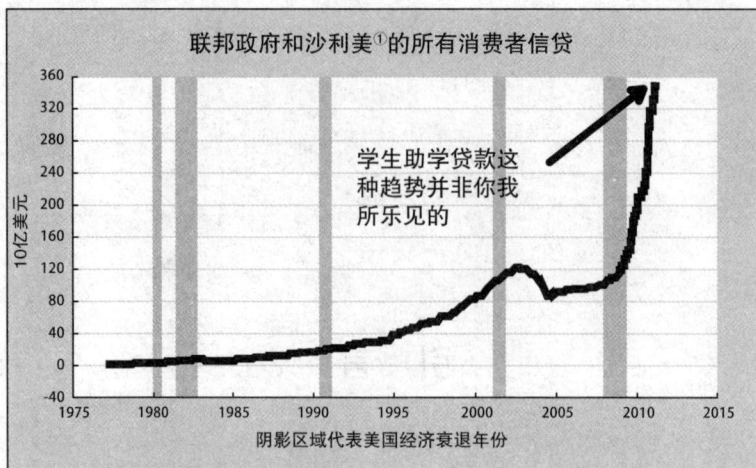

联邦政府和沙利美①的所有消费者信贷

学生助学贷款这种趋势并非你我所乐见的

10亿美元

阴影区域代表美国经济衰退年份

雪上加霜的是，大学毕业生的薪资所得一直处于不断萎缩之中。

下图所呈现的就是大学毕业生薪资所得下跌的趋势。

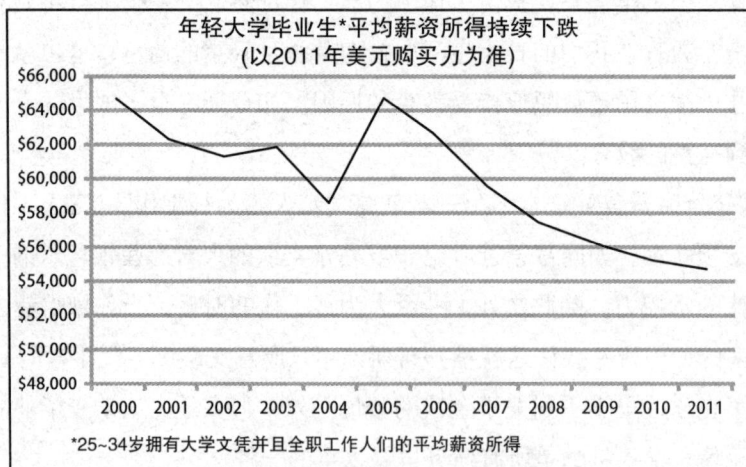

年轻大学毕业生*平均薪资所得持续下跌
（以2011年美元购买力为准）

*25~34岁拥有大学文凭并且全职工作人们的平均薪资所得

为钱辛苦工作之后，结果却是要缴纳更高的所得税，这种做法有道理吗？

下图告诉我们：高收入的中产阶级人士，其所得税率最高；收入前20%

---

① 沙利美为美国大学生最大的贷款供应商。——编者注

的这些人，他们的所得税率为 50%，而收入最高的 1% 的这些人，他们的所得税率却只有 13%。

这就是为什么中产阶级不断消逝的原因。

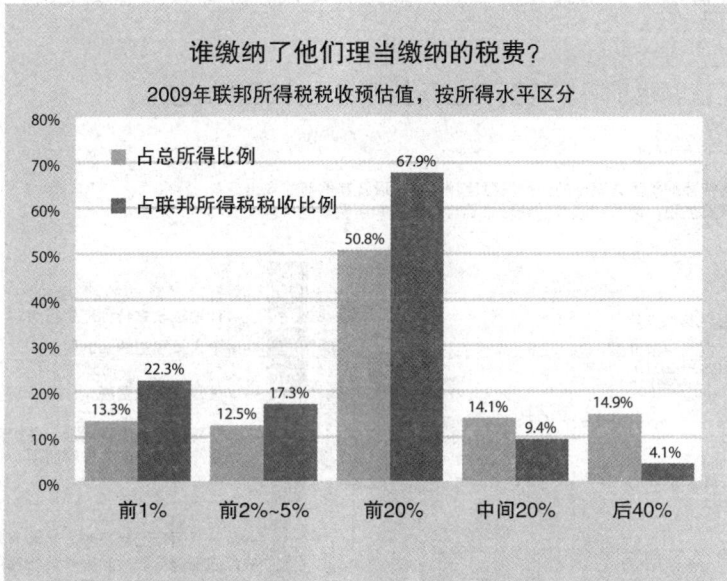

谁缴纳了他们理当缴纳的税费？
2009年联邦所得税税收预估值，按所得水平区分

图例：
- 占总所得比例
- 占联邦所得税税收比例

前1%：13.3% / 22.3%
前2%~5%：12.5% / 17.3%
前20%：50.8% / 67.9%
中间20%：14.1% / 9.4%
后40%：14.9% / 4.1%

弗拉基米尔·列宁曾经说过：

> 消灭中产阶级的手段，就是要利用税赋和通货膨胀来把这些人磨耗殆尽。

正如上图所反映的那样，那些受过高等教育、拥有高收入的员工和自由职业者一直在税赋和通货膨胀的夹击之下逐渐凋零。

政府拼命印钞票来挽救那些 1% 人的做法，根本是在逼死所有贫穷阶级、中产阶级、高收入的自由职业者。

随着美国国民越来越贫穷，美国的开国精神荡然无存，正在从一个资本主义国家逐渐转变成一种抱持应得权益心态的社会。在精神与经济逐渐被侵蚀的过程当中，所谓的美国梦也开始变质。正因为如此，这就是我们的学校教育体系中迟早需要纳入财商教育的原因。

本杰明·富兰克林曾经说过：

国家越多地监督、控制、监视其公民，其自由之程度越差。

已经征够税了吗？等到奥巴马健保案上路后就知道了。

为了支付医疗补助扩大方案中的医疗保险巨额补助，以及其他新的支出，
奥巴马健保案加税，增加17项新的税赋或罚金，将影响所有美国人。

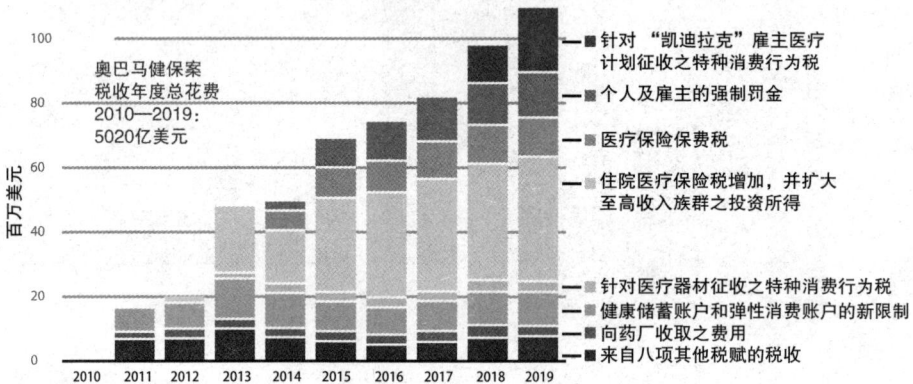

奥巴马健保案
税收年度总花费
2010—2019：
5020亿美元

百万美元

100 80 60 40 20 0

2010 2011 2012 2013 2014 2015 2016 2017 2018 2019

- 针对"凯迪拉克"雇主医疗
计划征收之特种消费行为税
- 个人及雇主的强制罚金
- 医疗保险保费税
- 住院医疗保险税增加，并扩大
至高收入族群之投资所得

- 针对医疗器材征收之特种消费行为税
- 健康储蓄账户和弹性消费账户的新限制
- 向药厂收取之费用
- 来自八项其他税赋的税收

当你为钱工作时，你的财富会因为税赋而被剽窃。

即便是一项负债，把自用住宅当成资产来看待，这种做法有道理吗？

在 2007 年之后，数百万的民众以切身惨痛的经验发现自用住宅并非一项资产。这些人现在才发现他们房贷尚未还清的欠款甚至大于自用住宅目前的市值。

更糟的是，由于学生助学贷款的关系，数百万年轻人现在连自用住宅都负担不起。

下图显示的是房价的走势。

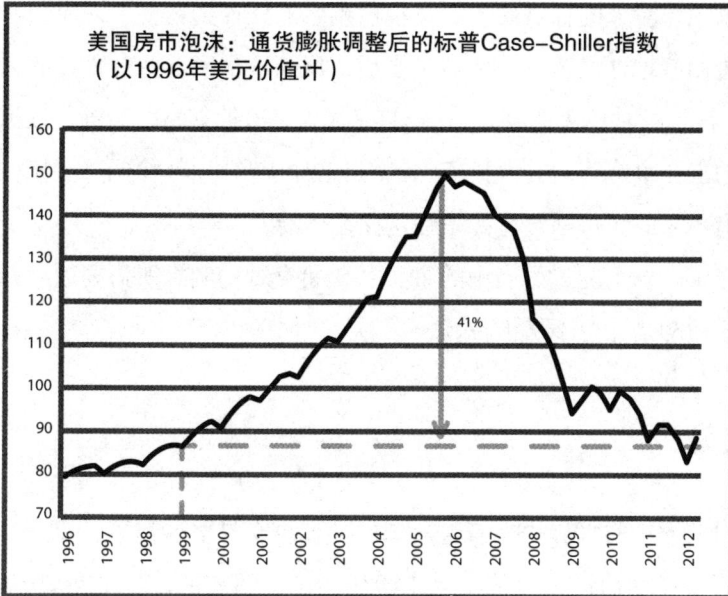

美国房市泡沫：通货膨胀调整后的标普Case-Shiller指数
（以1996年美元价值计）

在这个例子中，由于把负债错当成资产，你的财富因为缺乏财商教育而被人剽窃。

当有钱人利用负债变得越来越有钱的时候，还清负债这种做法有道理吗？

存钱储蓄者

举债者
具备高财商

上图中，左方的存钱储蓄者把税后剩余的钱存到银行中，而银行凭借部分储备金制度把这些存款放大数倍之后，反而减少了这些储蓄存款人的实际购买力；银行同时还会把放大 10 倍的存款出借给拥有高财商的贷款人，而这些举债的人会拿这些钱去做投资。钱就是这样子利用部分储备金制度"被印"或被创造出来的。每家银行都是在这样运作的。

别忘了在以上的过程当中的事实：储蓄存款的利息所得要缴纳最高的税赋，而举债却是完全不用纳税。

套息交易

在投资大户的世界中，有着所谓的"套息交易"这回事。资金非常雄厚的投资者都是利用这种负债交易来赚钱的。举例来说，日本在 2014 年把利息降低至接近零的水平。此时超级大户们（例如避险基金等）迅速地借贷出数十亿的日元，再把日元兑换成美元，然后用这些美元去购买利率较高的美国国债。

这是我们以过度简化的例子来说明：世界某个地区的避险基金以 0% 利率借贷相当于 10 亿美元的日币，再把这些日币换成 10 亿美元，然后购买收益率 2% 的美国国债。结果是该避险基金借着举债相当于 10 亿美元的日币，替基金稳稳地赚进了 2000 万美元。

以上就是所谓的"套息交易"。

借贷日币来买进美国国债会造成：

- 美元的走强：因为大家都在买进美元来投资国债；
- 国债的价格上涨；
- 利息继续下跌；
- 美国出口的物品价格越来越贵，促使民众购买越来越便宜的日本产品；

- 美国失业率上升；

- 黄金和白银的价格下跌。

还有各地贫穷和中产阶级的生活越来越艰难。

很明显，如果日本开始升息，那么世界会再次发生类似 2007 年的混乱局面。

简单化

若用更简化的例子来说明，套息交易就好比你以 0% 利率向银行举债 100 万元，然后抱着这笔钱到另外一家提供 5% 利率的银行，去把这笔钱存起来。由于贷款是无须纳税的，因此你可以利用这笔免税的贷款（100 万元）来帮自己赚进 5 万元。

如果原来提供 0% 利率的银行突然升息，在 100 万元的贷款利率变成 10% 的情况下，你将立即面临重大的财务问题。你就得开始支付 10 万元的贷款利息，完全吃掉你 5% 存款所得的 5 万元，因而造成 5 万元的财务损失。金融危机或者是崩盘都是这样产生的。

放款的大银行才不在乎赔掉这几十亿元的贷款，因为它们清楚地知道政府一定会介入，并且会对它们进行所谓的"纾困"。政府给它们纾困的借口是"这些银行规模太大，绝对不能让它们倒下"。

如果换作是你和我赔掉这笔钱，大概也只能宣布破产了。

有钱人有办法来给自己所拥有的银行进行"纾困"。以目前的状况来看，当银行投资赚到钱的时候是它们的。一旦银行投资失利赔钱时，却是你我这样的百姓来扛起它们投资上的损失。

正因为如此，富勒博士会说："他们在大玩金钱方面的游戏。"以上不过是劫夺巨人们剽窃我们财富的手段之一罢了。

你的财富会借着储蓄存款而被人剽窃。

当政府一直在印钞票的时候，存钱储蓄这种做法有道理吗？

圣路易斯经调整后货币基础①

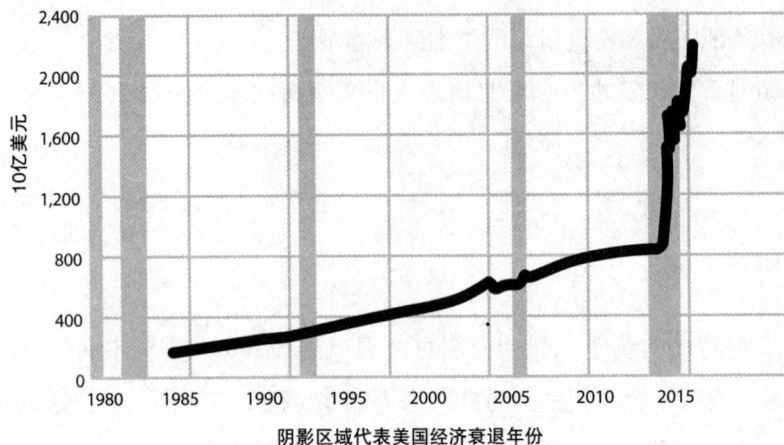

阴影区域代表美国经济衰退年份

当银行印钞票的时候，通货膨胀就会一直上扬。

消费者物价指数：1967＝100

---

① 圣路易斯经调整后货币基础是美国各地联储和美国国债之外货币的总流通额加上美联储的存款。——编者注

别忘了：以上通货膨胀数据中，政府并没有包括食物和燃料能源这两项民生物资。

美国于1929年"股市大崩盘"之后，由于没有大量发行通货，因此迈入了所谓的"经济大萧条"时期。

德国于1918年大量发行通货，反而使得德国迈入了"恶性超级通货膨胀"的年代。

下图清晰地告诉我们当时的德国发生了什么样的事情。

德国魏玛共和国的恶性通货膨胀
金马克与纸马克的价值比

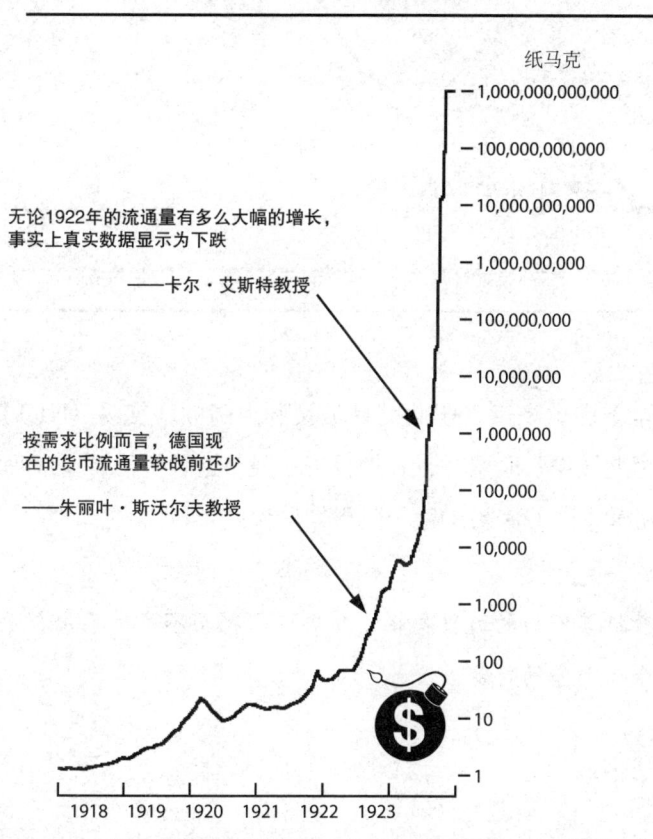

纸马克

- 1,000,000,000,000
- 100,000,000,000
- 10,000,000,000

无论1922年的流通量有多么大幅的增长，
事实上真实数据显示为下跌

——卡尔·艾斯特教授

- 1,000,000,000
- 100,000,000
- 10,000,000
- 1,000,000

按需求比例而言，德国现
在的货币流通量较战前还少

——朱丽叶·斯沃尔夫教授

- 100,000
- 10,000
- 1,000
- 100
- 10
- 1

1918　1919　1920　1921　1922　1923

如今，美国好像已经走上了1918—1923年德国的恶性超超级通货膨胀之路。

下图可以证明美联储、华尔街及里根总统的崩盘救援小组等是如何不断地支撑着道琼斯工业指数，从而避免它发生崩盘的。

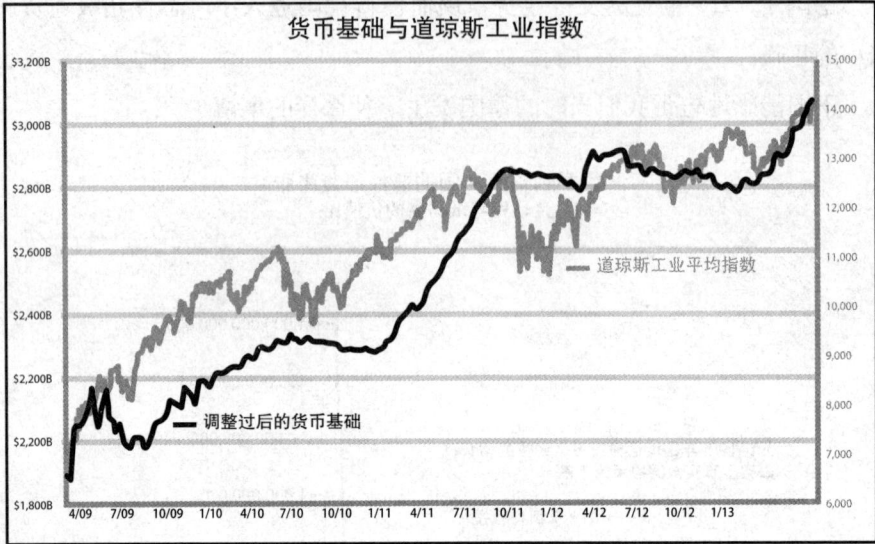

货币基础与道琼斯工业指数

当股市位于历史高点，职业交易员又利用高频率交易（HFT），每秒买卖上千次"短期炒作"股票时，长期投资于股市这种做法有道理吗？

就像经济学家约翰·梅纳德·凯恩斯所说的：

借着持续不断的通货膨胀，政府可以秘而不宣、不为人觉察地没收民众大部分的财富。

富勒博士也说：

我们通过辛苦工作赚来的财富而被人剽窃。

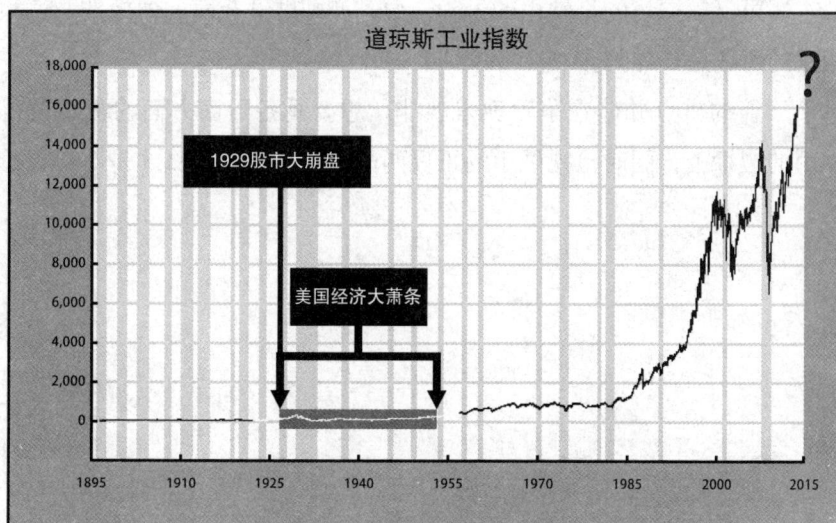

道琼斯工业指数

于 2002 年发行的《富爸爸财富大趋势》一书中，富爸爸预言在 2016 年左右会发生股市的大崩盘。该书同时也预测在 2016 年大崩盘之前会发生预警性的股灾，便是 2007 年所爆发的金融大海啸。

当你检视上图时，看样子《富爸爸财富大趋势》中的预言的确会成真，虽然我们并不希望它会真的发生。我们都知道"怎么上去的就会怎么下来"。因此当股市处于历史高点的时候，我们为什么要选择长期投资于股市之中呢？

如果富爸爸和富勒博士所言属实，那么投资股市的人们将会受到巨大的冲击。克里斯·马特森在《崩盘之路》一书中把它称之为"第三级的财富"。

你的财富就因为长期投资于股票、债券、共同基金及储蓄定存等而逐渐被窃走了。在当前的经济局势下，我个人对于任何有价证券都抱持着高度怀疑的态度。

财商教育到底是什么

财商教育恰好跟学校的传统教育完全相反。

本书第三篇探讨的是硬币的另外一面，亦即财商教育的两面性，就和阴阳相生的道理是一样的。

第三篇的重点并非在争论孰是孰非。想要具备财商方面的智慧就得站在硬币的边缘上，同时检视硬币的正反两面，然后决定什么才是对自己最有利的。

第九章

"上学念书"的另外一面

"认错需要勇气，不认错方为罪恶。"

——巴克敏斯特·富勒博士

我于 1973 年从越南返回夏威夷，并驻扎在位于卡内奥赫的海军陆战队航空基地中。当时我跟海军陆战队签订的合约还有一年半的时间。

后来我分别拜访了两个爸爸，向他们请教我接下来应该做什么。虽然我热爱飞行，我也非常喜欢海军陆战队，但是战争已经结束了，应该是我继续前进的时候了。

我的穷爸爸建议我重返学校念 MBA，甚至攻读博士学位。

我的富爸爸建议我报名参加一些不动产投资课程。

这就是在教育方面完全对立的两种看法。下页图中的财务报表就在告诉我们这两者之间的差别在哪里。

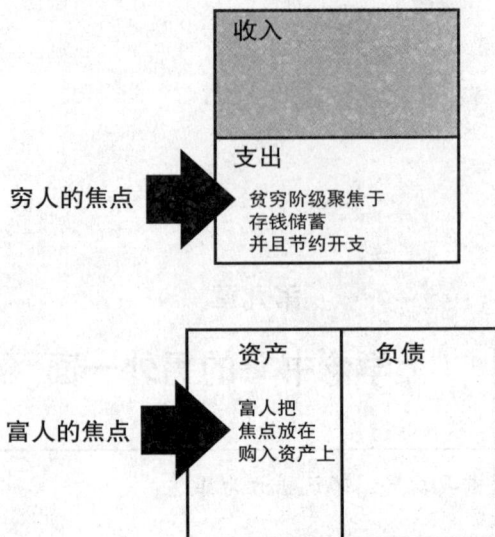

```
                        收入

                        支出
穷人的焦点   ⬛➤        贫穷阶级聚焦于
                        存钱储蓄
                        并且节约开支


                        资产      负债

富人的焦点   ⬛➤        富人把
                        焦点放在
                        购入资产上
```

我的穷爸爸建议我回学校念书，希望我能在一家大企业中争取到一份工作稳定、薪资又高的工作。他是在建议我为了收入栏中的工资收入而工作。

我的富爸爸则是建议我学习如何运用负债（债务）来买进现金流免税的各项资产。

我决定同时听从两位爸爸的建议，因此报名参加了夏威夷大学的MBA课程，以及一个为期三天的不动产投资课程。当我上完投资课程并且买下一家能产生现金流的"资产"之后，我就中途放弃了MBA课程。我当时才26岁，但已经开始懂得领死薪水、现金流、负债及税费之间的差异。

问：请问下列两者的差异在哪里？

1. 成为一个拥有MBA学位、努力在企业中出人头地的员工，一辈子为了薪水、福利及一份充斥着有价证券的退休金而工作。

2. 成为一位创业家，建立事业并且投资不动产，努力工作来打造能创造出现金流的资产。

答：不同之处有很多。下面列举其中几项：

1. 年轻就已退休。金是37岁而我是47岁时就实现了财务自由。就像我稍早所说的，我和金在 1984 年勇于一试的时候，我还因为失去了尼龙钱包的事业而身负 80 万美元的债务。但是我们到了 1994 年的时候就实现了财务自由。要不是我当年去上那一次为期三天的不动产投资课程，我很怀疑我们能否达到这个成就。

10 年内，我们以创业家的身份打造出一份财商教育的事业，还清了之前绝大部分的负债，并且累积了足够的资产，并从中产生让我们获得财务自由的现金流。

我的《富爸爸杠杆致富》那本书就是在讲述那 10 年内我们的心路历程。

2. 负债及税费。不动产远远优于有价证券——亦即股票、公债、共同基金、存款储蓄等项目——就是因为负债和税费的力量。简单来说，投资于有价证券时，负债和税费会让你越来越贫穷。如果你成为专业的不动产投资者，负债和税费却会让你变得越来越有钱。

3. 财务安稳。每当我演讲时提到即将来临的股市大崩盘，我立即就会知道哪些人正在投资于股市。我也看得出来哪些人的财务未来完全仰赖股票市场的表现。

如果有人举手问我为什么我一点都不担心股市的崩盘，我会提醒他们：我绝大部分的财富都是在不动产之中。

当有人问我为什么股市崩盘时我的不动产不会受到波及，我也会告诉他们：我的不动产绝大部分位于上班区域附近，尤其是那些不会受到股市崩盘影响的行业类别。举例来说，我们拥有的大型出租公寓位于像是休斯敦或者是俄克拉荷马市等石油工业城市，或者是医院、大学、保险公司的四周。油价会有波动起落，但是租金收入仍然源源不绝。

我也提醒他们说：当汽车工业崩盘时，底特律等城市的不动产行业所发生的变化——底特律的不动产行业会随着汽车工业一起没落。如今底特律市政府一直在拆除空屋。这再次证明"房屋是一项资产"这种观念是有瑕疵的。

在这里大家要学到的是：当不动产位于人口聚集地附近时才会有价值。

如果金融服务业受到冲击，那么房价居高不下的城市（例如纽约、伦敦、上海、东京等）绝对无法幸免于难。

大部分的人都需要有居住的空间。如果他们负担不了房租的话，那么政府通常会介入并给予租金上的补贴。

不动产不容易受到股灾影响的理由有几个。而我在 1973 年不动产投资课程当中所学到的，也只是其中少数几个原因而已。

如果当年我选择念 MBA，并且在大型企业中谋求一份高薪的工作，那么现在的我很可能工作岌岌可危，害怕自己的工作被薪资较低廉、熟悉新科技的年轻人所取代，并且整天担忧自己的退休金会被一场莫名其妙的股灾所摧毁。

现在的我反而在股市或不动产市场发生崩盘（就如同 2007 年的情况）时，利用负债买进更多的不动产，增加更多的现金流，并且获得更多税费上的减免优惠。

以上就是你能看到的与传统教育背道而驰时所拥有的竞争优势。

富勒博士的教诲

富勒博士经常在他的演讲和著作里引用"完整、稳固"（integrity）这个词汇。他对于这个词汇所下的定义是"能维持其形状不变"。他说三角形是边数最少、最稳固的形状。

当他讲这些话的时候，我更了解到为什么富爸爸比穷爸爸更有钱，就算穷爸爸拥有博士学位也是枉然。

以下是我个人对富勒博士所教内容的诠释，并将之运用在财商教育这一领域之中。

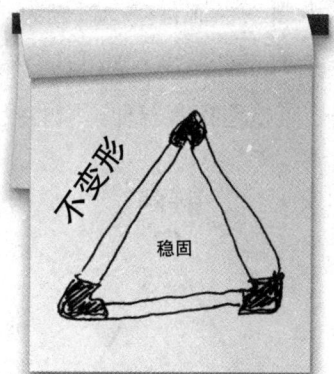

大学毕业生：许多人从高等院校毕业时无法与现实社会接轨的原因，就是因为他们在职业教育方面的缺失。

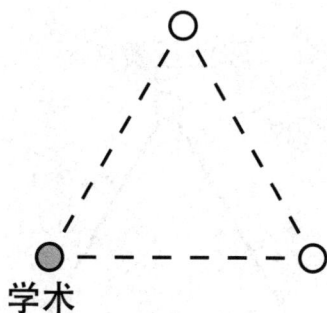

因此，许多人还要重返学校来获得职业技能方面的教育。

穷爸爸：他只具备了三角形其中的两个端点而已。

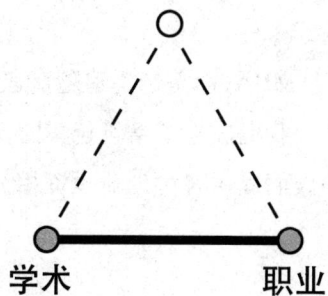

穷爸爸天生就是念书的料子，而且接受过成为一位老师的专业训练。但是由于缺乏财商教育，因此他手头上根本留不住金钱。

富爸爸： 而富爸爸则是完整地拥有三种不同的教育。

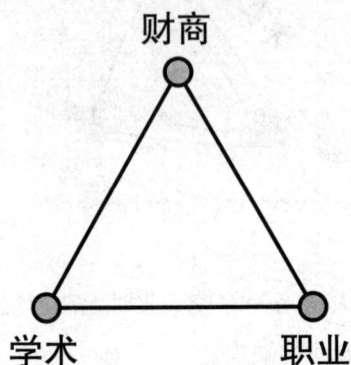

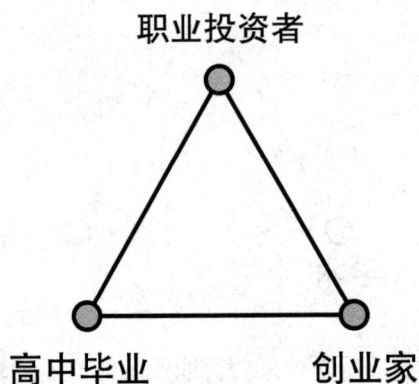

财商

学术　　　　　职业

职业投资者

高中毕业　　　　　创业家

富爸爸没有上大学，但他每年都至少参加二至四次在周末举办的各种投资课程。

1973 年，我没有继续念 MBA，而是选择追随富爸爸的教育之路。1994 年，我和金就获得了财务自由。我们成立了富爸爸集团，专门为执着于稳定的工作、渴望获得财务自由的人们提供各种创业投资相关的课程、教育产品及导师辅导等。

你在第二次致富机会中应该要学会的事物

即便是重返校园，请你务必了解薪水和现金流两者之间的区别。别忘了，教育本身也有着完全相反的两种方向。

财商教育就是：

硬币的另外一面

上学念书是为了学习如何为钱工作，而财商教育则是教导你如何累积能产生现金流的各项资产，让钱为你工作。

第十章

"千万别出错"的另外一面

1973 年那次为期三天的不动产投资课程快结束的时候，讲师对我们说："你们的教育现在才算正式开始。"老师这句话搞得全班同学一头雾水。我们全都以为那三天的课程就已经算是我们所接受的全部教育。

课程结束后那位讲师—— 一位真正拥有被动收入的不动产投资者，并非靠开课来赚钱——把班上三十几位同学分成许多小组。我们的家庭作业是要在 90 天内寻找、评估 100 项不动产，并且给每项房产撰写一份简单的报告。

我们那一组一共有四位学员。我们约定在 90 天内完成老师指派的作业。你大概已经猜到了，90 天后小组只剩下两位学员。另外两位忙着为薪水工作，因此无法完成作业。他们没有时间寻找资产。

这 90 天的作业是我财务生涯中最重要的 90 天。这 90 天彻底将我从一个穷人转变成了一位有钱人。

下面的图表被称之为"学习金字塔"，是由埃德加·戴尔这位教育学家所研发的。请务必花点时间好好研读一番。

学习金字塔		
两周后我们还能记住多少		参与程度
说过和做过的还能记住 90%	实战	
	模拟	主动
	做一次令人印象深刻的报告	← 最有效的学习方式
说过的还能记住 70%	发表一次演讲	
	参与讨论	
听过和看过的还能记住 50%	现场观摩	
	观看演示	
	看展览、观看演示	被动
	看视频	
看过的还能记住 30%	看图片	
听过的还能记住 20%	听演讲	
读过的还能记住 10%	阅读	

在那 90 天里，讲师引导我们把注意力放在学习金字塔图表中的第二个种学习方式：模拟。

我们在那 90 天里并没有买下任何房产。一开始的时候，我们四个人会约在下午见面，筛选许多打算出售的不动产对象，寻找符合我们在课程当中所学到的选择条件的房屋。接着我们会打电话给不动产中介安排看房时间，一般来说一天要看 3~5 套。一天结束后，我们就会在活页夹中的纸上针对每套房产写一页的可行性报告，描述当天每个对象的优劣势：优点、缺点、赚钱的机会等。

此过程一开始非常痛苦、单调乏味，并且缓慢。我们感觉到好像回到婴儿时期蹒跚学步的样子。一个月之后，有两位学员自动放弃。他们因为找不到值得投资的目标而灰心厌倦。

其中一直在打击我们信心的是那些房产中介不断重复地对我们说："你们在夏威夷是找不到这种房产的。"他们解释道："夏威夷的房地产行情居高不下。你们在这里不可能找到能产生正现金流的不动产。"

富爸爸经常会说："他们之所以被称之为股票'经纪人'（broker）或者是不动产'经纪人'，是因为一般来说他们都比你我这些人更穷。"他的意思是说大部分的员工和自由职业者都是在为钱而工作的。以不动产中介为例，他们是为了佣金而工作的。身为现金流象限右侧的创业家和专业投资者，我们这些不动产投资者是在寻找能产生现金流的资产。

由于了解不同象限人们有着不同的思维，亦即E、S跟B、I之间有着极大的差异，因此我才能继续坚持下去。两个月之后，我们在房地产投资方面有了质的飞跃。虽然我们尚未找到符合购买条件的不动产对象，但是我们已经可以开始看出不同投资对象之间的不同之处，尤其是其中一些微小的差异，在此之前我们对这些是完全视而不见的。我们开始能看到不动产"无形"的那一面。

90天的培训结束后，我们对伙伴表达致谢之意就各自分道扬镳了。

我们从收集的100处房屋当中只找到了5处有潜力的房产。当时其他伙伴想要进一步了解某几处房产的状况，而我看上的刚好是另外几处。就如同老师当初上课时所说的："看完一百处不动产之后，你运气好的时候或许可以发掘到一处'炙手可热'的好目标。"他还说："这三天课程及90天作业的目的，就是要让你以越来越快的速度过滤掉99处不良投资对象，以找到那一个最棒的投资目标。"

我第一个投资的不动产项目位于毛伊岛拉海附近的村落中（也是夏威夷房价最贵的地区之一），是一幢一室一卫的套房，马路对面就是美丽的白色沙滩。这个不动产对象并非豪宅类型，而是专门给那些在豪宅里帮佣的人们所兴建的住宅区。

套房开价18000美元，价格非常低廉。所有的不动产中介都说这类的对象根本不存在。当地类似的住宅售价都是由26000美元起跳。卖主是小区的开发商，而且他不想让中介赚佣金。所以，靠着佣金赚钱的中介当然也不会把这个房产介绍给我。我完全是碰运气才知道有这样一处投资项目的存在。

业主手上有12处套房，并且急着脱手。他说只要我拿出10%的首付款，他会负责提供其余的贷款。我完全不需要去找银行申请房贷——这对我来说是个好消息，因为我的信用不佳而且收入微薄。我利用信用卡支付了10%的首付款，亦即1800美元。在扣除所有其他开支之后，我每个月在自己的口袋里增加了25美元的正现金流。

我知道你们当中有人正在想："这类的对象现在早都绝迹了，而且现在的房价远比当年高出许多了。"

当年的课程讲师，也就是1973年的时候，就早已经跟我们讲"多年以后，肯定会有其他人这么说"。他说："一般人忙着为了薪水而工作，因此无暇致富。他们宁可在嘴上说说这种对象不可能存在，也不愿意花时间在90天内仔细挑选100处不动产，并想办法找到1处能让他们致富的投资项目。"

他还说："几乎每天都可以遇到一个一辈子难得遇到的好机会。"

从我个人的经验中可以证明这句话毫无虚假。我和金这辈子找到的那些绝佳投资，一直都在我们的面前。如果我们不知道如何发现这种机会，那么我们一辈子打着灯笼也找不着。金最佳的投资就在我们凤凰城自用住宅的正对面。正是这个投资项目让金变成了一位非常有钱的女人。如果她当年没有筛选过上千个不良房产的话，她是无法"看到"这个绝佳的投资对象的。

在本书的第七章中，我曾经提及一位苏格兰朋友格雷姆买下一处有150年历史的教堂，政府甚至向他提供购买与修缮这处教堂的经费。4年来，当地居民每天上班时都会路过教堂门口高挂的"出售"牌示，但没有一个人会停下来看看能不能给自己找到这样一项资产。他们都太忙了，忙着为薪水而工作。

1973年，我那第一个投资对象彻底颠覆了我的思维，因为我完全不用动用自己的钱，就获得了一项每月可以创造25美元现金流的不动产。那是我首次利用负债来致富的经验。我后来又买下额外两处同样类型的不动产。我开始移转到硬币的另外一面。

我越过了穷人和中产阶级的鸿沟，进入了有钱人的世界。正如当年讲师告诉我们的："我一辈子再也不用说出'我买不起'这种话了。"如今，我和金拥有数千套能产生现金流的出租公寓、精致酒店，五座高尔夫球场及一些油井。我们每年都在资产负债表中增加我们的资产，并且税费越缴越少。如果股票市场、不动产市场及原油市场再次发生崩盘的话（因为任何市场都必定会有大跌的时候），我们会利用负债和税费的威力，以更低廉的价格买进能增加现金流的资产。

问：你不替那些"看不到"机会的人们感到难过吗？

答：可能会，可能不会。机会面前，人人平等。只要有意愿，任何人都可以做那些有钱人在做的事情。有钱人享受的税收优惠一样可以套用在我们每个人的身上，但前提是这些人需要受过财商教育，并且拥有现实生活中的投资经验。

真正的问题在于：如何选择自己所接受的教育，因为一般的教育对于金钱的另外一面是视而不见的。我之所以写作、发明游戏并且授课，是因为想要让大众拥有像富爸爸当年给我的机会一样。

我每到世界其他国家时，人们都会跟我说："你的方法在这里不适用。"就连在美国凤凰城这个我已经亲身做到了的城市演讲时，当地人同样跟我说这是不可能做得到的。他们这些人之所以做不到，是因为他们所受的教育是要为钱工作、谋求工作保障及追求收入上的稳定。光是这些词汇与想法就让他们盲目地忙碌，从而看不到硬币的另外一面。

犯错的威力

之所以绝大部分人看不到硬币的另外一面，或者无法接受其他的观点，是因为我们的教育制度会惩罚犯错的学生。问题是：人们在害怕犯错的状况下，怎么可能真正学会东西呢？

当你看婴儿学走路的时候，你会看到他们尝试着站立，跌倒后开始大哭。没过多久，他们会一而再再而三地尝试：站立—跌倒—哭泣。他们会一直重复这个过程直到能稳稳站着、能走路、能跑步为止。他们接下来的挑战就是学骑自行车,再次启动一样的学习过程。孩子会一次次从自行车上摔下来,直到掌握平衡为止。犯过的错越多,他们的世界就会随之愈加宽广。

再过几年,孩子要开始上学了。

在学校里,孩子逐渐认为:那些能把正确答案答出来的同学是聪明的,而那些会犯错的孩子被大家当成笨蛋。十几年后,他们毕业开始找工作上班,并且知道一旦犯错就可能被开除。换句话说,自从孩子开始上学念书后,他们的学习过程就遇到了障碍。孩子们从5岁开始就学会惧怕,并且极力避免犯错。

每当我提起如何创业或成立公司或者投资不动产时,绝大部分上班族问的第一句话是:"万一我犯错了怎么办?万一我赔钱了怎么办?万一失败了怎么办?"这就是绝大部分人没有钱的原因。他们害怕犯错。他们从小被教导只有愚蠢的人才会犯错。他们被训练成不能犯错的模式,因此不知道如何从错误中学习。

为了成功而犯错

如果你环顾真实的世界,教育体制之外的世界,你就会发现最大的失败者都是最大的赢家。举例来说,托马斯·爱迪生在发明电灯泡之前就失败了上千次,后来才得以成立美国通用电气公司。

马尔科姆·格拉德威尔在他写的《异类》一书中这样写道:只有极少数乐团失败的次数会超过甲壳虫乐队所失败的次数。甲壳虫乐队的成员在青少年时期为了取悦美女如云的观众,他们每天在台上表演十二个小时以上。

老虎伍兹从3岁的时候就开始练习高尔夫球。每天放学后他都会到球场练习,直到天黑看不到小白球为止。

如果你再次审视下面的"学习金字塔",你就会知道为什么失败是成功之母。

学习金字塔		
两周后我们还能记住多少		参与程度
说过和做过的还能记住 90%	实战	主动
	模拟	
	做一次令人印象深刻的报告	
说过的还能记住 70%	发表一次演讲	
	参与讨论	
听过和看过的还能记住 50%	现场观摩	被动
	观看演示	
	看展览、观看演示	
	看视频	
看过的还能记住 30%	看图片	
听过的还能记住 20%	听演讲	
读过的还能记住 10%	阅读	

（图中标注：最有效的学习方式）

"模拟"是仅次于"实战"的有效学习方式。正是"模拟"这种学习方式成为成功者和失败者之间的分水岭。

完全相反的：犯错

MBA 课程和那三天不动产投资课程最大的差别在于：是否应用"模拟"这种学习方式。

我在上夜校念 MBA 的期间，课程中一直弥漫着"千万不能犯错"的气氛。理由是上学用功念书就是要避免将来上班的时候犯下错误。

这种气氛和那三天不动产投资课程的老师的做法有着很大的反差。当时那位老师再三强调并且恳求、鼓励我们务必要立即开始犯错。这也就是为什么他会说我们的教育从课程结束之后才算真正开始。

当我们在 90 天内犯过 100 次错误之后，那时（而且一定要等到这个时候）他才建议我们进入"学习金字塔"之中的"实战"（玩真的）。意思就是说：可以出手开始买下投资项目了。

"实战"（玩真的）过后，亦即利用 100% 的债务来创造出 25 美元的月现金流之后，我就从 MBA 课程辍学了。我再也不想为了拥有有保障的工作及稳定的收入而工作了，我也不想让自己的人生一直在阴影下——害怕因为犯了错而失去工作的恐惧之中。

玩现金流游戏

很多人以为我在推荐大家至少玩上百次现金流游戏，并且教会 100 人如何玩的时候，只是为了推销自己所发行的游戏并一味地想要赚钱罢了。

虽然对富爸爸集团而言业绩是很重要的事，但是我推荐大家至少玩上百遍的现金流游戏，并且教会 100 人，是因为当年富爸爸就是用这种方法教导我和他儿子的。从 9 岁开始不断地玩《大富翁》这款游戏，他将大量的智慧传授给我和他的儿子，而且我在玩游戏的时候也犯下了许多的错误。

就像我的富爸爸和不动产讲师一样，我也鼓励大家在投入真正的钱实际操作（玩真的）之前，先尽可能多犯些错。

问：犯错、并且从错误当中学习是成功的关键？
答：是的。在现实生活当中我们把它称之为"练习"。举例来说，职业橄榄球选手每周要练习五天，然后在周末的某天上场比赛。
　　正因为如此，医生和律师把自己的工作称之为"职业"，而不是事业。在音乐或剧院内，练习被称之为"彩排"或"预演"。

问：因此专业人士在实际操作（玩真的）之前，会先借着练习或彩排来犯错，并且从错误中学习？
答：是的。我在 2014 年飞去苏格兰观看莱德杯这一世界顶尖的高尔夫球选手比赛，选手会在比赛前花费好几天的时间不断地在球场上练习比赛，或在练习场上练球，而且每次必定会先空挥几次，然后才会正式击球。这就是他们在高尔夫球界都是常胜将军的原因。胜者失败的次数远比业余选手来得多。

富勒博士对犯错的看法

富勒博士对犯错的看法是：

人类生来就有一只左脚及一只右脚，我们先用左脚犯一次错，接着是右脚犯错，再左脚犯错，然后一直重复下去。

我把富勒博士所说的话绘制成如下草图。

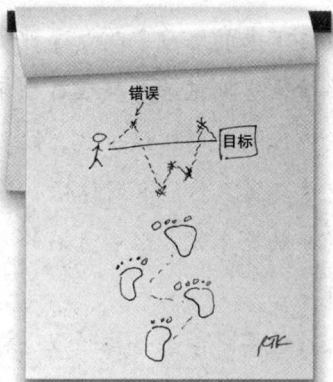

在一篇名为《犯错的谬思》一文中，富勒博士写道：

人类唯有在务实地向自己和他人承认犯错之后，才能更进一步地接近统领宇宙合一的真理。

换句话说，当一个人越勇于承认错误的时候，他就会越接近上帝。

富勒博士也说：

> 认错需要勇气，不认错方为罪恶。

我们忽视自身的错误是一种恶行。当我们承认自身的错误时才会更接近上帝。

而当我们承认犯错时，如富勒博士所说："唯有这样人类才能从自己所犯下的错误决定中解放自己。"

换句话说，上帝设计人类的时候就是要他们借助犯错来学习。

在《犯错的谬思》一文中，富勒博士还这样写道：

> 当今老师、教授与助手都会检视学生的考卷并努力寻找错误。他们通常会计算学生的差错率。
>
> 我建议教育界在接下来的练习中改变这种做法，并且采用新的评判方式，也就是要学生定期记录并整理自己在这期间所犯下的错误，但不限于与课堂内容相关的错误，这么做不但让学生在此期间能有所自律，并在记录犯错之后能有所体悟；这些报告应该真正囊括他们真正所学到的事物，不光是课程方面的内容而已，也要包括他们自己的直觉与自觉。
>
> 我建议，校方人员也要跟学生一样予以追踪记录，以此作为他们在协助学生学会任何重要的课题时的绩效。这么做就是服膺大自然不断尝试与犯错的原则。当学生发掘越多的错误时，那么他得到的分数将会更高。

你在第二次致富机会中应该要学会的事物

在学校里，犯错最少的人会获胜。在现实生活当中，愿意多次犯错的人才会获胜。

财商教育就是：

硬币的另外一面

寻找某处可以让你不断练习、练习再练习，也就是可以一而再再而三犯错的场所。

别忘了，最成功的人通常都是犯错最多的人。

第十一章
"争取好成绩"的另外一面

"我想说，你们现在所面对的未来，教育将会成为全球最大的行业之一。"

——巴克敏斯特·富勒博士

"教育"是一个非常宏伟的词汇。

如今的教育比之前任何时期还来得重要许多。

对数十亿民众来说，应付当今经济危机的方式就是要"重返学校念书"。问题是：对你而言，这是最佳答案吗？请问传统教育体制能否让你的人生获得第二次致富机会？

就如富勒博士所预测的，教育将会成为未来全球最大的行业之一。但问题是：是哪一种教育？是跟你当年上学时一样的教育吗？那种学生们一起坐在教室里聆听老师授课，努力背诵答案，并且还要随时考试的教育？或者是在线学习的教育方式？或者根本演变成一种完全颠覆过去教育模式的新式教育？

我个人相信应该是后者。如果教育将会成为全球最大行业之一的话，那么这种教育绝对不是目前所采用的教育方式，亦即被政府和工会所钳制的教育方式。在不久的将来，一定会有新的教育形式产生，那时人们回顾以往听老师授课、背诵答案、不断考试这种教育方式时，必定会质疑说："多么野蛮原始啊！在这种状况下怎么能学到东西？"

下图揭露了一个让人忧心的趋势。该图显示大学肄业或拥有学士学位及以上学历的人群的失业率一直处于不断上升中。

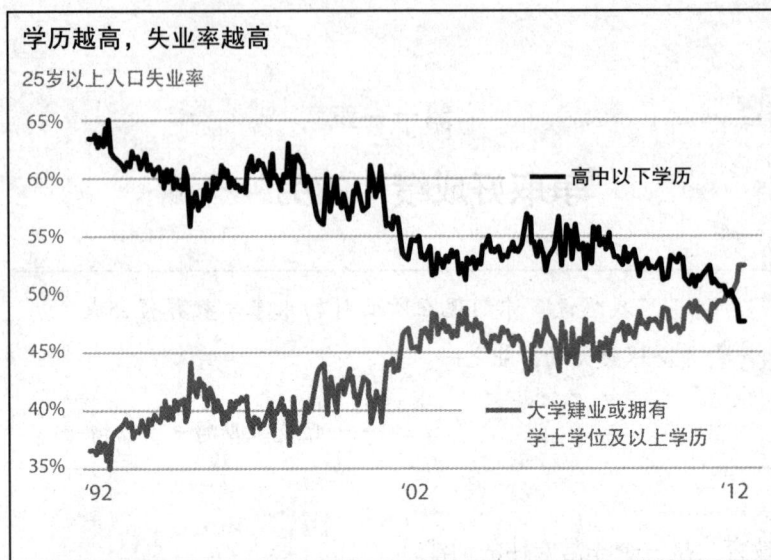

学历越高，失业率越高
25岁以上人口失业率

重返校园这种方式，真的能对他们的生活有所改善吗？

国家安全方面的威胁

参谋长联席会议前主席，已经退休的四星上将迈克·穆伦说，当今国家安全遭受到的最大威胁有两个：

1. 国债问题；
2. K-12教育①。

---

① K-12教育：是指幼儿园到高中毕业一条龙的教育体制。——译者注

我们可以从下图中看出穆伦上将所担忧的国债问题：

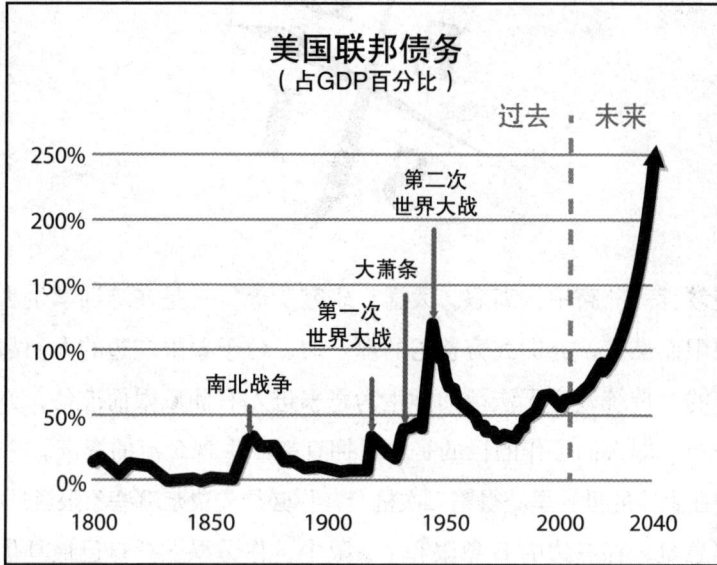

美国联邦债务
（占GDP百分比）

而穆伦上将所忧心的 K–12 教育体制，可以从下列几项统计数据略窥一般：

1. 在第二次世界大战刚结束时，美国高中毕业生占全国人口比例为全球第一。如今在 27 个工业化国家中，美国名次已经掉到了第 22 名。

2. 这些高中毕业生当中，只有 46% 会完成大学学业。美国稳稳垫底，在 18 个工业化国家中排名第 18。

3. 有 2/3 的大学教授不断向当局反映，现在高中所教的内容无法让学生能顺利衔接大学阶段的教育。

问：高等教育能否让人顺利进入现实社会？

答：这要看你如何定义现实社会，以及你想要过什么样的人生。

再次强调，现金流象限告诉我们：金钱世界中有四种不同的世界。

　　传统教育——高中、高职、大学、研究所等——是在培训学生为将来进入左侧象限而准备，亦即我穷爸爸的那一边。位于象限左边的人们都是在为钱而工作的。传统教育无法帮助学生为将来进入右侧象限而准备，亦即富爸爸的那一边，即人们工作的目的是为了拥有能产生现金流的资产。

　　想要在金钱的世界里获得第二次机会，你必须先决定哪些象限最适合自己。

　　好消息是，在右边的 B 象限和 I 象限中，你可以发挥自己最具优势的多种智能来学习所需的技能。

问：有不止一种的智能？

答：是的，智能有好几种。

　　很不幸的，我们传统教育偏重并强调其中的两项智能：语言智能及数学－逻辑智能。

　　简单来说，如果你善于听说读写并且在数学方面没有障碍的话，那么你在学校应该会有良好的表现。如果你不擅长这两种智能的话，那么你就只能自求多福了。

问：是谁发现了这些不同的智能？

答：哈佛大学教育研究所的霍华德·加德纳教授于 1983 年出版了《心智的结构》这本书。在书中他整理出 7 种智能，它们是：

　　1. 语言智能：他们擅长利用阅读和聆听来获得最佳的学习效果。他们会用文字来进行思考。他们喜欢谜语、解字谜、写诗或长篇故事等。

2. **逻辑–数学智能**：他们可以从概念上进行抽象思考，并且擅长找出规则规律及事物之间的相关性。

3. **运动智能**：这种人通常会成为运动员、舞蹈家、外科手术医生等。他们是借着身体的活动来进行学习的。

4. **空间智能**：他们善于进行物理空间方面的思考，例如建筑师、艺术家、航海员等。他们喜欢绘画和做白日梦等。

5. **音乐智能**：这些人对旋律和声音非常敏感。他们热爱音乐。如果有背景音乐的存在，会对这些人的学习效果有所帮助。

6. **人际交往智能**：具有和他人互动的能力。他们都是绝佳的沟通者，借着与人互动来进行学习。他们有许多朋友，也具有同理心，通常在现实社会中属于八面玲珑的人物。

7. **内省智能**：这种人会和自己沟通，清楚了解自己的兴趣和目标。他们通常会和其他人保持距离。他们能清楚掌握自身的情绪，具有相当的智慧、直觉、动力、意志力等，能凭一己之力进行学习。

　　加德纳教授之后又整理出许多其他类型的智能，是因为他清楚地知道这些不同智能类型使得我们现行的、"一视同仁"的教育体制很难顾及所有学生的需要。正因为如此，即便是有很多学生热爱学习，但是他们却痛恨学校。

　　举例来说，我不喜欢阅读写作和数学，但是我非常热爱冲浪和打橄榄球，一玩就是好几个钟头。我之所以后来加入军事学校也是因为我的学习方式属于肢体动觉方面的。我的成绩取决于我的设计绘画及航海能力。光是看书是无法学会飞行的。念书期间数理科目让我吃尽苦头，要不是借着肢体动觉的学习能力，我是根本无法完成大学学业的。

　　长大成人后，我热爱不动产是因为这种投资可以让我看得到、摸得着，并且能真实感受到。我个人不喜欢股票、国债、共同基金等有价证券，这些资产通常会受到那些拥有语言智能及数学–逻辑智能人们的喜爱。身为创业家需要具备人际交往智能，以便跟许多不同专业背景的人进行沟通。对创业家来说，最重要的就是拥有内省智能，让他在面对风险、财务损失、长时间没有收入的状况，以及自己和所有员工犯下的错时，拥有高压之下解决问题的能力。

问题是：你最擅长的是哪一种或哪几种智能？

就是因为拥有各种不同的智能，从而造成人与人之间的差异。而这些差异进而也影响人们在各个现金流象限里的表现。举例来说，假使你不擅长人际交往智能，那么你应该继续待在 E 象限中会比较好些。

人类的教育

我们现行教育体制最大的问题在于：它是一种工业时代的教育形式。学生被当成生产线的机器人来对待，并且由其他机器人制造出来。所有的机器人都按照另外一些机器人所设计出来的课表来进行学习。如果某个机器人跟不上生产线前进速度的话，那么就会被送回到生产线的第一站，并且被贴上各种标签（例如智障、迟缓或者多动症等疾病）。事实上，这些学生只不过是太无聊罢了。

身为人类的我们才是问题的所在。我们并非机器人。所有人都是与众不同的。拥有四个小孩子的家庭中，每个孩子也存在巨大差异。就连双胞胎都有所不同。

在你开始寻找自己的第二次致富机会之前，一定要先尊重自己独特的智能、优势和弱点。就算你没有出身于豪门，求学期间表现平平，职场上也没什么杰出的表现，并不代表你一辈子就和财富、自由、快乐无缘。正因为如此，为了自己的第二次致富机会，接受一个人类应有的教育，而非机器人式的教育。

四面体

富勒博士说"四面体是构成宇宙最微小的基础结构"。四面体和三角形是不一样的，因为四面体能界定出一个量体（体积），而三角形所围出来的则是一种面积。

由于我们是立体饱满的人，因此我采用四面体来描述人类所拥有的四种智商。

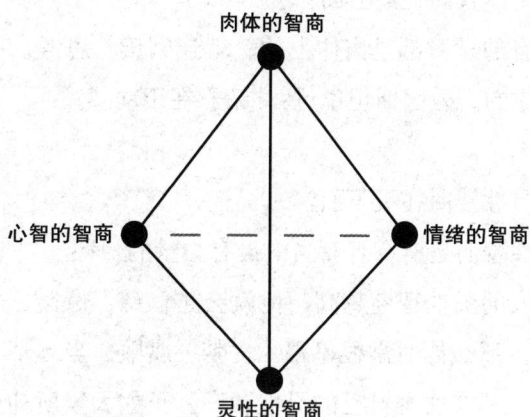

```
                    肉体的智商
                        ●
                       ╱ ╲
                      ╱   ╲
                     ╱     ╲
                    ╱       ╲
   心智的智商 ●────────────────● 情绪的智商
                    ╲       ╱
                     ╲     ╱
                      ╲   ╱
                       ╲ ╱
                        ●
                    灵性的智商
```

不同的智商

我从 1984 年就成了职业的教育培训师。教得越久，我越能体验到人类特有的这四种不同的智商。它们分别是：

1. **肉体的智商**：伟大的运动员天生拥有独特的肉体智商。肉体智商位于人体的肌肉之中。高尔夫球选手经常会强调"你得发展出自己肌肉的记忆能力"。

2. **心智的智商**：在求学期间表现优秀的学生多半天生就拥有蛮高的心智智商。心智上的智商位于人脑之中。这类人经常会说"让我想想看"。

3. **情绪的智商**：情绪上的智商也经常被称之为"成功必备"的智商。当一个人拥有比较高的情绪智商时，他就更能从容、理智地面对并处理人生当中的各项挑战。这些挑战包括恐惧、损失、愤怒，以及麻木不仁等。情绪智商位于人体的腹部之内。

4.灵性的智商：灵性智商位于人体的心脏部位。艺术家、诗人、宗教领袖等，这些人都拥有相当高的灵性智商。

问：为什么肉体智商在最上面？

答：因为所有的学习都是肉体上的，就连阅读、思考、书写都是借由肉体来完成的。爱因斯坦说过："精彩在于动感。"

问：为什么灵性智商在最下面？

答：因为灵性智商是所有智商当中最有力量的一种。

　　当一个人的灵性智商越高，他就会越仁慈、慷慨。一个人的灵性智商越低，那么他通常很卑鄙、贪婪、腐败。当一个人说谎、欺骗或剽窃时，都在残害自己的灵性智商。正如大家所知道的，有些人会为了钱而把自己的灵魂出卖给魔鬼。还有更多人也因为在违反人类精神的职场中工作而出卖了自己的灵魂。少数人为了一笔钱甚至还会杀害自己的亲友。

　　我相信这次的金融危机在本质上是一种灵性上的危机。当今有太多的贪婪、罪恶、腐败在驱动着我们。

　　正因为如此，想要获得人生第二次致富机会，强化四种以人性为本的智商至关重要。

问：我要如何强化这些智商？

答：你可以借着改变所处的环境来强化这些智商。举例来说，上健身房可以强化自己的肉体智商。当你学习诸如创业时的销售技巧或者艺术绘画等新能力时，你同时也在强化自身的肉体智商。

　　上图书馆静静地阅读书籍，一样也可以锻炼自己心智方面的智商。上一堂投资课程，特别是当自己非常害怕赔钱的时候，也可以强化自己的心智智商。

问：就连情绪智商也一样？

答：是的。对你的第二次致富机会来说，也许情绪智商将会是四种智商当中最重要的一种。

加德纳教授把情绪智商称之为内省智商。也有人把它称之为成功智商。一个人如果无法控制自己的情绪，那么他几乎不可能实现自己人生的梦想。

问：你能不能举些例子？

答：当然可以。有很多人在心智上非常聪明，但是在情绪方面却非常脆弱。举例来说，很多学校老师在心智上拥有极佳的天赋才华，但是因为情绪（特别是害怕失败这方面），他们在财务上受到了很大的局限。

情绪智商的另外一个例子，就是看是否具有延迟享乐的能力。很多人都想要一夕致富。情绪智商低的人才会一直想办法迅速致富。这种人无法延迟自身的享乐。我有一位朋友也在投资不动产。他的问题是：不满足于获得稳定的现金流，只要房价一上涨，他就会把手上的房产卖掉（结果获得的是资本利得，他还要为这些所得缴税）。为了资本利得而卖掉资产的行为，无疑是杀鸡取卵。

问：我要如何强化自己的情绪智商？

答：聘请教练来指导。所有职业运动员、大多数成功人士都会请教练进行专业指导。我遇到了许多伟大的教练，他们的确对我的人生产生了极大的帮助。教练的职责就是要把你最佳的一面发掘出来。

如果你没办法请教练，那么找一位愿意指导你的友人，请他督促你做自己心中清楚应该要做到的事情。

我也有情绪方面的教练，有些人把这种教练称之为"心理咨询师"，你可以向他们说出自己内心最深、最黑暗的怀疑与恐惧。

许多人会压抑甚至累积自己的各种不良情绪。举例来说,我有一位朋友最近失去了儿子。她没有寻求专业的帮助,而是咬牙扛下来。她把所有坏情绪往"肚里吞"。压抑情绪最大的问题,就是得消耗大量的能量才能把它们压下去。如果能释放情绪,那么这个人将会拥有更多的能量来从事其他有益的事情。压抑情绪也会导致各种疾病。没过多久,我这位朋友被诊断出来身患癌症。我不确定情绪和疾病之间是否存在一定的关系,但是我相信是有的。

富爸爸顾问乔希·兰农和莉萨·兰农都是社会企业家。他们为那些具有毒瘾或酒瘾的人们兴建各种诊所。他们最近开始协助退役军人,帮他们治疗那些因为战争所导致的各种情绪和精神方面的创伤。他们指出,绝大部分的成瘾和心理疾病都源自情绪。

信念到底是什么

对信念而言,情绪智商和灵性智商至关重要。而信念又是你第二次致富机会不可或缺的要素。富勒博士说:

信念远比信仰好很多。因为信仰是相信别人思考的结果。

当我和金于 1984 年勇于一试,开始踏上这趟旅程时,我们拥有的只有对自己的信念,以及相信只要我们做出正确的事,那么一切结果都会很美好。我们所抱持的信念之一,就是我们一路上一定会越学越聪明。我们相信我们的智慧会不断地增加,即便我俩在求学期间并没有什么特殊的表现。我们虽然只拥有学士学位,但是我们在这趟旅程中所学到的事物和求学期间所学的一点关系也没有。

是信念和情绪智商让我们拥有持续前进的动力,而非学术上的智商。我们延迟了自身的享乐,愿意过着许久没有薪资收入的日子。就算手头现金非常紧,我们仍然坚持利用负债和有创意的方式来筹措资金进行投资。就算需求再急,我们也从未为了快速获得现金而"翻修转卖"已经上涨的不动产。

因为我们坚信，与其为了现金而转卖手上的不动产（别忘了，如果这么做还得支付更高的税费），不如更认真地创业以创造更大的现金流。由于延迟享乐及资金短缺，我们成为更优秀的创业家和投资者，换句话说，这些逆境让我们变得更加聪明。

富勒的教诲

我最喜爱的富勒博士的名言之一就是：

> 上帝是一个动词，而非名词。

正因为如此，我会把肉体智商放在四面体的顶端，而把情绪智商摆在基础平面。若想要发掘自身的天赋才华——尤其是当年在校成绩表现不佳的朋友们——你们一定得做到这一点，亦即犯错并且从中学习。唯有这样你才会建立信念，找到自己真正与生俱来、独特的才华与天赐的智慧。

富勒博士对于你的第二次致富机会所给予的建议如下：

> 要去做的事如下：亦即那些应该要做到的事情，你认为自己需要完成的事情，而他人似乎都看不到做这件事情的必要性。唯有如此，你才会开始思考如何做到这件应该要被完成的事情——完全没有其他人来告诉你要去做这件事情，以及应该如何去完成。这么一来，你就能彰显那个被深深埋没在累积多年的特定行为下或者被他人勉强加诸在意愿之上的虚假人格之中的真正的自己。

当你开始采取行动时，你独特的智慧、与生俱来的天赋就会展现出来，因为你开始从事自己相信应该要完成的事情，完全无须由他人来告诉你应该做些什么或者如何去做。

我和金在 1984 年就是这么做的。我们根本没有经过教师资格的认证。

我们只是看到应该要去做的事情，亦即向任何有意愿学习的人们提供正确的财商教育这件事情。

你在第二次致富机会中应该要学会的事物

利用 1 至 10 分的方式（10 分最高），评量自身四面体中的各种智商。

1. 请问你自己肉体的智商有多高？
2. 请问你自己心智的智商有多高？
3. 请问你自己情绪的智商有多高？
4. 请问你自己灵性的智商有多高？

如果自己的分数高于 30 分，那么你的第二次致富机会在财务方面的表现会很有希望。如果自己的分数低于 30 分的话，那么找个朋友讨论自己的优缺点为何。

若想拥有第二次致富机会，那么你必须开发并且强化自己的四种智商。

财商教育就是：

硬币的另外一面

最好的做法就是跟别人讨论自己的四种智商。承认自己的弱点是找回自身力量、变得更加强大的第一步。

别忘了：凡事都是有利有弊的。

第十二章

"找份好工作"的另外一面

"过度精细分工化将会导致灭绝。"

——巴克敏斯特·富勒博士

当年我在求学的时候，所有人都想要进入一流的大企业工作。班上的同学个个都想要成为某某公司的副总经理，或者是某某公司的业务经理等。他们都想成为在大企业里领取高薪的员工。

如今，所有人都想成为创业家。

由于失业率高居不下，再加上新科技不断取代人力、全球化的竞争，以及工作不再有保障，人人开始梦想成为老板，大家都想要成立自己的公司，享受财务自由的生活。

当今世界充斥着创业精神。许多大专学院都竞相成立所谓的"孵化器"，各自抱着希望孕育出下一个谷歌或者是脸书。

如今有数百万的人们想要成为创业家，其实这是一件好事情。创业家拥有挽救这个世界经济的能力。很不幸的是，从以往的数据来看，5 年之内将会有九成以上的企业被淘汰出局。

为什么会有这么多家公司以失败收场？原因在于传统教育把学生训练成

所谓的专才，而创业家则属于通才。

九成的企业之所以遭遇失败，是因为创业家本身多半是专才或专家所致。他们不具有创业时所具备的各种通才技能。

问：请问专才和通才之间的区别是什么？
答：专才在某一方面非常专业，通才则是在很多方面都懂得一点。

问：专才创业时为什么会失败？
答：因为他们缺乏成为创业家所需的技能——一些在学校里没有教过的本事。

问：什么技能在学校里没有教？请你举个实际例子。
答：创业家需要具备销售能力。如果创业家无法销售产品或服务，那么他们就只有饿肚子的份。
　　为什么有这么多上班族不敢辞职？是因为凭他们的销售能力无法获得比薪水还高的收入。

问：你这是什么意思？什么叫"凭他们的销售能力无法获得比薪水还高的收入"？
答：假设说某人的月薪是1万美元，如果他成为创业家，那么他每个月最起码也得要创造出5万美元的业绩才行。

问：为什么创业需要赚到5万美元？
答：这是多年来的经验，大约是5：1的比例。若以你上班时所能赚到薪水为准，选择创业时你至少要能赚到5倍的工资收入，你才能同时养活自己及整家公司。
　　当你选择成为创业家时，你就得担起做员工时所不需要考虑的支出与费用。你要扛起生产成本、设备成本、营运成本、营业税、专业服务费用等。从你开始聘请第一位员工开始，你的成本、风险及头痛次数都会随之增加。

研究显示：绝大部分创业家的收入，在考虑他们真正的工作时数之后，这些创业家实际赚到的钱，比起他的员工还要少许多。举例来说，很多创业家在打烊之后还有很多工作要完成。例如阅读、研究众多为了符合政府相关规定的众多文件（记账、税费、薪资明细、营销与销售等）。员工下班后就能享受自己的人生，但是创业家真正的工作才刚刚开始。这也就是绝大多数企业撑不过 5 年的原因之一。

问：那我应该怎么做呢？

答：先保留自己原有的工作，并且创立一个兼职事业。任何在富爸爸任职的员工都被鼓励拥有一个兼职的、正在"孵化"的事业。我们并不希望员工离职，但是我们希望每位员工将来有一天都能获得财务上的自由。目前我们公司有很多员工从这些兼职事业或投资上所获得的现金流，快要完全取代他们原本的薪资收入。我们仍然希望这些员工在获得财务自由之后选择继续留任，是基于他们热爱在这里工作，并且有机会一起学习与成长。

问：你的意思是说富爸爸公司的员工是专才，但是他们在兼职事业中学习如何成为通才？

答：是的。当人们选择重返校园念书，几乎只会成为在某个领域更加专精的专才。例如计算机编程、汽车修理、外语，或者攻读某科的硕士学位。他们对于小范围的事情知道得越多，说明他们的专业化程度越高，日后接触的领域越狭隘。

问：如何才能成为通才？我应该钻研哪些领域？

答：B-I 三角形就是这个问题的答案。它呈现了经营一家公司所需的八大领域，以及各领域之间的关系。

问：B-I 三角形是什么？它代表着什么？

答：B-I 三角形就是资产应该有的样貌。

问：B-I 三角形就是资产应有样貌的图形？

答：是的。正如你所见，B-I 三角形是由八项完备因素所构成的——个个都是获得成功不可或缺的要素。它们一起让一项事业或资产整体上达到完备、营运正常，最重要的是，它能让事业或资产产生现金流。

问：当其中一个元素出现问题或者是不存在的时候，事业就无法成功或者会遇到财务上的困难吗？

答：完全正确。每当我遇到一家事业经营不顺的创业企业时，我会把 B-I 三角形八项完备因素当成诊断表，逐项检查这家企业在八个元素方面有没有疏漏或者不完备之处。

问：学校教育是把人们训练成 B-I 三角形当中掌握某个因素的专才？

答：是的。因此想要成为创业家，你要把自己变成一个通才，要对每个因素都有所涉猎。你同时要清楚地知道何时需要什么样的专才来帮助你。

问：但是产品是整个三角形中最小的一部分。难道"产品"是所有要素当中最不重要的一个？

答：没错。光是产品本身并不具备很高的价值。有太多人终日奔走，只会跟别人说"我有个关于新产品的好创意"。十家公司当中有九家不能长久的原因之一，是因为他们把焦点放在产品上，而非公司所有要素之上。

问：当创业家新成立公司时，是不是由他一人撑起整个 B-I 三角形？

答：是的。他得扛起所有的八项完备因素。这些人通常都是来自 S 象限中的专才，很少有人能成功到达 B 象限。

问：为什么会这样？

答：因为不同象限的人具有完全不同的思维与心态。在众多中小企业的创业家中，鲜有像乔布斯这种拥有打造巨型企业心态的创业家。

问：所以说 S 象限的创业家想要成长的话，他必须懂得如何聘请比他更专精、更聪明的员工，然后把这些优秀员工放在各个完备要素的位置上？

答：是的，创业家要聘用各种专才。举例来说，创业家首先要聘用的一定是专业的记账人士，一个能精确记录所有收入和支出的人。很多创业家在不到一年的时间就会发现自己已经身陷麻烦，就是因为在财会上没有进行良好记录。若创业家想要让公司变成 B 象限的企业，那么他必须聘请一位首席执行官来负责整家公司的营运。

问：那些会自己动手做财会记录的老板怎么样？

答：只会让公司继续处在小规模的状态中。如果你坚持由自己来做财会记录，那么你的公司应该无法成长到能请得起首席执行官的规模。

问：这也就是为什么你会说创业家的销售能力一定要能让他赚到的钱远
　　比自己薪水还要高的原因？创业家一定要能请得起专才，这样公司
　　才能持续成长？

答：完全正确。当你检视现金流象限时，就能拥有更宽广的视野。

S象限的创业家是那些在为钱而工作的老板们。

举例来说，拥有一家汉堡餐厅的老板就是那种位于S象限中的创业家。

B象限里的创业家都是为了建立能创造出现金流的资产而工作的。

例如雷·克洛克建立了众所皆知的"麦当劳"这个位于B象限的汉堡巨
无霸。

问：我要怎样学习如何建立一家B象限的企业？

答：你一定要先从建立B-I三角形的框架开始，也就是从外围那一圈开
　　始着手。你一定要拥有坚定的使命、优秀的团队，并且成为一个能
　　激励团队跟随你的领袖。

问：我要如何学习这几项因素？

答：军事学校都很注重这几项因素的培养。举例来说，当年我念纽约军
　　事学院时，第一天课程的重点都在讲"使命"这一领域。在军事学
　　院里（尤其是海军陆战队），没有比"使命"更重要的事情了。

　　正因为如此，我才会写《富爸爸8条军规》（中文版即将出版）这本

书。书中说明为什么接受过军事训练的人们早已经拥有成为伟大创业家的基本能力。

问：对于那些不打算念军事学校的人们而言，他们要如何学习有关使命、团队、领导力方面的本事？

答：有很多方法可以让你在现实生活中累积使命、团队、领导力方面的经验。我个人是通过参加军事学院和海军陆战队培养出来的。为了你的第二次致富机会，你一定要找到对自己有帮助的做法，来获得现实生活中的领导经验。

问：如果身为创业家的我并没有什么特别的使命或者缺乏领导能力，无法打造或激励团队，又该怎么办？

答：那么你几乎注定成为一个只能继续待在 S 象限中的创业家。这么做也没有什么不对，只要你自己满意快乐就行。

别忘了：位于 S 象限中的创业家所要缴的税，一般来说会比员工缴纳的要多一些。享有低所得税率的创业家，都是那些位于 B 象限或 I 象限中的创业家们。

丛林之王

俗称"大猫"的有狮子和老虎这两种动物。老虎跟位于 S 象限中的创业家很相像，都属于独来独往的物种。它们独自打猎——因此当它们捕获不到猎物时就意味着没有饭吃。

而狮王则是拥有一群狮子。在商业界，这个群体就是 B 象限的企业，通常由一群专才所构成的团体。狮王本身不捕猎，而是由其他狮子去捕猎。当狮群获得猎物后，狮王就会走过来享受一顿饱餐。

虽然这不是描绘 S 象限和 B 象限企业家不同之处的最佳方式，但是我相信你已经懂得两者之间的差别在哪里了。

如果你想更进一步了解打造 B 象限企业需要哪些专才，那么我建议你阅读富爸爸顾问们所写的丛书系列，或者收听富爸爸广播电台的节目。如果你想成为一个能领导各种专才们的通才，那么这些人的智慧和经验绝对能帮助你迅速进入状态。

问：为什么人际交往能力这么重要？

答：因为人们就像漂浮的冰山一样。当我们初次遇见一个人的时候，就像是看到冰山浮在海面之上的一个小角罢了。我们看不到水面下那99% 的部分。拥有良好的人际交往能力能够让你有效、全面地处理人事问题。

问：我要如何引导自己的孩子迈入 B 象限或 I 象限？

答：唐纳德·特朗普的两位公子（小唐纳德和埃里克）是我的好友。他们曾经来富爸爸广播电台录制节目，并在节目中分享了他们的父亲是如何训练他们拥有 B 象限和 I 象限中所需领导力的故事。他们两位绝对不是被宠坏的富二代，和时下许多年轻人（无论出身是贫是富）不太一样。

他们更不是专才，而是通才——聪明活泼的年轻人，具备极佳的人际交往能力和领导力。他们从小就被调教成为 B 象限和 I 象限中的领导人物。

富勒博士的教诲

我曾经听富勒博士说过：

在目前的教育过程当中，人们的能力变得迟钝、过度开发、被填鸭式灌输、思维麻痹等，结果当人们开始逐渐成熟之际，早已经失去了自己与生俱来的学习能力。

在演讲中他一直强调:"过度精细化分工将会导致灭绝。"现在之所以会有那么多人重返校园念书,是因为科技的进步已经让他们变成过时的产物了。很不幸的是,那些人重返校园是学习如何成为专才,而非通才。

富勒博士经常会用恐龙灭绝的例子来说明为什么过度精细分工会导致灭绝。当时恐龙的进化已经无法适应气候巨大的改变而导致这一物种灭绝。

如今出版业(其中不乏我的朋友和事业合伙人)都已经变成恐龙了。亚马逊如今成为出版界的新巨人,并且完全改变了出版业界的产业架构与环境。

去年10月份我和前海军陆战队弟兄们在彭萨科拉相聚。一些战友说,有谣言传出军中所有的单位都在裁撤战斗飞行员的训练。大家的看法是:无人遥控战斗机将会取代以往的飞行员,就如同谷歌的无人驾驶汽车将会取代所有的出租车及优步的车一样。现实生活中有太多实际发生的例子在不断地警告我们:因为日新月异的科技,我们的职场技能、所接受的教育培训,以及工作形式等都已经发生了巨大的改变。

最聪明的做法

被公认为最聪明的办法就是改变。就像我前面提到的那样:我当年念书的时候,所有的同学都只想进入一流的大企业工作。

如今,所有人都想要成为创业家。每个人都自以为拥有价值数百万美元的好主意。问题在于,以往的学校教育并非用来把人们训练成创业家。

为了自身的第二次致富机会,你得先决定什么是对自己最有利的做法。你最适合处于哪一个象限之中。

对很多人来说,最聪明的办法是:找份好工作,存钱储蓄,还清所有债务,长期投资于股票市场之中,然后祈祷退休时账户里有足够的钱养老。对一些人来说,紧抓着E象限和S象限中的各种福利保障也是一种聪明的做法。

对另外一些人来说，成为一位创业家才是聪明的做法。这种做法意味着你要身负数百万美元的债务——用来买进各种能实现财务自由的资产与不动产。

问：现金流象限中左边的 E 象限和 S 象限，与右边的 B 象限和 I 象限有哪些不同？

答：最大的差别在于你要选择接受什么样的教育及聘用哪类的顾问。

问：我如何知道哪种做法对我来说才是聪明的做法？我应该怎么做？

答：你的心会告诉你应该朝哪个方向走：什么能启发你？什么能激发你的决心与志气？哪种途径最适合发挥你与生俱来的天赋才华与本事？

以往每当我考虑去美国的大企业上班工作时，我的肚子就会痛，甚至还会反胃。很多人每天上班前或在工作的时候，同样会有这种感受。

当我思索成为创业家的时候，便亢奋不已。我会变得很快乐——就算知道创业之路远比去大企业上班领薪水还艰辛许多。

我不想成为专才，更不想成为 S 象限中拥有小公司的创业家。

问：所以说 S 象限中的创业家必须是团队中最聪明的人物？是不是 B 象限中的创业家不需要是团队最聪明的人物，反而是拥有最聪明的团队即可？

答：完全正确！我从前就不是团队中最聪明的人，而且将来也不想如此。富爸爸说过："如果你是自己团队中最聪明的人，那么你的团队是有问题的。"如果富爸爸现在还活着的话，他也一定会说："专才永远只能替通才做事。"举例来说：我没有在替医生工作，但是医生会帮我看病。这也就是我会写《富爸爸为什么 A 等生为 C 等生工作》这本书的原因。

所以，什么对你而言才是聪明的做法，你的灵魂会告诉你答案。

你在第二次致富机会中应该要学会的事物

和"有保障的工作"相对的是"财务自由"。

有保障的工作需要接受专才式的教育。

财务自由需要接受通才式的教育。

你的责任是要决定哪种方式最适合自己：拥有保障还是追求自由？两者之间有着极大的差异。事实上，两者是完全对立的事物。当你越是着重于保障时，那么你的自由就会越来越少。这也就是为什么所有的监狱都有着"牢不可破"的安全性。

财商教育就是：

硬币的另外一面

员工和自由职业者都是专才。

创业家则是通才。

第十三章

"还清债务"的另外一面

> "简成这个一般原理的意思简单来说就是：以少做多。"
>
> ——巴克敏斯特·富勒博士

绝大部分的理财专家会建议："要清偿所有的债务。无债一身轻。"难道这些人不知道尼克松总统在 1971 年取消了美元的金本位制之后，现在的美元早已变成了一种债务吗？

或许"无债一身轻"对于那些缺乏财商教育的人们而言是个好主意，但是从投资理财的角度来看，这个建议并不明智。

金钱世界中有两种不同的负债类型：

1. 良好的债务；
2. 不良的债务。

简单来说，良好的债务会让你越来越有钱，而不良的债务却会让你越来越贫穷。在缺乏财商教育的状况下，当今有数百万的民众（包括美国政府本身）背负着成山成海的不良债务，这一点也不令人意外。

大肆消费的家伙

很多人认为是民主党增加了国家的负债。

但是根据下图来看，事实上并非如此。

正如本书一开始所说，我并不属于民主党或者共和党。通过学习金字塔原理我们知道，看一张图表远比聆听授课的学习更有效。

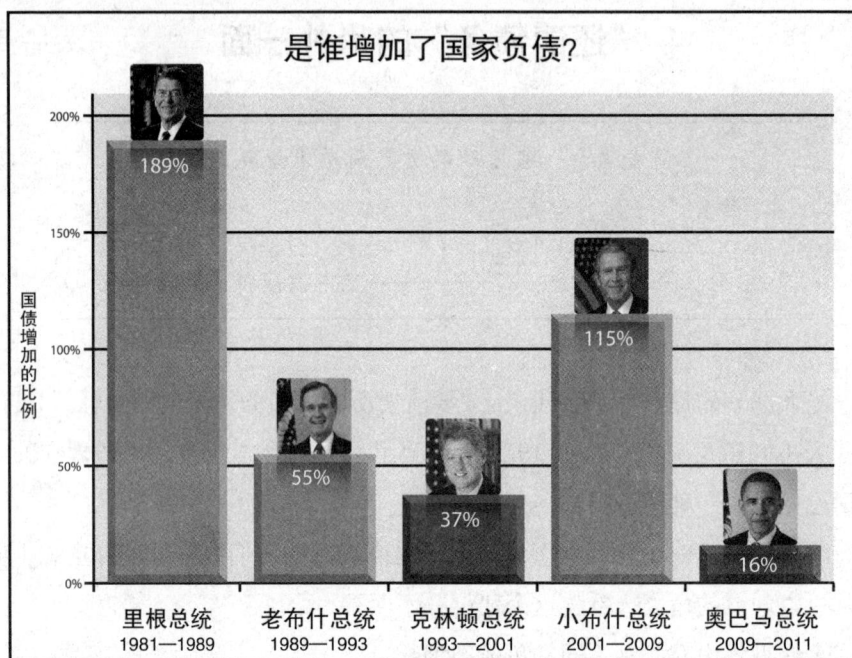

是谁增加了国家负债？

（国债增加的比例）

里根总统 1981—1989：189%
老布什总统 1989—1993：55%
克林顿总统 1993—2001：37%
小布什总统 2001—2009：115%
奥巴马总统 2009—2011：16%

国家负债最大的问题在于：它属于一种不良债务——一种纳税人与后代非得偿还不可的债务。

在共和党执政期间所积累的国债，绝大部分是被那些控制军事工业复合体、银行、医药界等巨型企业的有钱人给赚走了。

在民主党执政期间所累积的国债，绝大部分是因为各种理所应得的福利政策，以及那些从这些政策中获利的机构给赚走了。

虽然社会保障制度和联邦医疗保险制度两者加起来的赤字，远比当今国家的整体负债还大，但是通常这两者不会列入国债之中，而是被列入国家资产负债表之外的债务。这就好比你私下欠他人上百万美元的债，但是在申请房贷时并没有把这笔债务列出来。如果你我做了目前政府正在做的这种事情，那么我们早就被关进大牢了。

没有人确切知道社会保障制度和联邦医疗保险制度两者精确的赤字到底是多少，但是仔细估算后社会保障制度大约负债23万亿美元，而联邦医疗保险制度的负债大约是87万亿美元。注意：这里的单位是以兆计，12个零的兆。我还查到高达125兆的其他估算方式。美国政府公布的国债才不过区区17兆罢了。

问：你的意思是不是在说美国已经破产了？

答：我可以找到很多论据来支持这种看法，应该不难。

什么是良好的债务

简言之，良好的债务会让你越来越有钱。举例来说，当我买下一处出租公寓时会申请房贷。如果公寓每个月能把钱放到我的口袋之中，那么这笔房贷就算是良好的债务。换句话说，如果出租公寓赚不到钱而我还得自己掏腰包付房贷的话，那么这笔房贷现在就变成了一种不良的负债。再次强调，区分良好债务与不良债务的方式要根据现金流的流向而定。

问：正因为如此，你会说"自用住宅不算一项资产"？对绝大部分的房主而言，他们的自用住宅是不断地把钱从他们的口袋中掏走的。

答：是的。就算你把房贷还清了，你口袋中的钱因为税费、维修、保险、水电费等开支，仍然不断地在向外流出去。

财务杠杆

在金钱世界里有个很重要的名词叫"财务杠杆"。财务杠杆跟富勒博士口中的简成原理非常相似,亦即有以少做多的功效。

穷人越来越贫穷,而中产阶级日益萎缩的原因之一,是因为他们几乎没有办法运用任何财务杠杆。每当穷人和中产阶级思索要如何赚钱时,他们想到的办法都是如何更辛勤地、超时地工作。很不幸的是,当你越是辛勤地、超时工作时,虽然你的收入会增加,但是所得税的税级也会同时提高。

财商教育就是一种杠杆

财商教育的目的之一,就是要让你拥有发挥杠杆的能力,能遵从"简成"这项一般原理,让你有能力以少做多。

让我向你列举一些在财务上发挥杠杆作用、以少做多的实际例子。

1. 负债

身为专业而且积极主动的I象限投资者,我会尽一切可能利用债务来累积资产。我和金之所以能拥有上千项不动产对象,并不是靠着存钱储蓄来把它们买下的,而是利用负债买下的。正因为如此,那三天不动产投资课程对我来说是无价之宝,因为从那些课程当中我学会了如何利用负债这项财务杠杆。

2. 授权

如果你看到本书富爸爸集团成员合影照片的话,或许你已经留意到我们公司的规模并不大。但是凭借授权,我们却是一个非常庞大的国际企业。每当我写完一本书之后,该书立即会授权给全球超过50家的出版社。这些出版社要给富爸爸集团所谓的版权费才能发行我的著作或游戏。

3. 社交媒体

如果运用恰当,当今的社交媒体可以发挥巨大无比的杠杆作用。如今在富爸爸集团的办公室里有小型的电视台和广播电台等设备，让我们可以和全球数百万的人们保持联系。

4. 品牌

富爸爸是一个国际知名的品牌。拥有这样的品牌是一种巨大的杠杆作用。品牌远比文宣更加有影响力，并且同时会向大众传播两件事情：信任感和差异性。我们的差异性可以从我们的定位看出来。我们不会倡导"存钱储蓄"，我们给自己的定位恰好是财务这枚硬币的另外一面。

我们也不会倡议"长期投资于股票、债券、共同基金等市场之中"。恰恰相反，我们倡议：不断地让自己的钱动起来！我们也不看重有保障的工作。富爸爸这个品牌坚定地代表着财务方面的自由。

5. 人才

员工的杠杆率几乎为零，因为他们本身就是雇主的杠杆。创业能让你拥有运用他人——也就是你的员工——时间和精力的杠杆能力，来打造自己资产栏中的事业体。

6. 以少做多

用更低的价格提供更优质产品或服务也属于运用简成原理的做法。当某人开口要求加薪、产品涨价或者降低生产质量来省钱等，这些做法都是在违背"简成"这项一般原理。他们想要的是以多做少，这恰好和以少做多完全相反。

债务也是一种杠杆

当理财专家建议"还清所有的债务"时，他们让很多人在财务上变得束手束脚，原因是这些人失去了很大的杠杆能力。因为在无法举债的情况下，一个人是很难以少做多的。

接下来我要讲的是真实生活中运用债务杠杆的例子（我已经尽量把数字简单化了）。

我在 1980 年代用 50000 美元买下了一处两室一卫的住宅。房子本身的设计很讨喜，坐落于优质的小区内，并且与公园、池塘为邻。问题在于：房子本身需要进行修缮，房客才能够入住。

我拿出 5000 美元的首付款，其余的 45000 由卖方提供年息 10% 的贷款。所谓"由卖方提供"的意思是说"我不用找银行申请房贷"（每个月的房贷直接交给卖方即可）。我每个月的付款总支出（本金、利息、税赋和保险）大约是 450 美元，而该地区同款式的住宅租金大约是 750 美元。

当我成为房子的真正拥有人之后，我找了一家银行申请 5000 美元的"房屋修缮贷款"。

拿着这笔 5000 美元的贷款，我加建了一间拥有一套卫浴设备的主卧室，并且一并处理房屋其他有问题的地方。现在我手头上拥有一处几乎全新的三房两卫浴的住宅，因此向租户开出每个月 1000 美元的租金。

当利率开始下跌，我再次找上原来借我 5000 美元的银行，并且提出申请新贷款的要求——这次是拿整个房子来做抵押。

房屋经过评估之后认为有 95000 美元的价值。因此银行决定给我为期 10 年的贷款，贷款额度为房价的 80%，也就是 76000 美元贷款利息以 9% 固定年利率计算，也就是每月 570 美元。拿到贷款后我清偿了原本欠卖方的 45000 美元及欠银行的 5000 美元修缮贷款，最后让我口袋里多出了完全免扣所得税的 26000 美元。

此时该房产每个月的总支出大约是 700 美元，我每个月另外还预留了 100 美元作为修缮费用及其他支出之用。因此租房客每个月 1000 美元的租金则让我每个月拥有了 200 美元的净现金流。

问：所以你完全没有拿出自己的钱来进行这项投资？
答：是的。同时我得到了无限大的投资报酬率。

问：无限大？为什么是无限大？
答：因为在计算投资回报率时，分母用的数值是投资者一开始所投入的总资金。既然我一开始没有用到自有资金——后来重新贷款时也没有用到自有资金——所以说投资回报率算出来是无限大的。

问：所以你的投资回报率反映出自身所拥有的知识及所受过的财商教育？如果缺乏这两项，你应该是无法做到上述的事情，对吗？也就是找到并且筹措资金来让自己获得无限大的投资回报率？

答：是的。这就是为什么富爸爸集团品牌定位中会用到这句话：知识就是新的金钱。

问：那么你自己口袋所多出来的 26000 美元之所以免税，是因为该款项来自一笔贷款的原因？

答：是的。但是如果我把房子卖掉，那么这笔 26000 美元的现金就要被课征资本利得这种所得税。以当时的税级来看，应该在 20% 左右。

问：如果你把房子卖掉，那么税后的净利应该会变成大约 20000 美元？

答：还要少一些。理由如下：因为只要我持续拥有该不动产对象，那么我每个月还会得到 200 美元的现金流，一年下来是 2400 美元的被动收入，它同时也是所有收入类别当中所得税率最低的一种。

问：到底有多少种收入类别？

答：一共有三种最基本的收入类别。

1. 主动收入；
2. 投资组合收入；
3. 被动收入。

主动收入（即劳动性收入）大多来自薪资、存款利息、401(k) 退休金储蓄计划等。主动收入的所得税率是三种类别之中最高的一种。只懂得为了主动收入而工作，这正是造成穷人越来越贫穷而中产阶级逐渐消失的最主要原因之一。

投资组合收入也被称之为资本利得，也就是出售某物时所得到的收益。那些翻修转卖房屋、买卖股票或者出售手中企业的人们，都需要支付资本利得的所得税，这一税种的税率同时也是三种所得税中第二高的。

被动收入则是来自资产所产生的现金流。我选择不出售手上的资产，反而用贷款的方式把获利给"借贷"出来，我通过负债和租金的被动收入等方式来实现并且获得我的资本利得。这种所得是三种所得类别中课税税率最低的一种。

我知道有些读者正在想："你不能这么做。没有所谓'卖方提供贷款'这回事情。"你说的一点也没错：当你说出"不可能"的时候，你的确不可能做到。

问：不在美国的读者又如何？他们也可以这么做吗？

答：当然可以了。或许条款和规定有些许的不同，但是基本概念在全球都是通用的。

当我在1973年开始起步的时候，那时候的不动产讲师警告我们说一定会有人跟你们讲"你在这里不可能这么做"。他说："那些缺乏财商教育的人们永远都会说'你在这里不可能这么做'——就算真的有人在这个地区这么做也一样。"

问：那么为什么会有人说"你在这里不可能这么做"？

答：因为只靠嘴巴说说"你在这里不可能这么做"是件很容易的事情。懒惰的人永远习惯说"你不能……"这种容易冲口而出的话，而不会说出"要学习上课、用功钻研、练习并且多次犯错，再从中学习"等这些能让你真正学会一些本事的话。这些人告诉你不能做的原因，只是因为他们自己做不到而已。

问：请问这种策略只能用在不动产之上吗？我是不是可以把它用在其他

任何领域之中？

答：你当然可以把它运用在任何事物上。股票及股票期权同样也是一种很容易的赚钱方式。不动产之所以拥有比股票更大的优势，是因为它可以运用长期债务的威力。

问：所以债务就是一种杠杆。如果我不懂得运用杠杆，那么就算我越来越辛苦地工作，只会越赚越少？

答：是的。让我再举个例子让你知道我是如何利用负债来让自己越来越有钱的。

当股票和房地产市场于 2007 年双双崩跌时，我们并没有想以当时的低价来买进股票。我们反而利用债务买进数千万美元的不动产。和股票比起来，由于利用银行提供的钱，我们反而可以买下远比股票价值更高的不动产。话说回来，银行也不会贷款给打算买进大量股票的投资者。

肯·麦克罗和他的搭档罗斯、金、我四人在 2014 年再一次给 2007 年所买下的不动产进行重新估价，因此获得将近 1 亿美元的贷款现金。我们当时买进出租公寓时平均贷款利率为 5%，而 2014 年这 1 亿美元的贷款利率却只有 3%。

意思就是说：我们借由贷款拿到了数百万美元的资本利得，同时因为利息降低还额外多出了 200 万美元的现金流。

问：这多余的 200 万美元是从哪里来的？

答：这 200 万美元的现金流是因为节省了贷款利息这项支出而获得的。亦即同样是背负着 1 亿美元的银行贷款，但原本每年要支付 5% 的利息，现在却只付给 3% 所致。

问：这也是在运用富勒博士口中所说的"简成"这项一般原理，亦即"以少做多"？

答：是的。

问：那么这项原理的运用是否也不局限于不动产之中？

答：正确。到处都有运用"简成"这项一般原理的例子。任何有钱人必定
是运用了某种杠杆作用才致富的。举例来说，当某位音乐家发行唱
片并且卖出一百万张以上时，这也是运用"简成"这项原理（以少
做多）。当有人设计出优质的 APP 应用并且有数百万人购买下载时，
也是简成原理在发挥作用。不动产具有的独特优势是同时拥有负债
和税赋两种力量。

问：所以当理财专家建议我"还清所有贷款"时，他们的建议反而是
在剥夺我运用杠杆的能力，让我无从发挥"简成"原理，无法以
少做多？

答：是的。虽然他们的出发点不错，但是他们并不是在提供财商方面的教
育。财商教育永远都要包括硬币的两个面，并且教导你如何利用负
债的威力来致富，而不是越来越穷。

补偿法则

问：万一我在运用负债时出错了怎么办？

答：正因为如此，你要上一些不动产投资课程，并且不断一而再再而三练
习。虽然我上过无数项课程，但是我更爱练习。我宁可多多练习，
而不是凭感觉冲动买进，然后不小心赔了钱。
在金钱的世界里，有一项法则称之为"补偿法则"。

问：什么是"补偿法则"？

答：简单来说，当你学得越多（而且不断练习，同时逐渐处理更巨大的
难题与挑战）时，你的智慧与经验会增长得越来越快——此时你获

得的补偿就会越来越大。

举例来说，当我和金一开始学习如何投资时，她的计划是每年买下两处小公寓，10 年之后买下 20 处。结果不到 1 年半的时间，她就达成买下 20 处不动产的目标。如今她拥有上千处不动产，每年为她创造数百万美元的被动收入。她同时身负数千万甚至上亿的债务。这就是补偿法则发挥力量的例子。

一则警告

我上过为数不少的不动产课程，而那些讲师会这样形容寻找优质不动产的过程：无比艰难、风险高，而且旷日费时。

结果在课程要结束的时候，他们反而开始说："与其花时间寻找不动产、犯错、为寻找租客和修缮房屋所烦恼，不如直接把钱拿给我，让我来替你寻找房产、申请贷款、购买，并且代为管理你所投资的不动产。"

我强烈建议你远离这类的讲师和机构。他们并非老师，而是销售业务。他们跟共同基金这类业务没有什么不同。这种人通常邀请你参加一堂免费的理财课程，然后告诉你说把钱交给他们来进行投资才是聪明的做法。

问：把钱交给别人投资有什么不对？为什么不让这些人替自己工作？
答：好问题。或许答案会让你吃惊不已。当你把钱交给他人时，那么补偿法则就不会在你的身上产生任何效果。
　　或许你还记得学习金字塔原理中最重要的两项——也就是学习效果最佳的两种做法——亦即"模拟"与"实战"。如果你真的想要获得财务上的自由，那么你就得亲自练习并且玩真的。

问：但是如果我能获得现金流及税赋上的优惠，"让别人来帮我投资"这种做法有什么不对？
答：问题在于不动产本身。不动产并非一项流动性很高的资产。所谓"流动性"，即你可以迅速地进行买卖。股票和共同基金属于流动性非常高的投资工具，你可以在数秒之内进行买卖，而不动产恰好相反。如果你不幸在投资不动产上犯了错误，那么想要摆脱这个不良投资对象则需要一段非常漫长的时光。有数百万房主和翻修转卖投资者已经体会过不动产流动性有多么缓慢这种痛苦了。

因此，如果你不愿意一而再再而三地练习，那我会建议你千万不要投资不动产。别忘了，当讲授不动产课程的讲师跟你说"让我来帮你投资"时，你仍然得亲自（而不是那位讲师）负起还每个月的房贷、处理租客问题、承担维护修缮的费用、保险费等事项。最糟糕的是，你几乎学不到什么。补偿法则和杠杆作用也不会在你身上产生效果。

为什么你得亲自学习如何运用债务呢？因为债务才是现在的金钱。在金钱的世界里，债务是最有威力的一种力量。你上课并且不断地练习就是为了要能掌控并且运用这个最具威力的财务工具。

如果你不愿意从小处着手，学习如何运用债务来投资不动产，那么或许"存钱储蓄、清偿所有贷款、长期投资共同基金"对你来说是比较好的做法。至少存款和共同基金的流动性很高。

世界上最大的负债者

当今印钞票最厉害的国家是美国、英国、日本等——这些国家都曾经是世界上最富有的国家之一。

现代货币的崩溃

我曾在 2004 年造访津巴布韦，想亲眼看看这曾经繁荣一时的国家在其货币崩溃时会发生什么样的状况。津巴布韦的货币于 1997 年 11 月 14 日开始崩溃，世人称之为"黑色星期五"。一天之内，该国货币就失去了 75% 的实际购买力。11 年后的 2008 年，我们可以正式宣告津巴布韦币已经"死亡"了，因为已经没有任何人愿意再拥有或使用它。

以下是津巴布韦货币崩溃的几个主要原因：

1. 津巴布韦政府和该国中央银行之间存在着腐败与勾结。
2. 津巴布韦政府付不起当年允诺给公职人员的退休金与津贴福利等。
3. 该国政府发动了国境之外的战争。
4. 该国政府向其他国家举债。
5. 政府开始利用印钞票的方式来应对日常开支。

问：美国不是在做同样的事情吗？

答：是的。

压垮津巴布韦币最后的一根稻草就是公职人员的退休金。因为无法支付这些退休金，津巴布韦政府授权"退役战士"和"公职人员"占据或没收白人农夫或放牧者所拥有的土地，而那些人才是真正替国家带来收入的生产者。我在 2004 年亲眼看见一群退役战士是如何占据一个原本由一对白人老夫妇所拥有的农场。这对老人所拥有的这处农场世代相传已经超过 300 年。

这些战士拿着 AK-47 全自动化步枪走进屋子，并且强迫这对老人离开自己的家园，还把他们押上卡车带走——这些人就这样占据了这个农场。对我而言，这次的经历比我参加越战还令人胆战心惊。在越战期间，至少我手上还有可以还击的自动步枪。

问：你认为美国也会发生同样的事情吗？

答：已经开始发生了。倒不是利用枪支的这种武力进行镇压，而是通过目前的货币制度在进行。你应该记得本书前几章里所述，我们的财富正通过我们的工资收入、储蓄存款、自用住宅、股票市场投资等而逐渐被剽窃。

问：津巴布韦的黑色星期五肇始于 1997 年的 11 月 14 日。美国会不会同样有类似的黑色星期五？

答：我相信会的。就如同我在《富爸爸财务大趋势》一书中所说的，很可能会在 2016 年前后发生。

问：你在津巴布韦期间学到了什么？

答：2004 年，我知道津巴布韦的民众已经发觉事情不对劲了。但是由于他们缺乏财商教育，因此他们不知道哪里出了问题，更遑论自己该怎么办。数百万的民众开始流亡他国，有数十万计的民众被饿死。

如今 2014 年的美国也发生了同样的情况。许多民众开始发觉有问题，但是根本不知道要怎么做。很多有钱人已经开始出走，并且把自己拥有的财富藏匿在瑞士和新加坡等境外避税天堂之中。

2004 年，津巴布韦民众期待政府能解决他们所面临的问题。而在 2014 年的今天，当年造成货币崩溃的罗伯特·穆加贝总统依然在执政。民众仍然还抱着希望，期待这个摧毁整个国家、剽窃民众财富的领导人来挽救他们，走出目前所处的困境。

美国目前也面临着同样的状况。美国民众继续用选票选出那些替劫夺的巨人们工作的"木偶"政客。无论是民主党还是共和党的总统当选，这些木偶的把戏会继续上演。

2014 年 11 月当我在开普敦转机时，我买下了企鹅出版社出版的、由菲利浦·哈斯兰及罗素·兰伯蒂共同著作的《当货币摧毁国家时》一书。该书令人击节赞赏并且非常易于阅读，很容易让人了解津巴布韦币是如何崩溃的。书中有些真实的故事和情节让人心痛不已。

我建议大家阅读这本书的原因，是因为绝大部分的人们都经历过股市或房地产市场的崩溃，很少有人亲身经历过货币崩溃这回事。货币崩溃是一种非比寻常的事件。当你为自己的第二次致富机会做准备的时候，或许你也应该要知道在货币崩溃的过程当中又会发生什么样的事情。

富勒博士的教诲

富勒博士说：

不要和力量对抗，要懂得如何利用它们。

我之所以在本章放了一幅美国历任总统和国债相关的图表，是想告诉大家：如果不进行改革的话，那么债务将会拖垮整个美国——这个曾经是全球最富裕的国家。这些债务将会让后世好几代子孙们沦为债务的奴隶。

传统教育教导人们要无债一身轻。或许你个人会选择清偿自身所背负的全部债务，但是政治领袖们却持续在让我们未来的世界债台高筑。

如果你不想要成为政府赤字下的奴隶，那就要懂得如何以恶制恶的办法，学习如何利用个人债务的威力来对抗政治领导人物的无能。

你在第二次致富机会中应该要学会的事物

如果你要清偿所有的债务，那么你打算利用什么样的杠杆力量来致富？你要如何将"简成"这项原理运用在实际生活之中？你打算如何以少做多？

如果你无法运用某种程度的杠杆，那么你注定要辛苦工作一辈子，然后到头来仍然一贫如洗。

如果你想要学会驾驭债务这种力量，那么就去玩《富爸爸现金流》这款游戏，然后想尽办法利用任何机会来负债（而不是还清债务）。当你玩游戏的时候，就算输了，你仍然可以学到很多东西。

财商教育就是：

硬币的另外一面

不良的债务会让穷人和中产阶级越来越贫穷。

不良的债务就是要靠自己的力量清偿的债务。

良好的债务让有钱人越来越有钱。

良好的债务是靠别人来帮你清偿的债务。

财商教育就是要学习如何驾驭掌控债务的威力，因为在当今的世界里，债务就是金钱。

第十四章

"量入为出"的另外一面

"上帝想要所有的人富有。"

——巴克敏斯特·富勒博士

绝大多数的理财专家会建议你：生活要"量入为出"。

问题是：你真的想要过着量入为出的生活吗？

很明显，有许多人不喜欢过量入为出的生活。正因为如此，会有那么多人背着信用卡卡债、过着月光族的生活，居住的房屋和驾驶的车子远远超出自己的收入水平，并且经常借旅行来逃避自己的工作、账单、恐惧、财务上的问题。

讽刺的是，很多那些看起来很有钱的人们，其实比许多穷人还更加贫穷。很多穷人并没有背负着中产阶级独有的卡债。中产阶级背负着沉重的消费性债务——一切都只是为了跟上社会的潮流。我认识太多开着奔驰汽车，住在高级住宅区的豪宅里，孩子们念的都是私立学校，但是只要两个月没有领到薪水，就要立即宣布破产的人们。

既然大部分人不想过量入为出的生活，因此民众对于这类的建议也是充耳不闻。

我反而提出完全相反的建议。与其量入为出地生活，人们不如学习如何拓展自己的收入来源，让自己可以享受一种更富裕的生活方式。

问：一个人要如何拓展自己的收入来源？

答：人们需要借着掌控自己的资产栏来拓展自己的收入来源。就目前来说，绝大部分人的资产栏是被劫夺的巨人们所掌控着。这正是绝大部分人被教导说"要存钱储蓄、买自用住宅、长期投资于股票市场之中"的原因。

金钱的游戏

再次强调：一张图胜过千言万语。下面这张图中可以告诉我们富人、中产阶级及穷人之间的差异。你应该看得出来：这三种人各自玩着完全不同的金钱游戏。

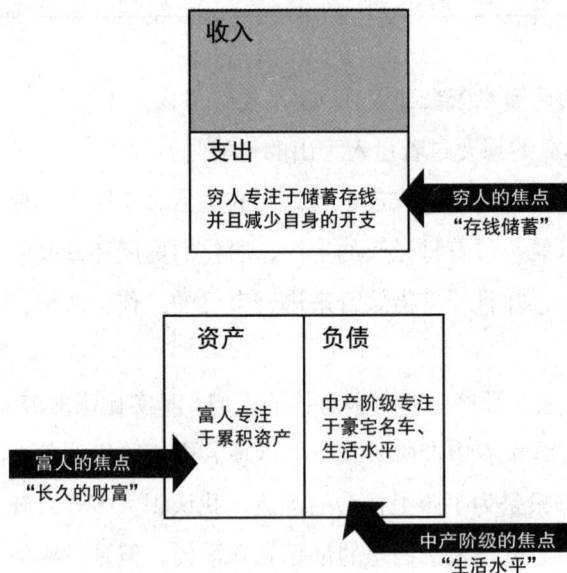

改变自己玩的游戏

当你开始改变自己正在玩的游戏时，也就开启了自己的第二次致富机会。

与其辛苦工作并且存钱储蓄，或者靠辛苦工作来拥有高水平的生活，不如简单地把自己的焦点从收入栏移转到资产栏。为什么要让劫夺的巨人掌控自己的资产栏？为什么要盲目听从所谓"理财专家"的建议，把自己的钱交给劫夺的巨人们？

资产栏就是富人们玩金钱游戏的地方。你为什么不学学他们，跟着一起玩呢？

如何减少应缴的税赋

当你开始把焦点放在资产栏之中时，首先发生的事情就是，你应缴的税赋就会开始逐渐减少。

举例来说，当你开始创立位于家里的小事业时，很多原本属于税后的个人支出就立即变成税前可抵扣的营运费用。

如果你拥有一家公司，那么许多费用——例如交通费、酒店住宿、餐饮等——都可以变成可抵扣的营运费用。当然了，你必须先寻求专业的会计师或税务专家来确定自己的哪些开支可以进行税前抵扣。

重点是：当你把焦点放在资产栏中（即富人专注的栏目）时，你就开始享有一些跟富人一样的税赋优势。

我真希望拥有一辆法拉利

我最近和金驾着法拉利前往我们所拥有的一处不动产。三位在亚利桑那烈日下工作的年轻工人放下手边的工作，跑来欣赏我的跑车。其中有一位面带微笑说："我真希望能负担得起这样一辆法拉利。"

我回应说："你有办法负担得起的。"

另外一位接着说："我们是不可能负担得起。我们没有念大学，因为我们出身于贫穷的家庭。因此我们才会从事体力工作。"

我问他们愿不愿意知道就算没有上大学，一样也可以负担得起一辆法拉利跑车的办法时，三个异口同声地说："好啊。"

为了易于说明，我在一张纸上画出了下面这个图形。

资产负债表

资产	负债
不动产	法拉利

我指着他们正在施工的公寓住宅说："是这个不动产在帮我支付这辆法拉利的开销。这个不动产也在支付你们的薪水及修缮它所需的费用。"

当他们开始懂得资产与负债两者之间的差别后，我就开始解释富爸爸的教导"富人不为钱工作"，以及"富人的工作焦点是打造能创造现金流的资产"等观念。

其中一位年轻人问我说："你是不是上了大学才学到这些东西的？"

我回答说"没有"，并且向他们解释这一切都是我在他们这个年纪的时候，从一堂学费 385 美元、为期三天的不动产投资课程里所学到的。当他们理解我竟然在现实生活里玩《大富翁》游戏，而他们施工的公寓则是我的一幢红色旅馆时，他们突然就开窍了。

"我们一样也可以这么做吗？"他们问。

"为什么不可以呢？"我说，"如果我能做得到，那么你们一样也可以。这并非什么深奥的学问。"

然后我开始解释我是运用所拥有的资产来买下我所拥有的负债。我也同时解释了很多人在财务上困顿挣扎的原因，是因为他们总买一些自以为是资产的负债。

"所以应当拓展自己的财源，而非量入为出？"其中一位年轻人问道。

我回答说："是的。你们内心都住着一位富人、一位穷人、一位中产阶级。当你选择把焦点放在资产栏中，并且学到越来越多有关于资产的事物时，你就越能发挥自己内心那位富人的天赋。"

我接下来解释"教育"这个词汇源自希腊文"educe"这个字根，原意是指"抽出来"。传统教育制度是专门抽出人们心中那位中产阶级的人物。想要抽出心中那位富人的话，那么他们需要接受财商教育才行。

"而财商教育刚好和传统教育是相对的？"

我回答说："是的。"

"不动产是唯一的一种资产类别吗？"

我摇摇头，然后进一步解释罗琳在写《哈利·波特》丛书时还在领救济金过活。她的书籍和电影让她变成了亿万富翁。

我也跟他们分享我所认识的一位连高中都没有毕业，但如今是靠着卖鸡蛋成为亿万富翁的朋友。高中时，他的祖母给了他几只母鸡，结果他很快就让这些鸡繁衍并且出售它们生下的蛋。如今50岁的他每天卖出上百万粒的鸡蛋。

我也提醒他们桑德斯上校的故事，只凭着一份调味食谱就创造出肯德基这个炸鸡王国。

他们也都听说过没有念完大学、跟他们年纪相仿的马克·扎克伯格创立脸书的故事。

我也跟他们强调说，虽然我解释起来很简单，但实际做起来并不是这么容易的一件事情。

"因此，如果我们把焦点放在资产栏中，我们就能拓展自己的财源，靠着现金流来赚更多的钱，而非靠薪水度日，同时缴纳更少的税赋？"

我回答说："是的。而且那时候你就能拥有任何你想要的车子，并且让自己的资产来支付这辆车子的花费。"

当我驾车离去时，我看到他们依然非常兴奋地彼此交谈着。从那时到现在，我再也没有遇到他们，因此不知道他们在我们的谈话之后是否发生了什么改变。

至少我知道这些年轻人已经懂得他们不一定非得过着量入为出的生活了，除非他们甘于这么做。他们唯一要做的，就是要重新掌控自己的资产栏就行了。

富勒博士的教诲

人们经常会问："富勒博士在 1927 年决定不再为钱工作之后，是靠什么过活的？"

我解释说："富勒博士的做法跟富爸爸教导我和他儿子的做法是一样的。"为了不再为钱工作，富勒开始创造自己资产栏中的各项资产。并非买下不动产，他绝大部分的资产属于智慧财产这块领域。智慧财产是一种无形的资产，像是专利、书籍、授权和商标等之类的事物。

我也拥有同样类型的资产。你在阅读的这本书就是其中一项。当我写完这本书的时候，我们立即授权给全球各地的出版商们来出版。

你在第二次致富机会中应该要学会的事物

首先，列举出你在生活当中想要的一切美好事物。姑且称之为你的梦想清单。

多年前我和金曾驾着车经过我们现在所住的房屋，然后说："总有一天，这个房屋会是属于我们的。"如今，这个梦想已经成真了。

差别在于，我们先买进了用于出租的不动产，而今这些不动产在帮我们支付这个梦想中房屋的房贷。

其次，列举出所有你想拥有的各种资产，即那些能帮你支付梦想生活所需的各项资产。

先别烦恼要如何买下这些资产。先承认自己确实在好多方面不懂，这就是为开始学习迈出的第一步。那些自以为什么都懂的人们什么都学不到。

最后，每天记得要浏览一下这些清单。

财商教育就是：

硬币的另外一面

拓展自己的财源和量入为出是硬币的两面，它们代表着两种完全不同的生活方式。传统智慧教导人们要量入为出地活着，但是我们都拥有做出选择的权利——更重要的是，我们都拥有机会——可以选择把焦点放在资产栏中，拓展自己的收入来源，让我们过上更富裕的生活。

第十五章

"千万别作弊"的另外一面

> "最重要的莫过于毫无保留地相互合作，同时不能为了利己而损及他人。任何违反此原则而获得的成功将视其逆天的程度而愈发短暂。"
>
> ——巴克敏斯特·富勒博士

在学校里（尤其是考试的时候），如果开口求助会被视为一种作弊行为。事实上，当我在念高中的时候还查过我穷爸爸的《教师守则》，在守则中这样定义作弊：给予有需求的人以帮助。对我而言，这是一种非常符合人性的行为。

我在念高中的时候，富爸爸会要我和他的儿子一起参加每周六上午举行的公司会议。我最先留意到的是：富爸爸用不着成为团队中最聪明的人。事实上，他应该是整个团队中学历最低的那一位。

围绕在他身边的尽是一些律师、会计师、银行家、经理、不动产中介、股票营业员。富爸爸并非指示他人怎么做，他反而会提出公司目前所面临的问题，并让他的顾问们来提供解决问题的建议。

在家里，我经常看到我的穷爸爸坐在一堆账单面前，绞尽脑汁地想办法如何筹到足够的钱来支付它们。

我想说的是：富爸爸通过向比他更聪明的人士请教，来解决自己在财务方面所面临的问题。我的富爸爸是一个愿意跟他人合作的人。

我的穷爸爸则恰好相反。他是凭一己之力来解决自身的财务问题。他是绝对不会作弊的。

在现实生活里从商创业，和作弊相对应的就是合作。

问：我的团队应该像什么样子？应该有哪些人才？

答：看看我的顾问团。下面这些人就是我的团队成员。

1. 汤姆·惠尔赖特是一位注册会计师，他是我在税务领域的顾问。你现在也知道税赋一不小心就会变成你最大的一笔支出。

2. 肯·麦克尔罗伊是我债务方面的顾问。你现在也知道尼克松总统于1971年取消了美元的金本位制，正因为如此，才让债务变成了新的金钱。

3. 布莱尔·辛格是我从1981年至今的好友与顾问，有关业绩和销售方面的问题找他就对了。只要我旗下公司在营收方面有任何问题时，布莱尔就会前来教导公司上下所有的人如何精进销售的能力。他说过"销售等于收入"。如果你的收入不足，就表示你的公司在销售方面有问题。如果你是一位创业家，那么你最重要的本事就是"要能卖给他人"（理想、观点、产品与服务等），同时也要能先说服自己购买。

4. 安迪·塔纳是我在有价证券和股票市场这一领域的顾问。他是我所认识的所有人中，最懂得怎样教导人们如何从股票创造出现金流的老师。

5. 达伦·威克斯是我在教育创业家这一领域中的顾问。他借着教导人们如何玩《富爸爸现金流》游戏而变得非常富有。

6. 加勒特·萨顿是我在法律方面的顾问。在我面对掠夺性的诉讼或者繁重的税捐时，因为有他，我才能保有自己的资产及原有的财富。

7. 乔希·兰农和莉萨·兰农是我在社会企业家这一领域中的顾问。你应该知道，如果你的公司被认为是一个没有良心的企业，那么你的生意根本做不下去。

8. 当然还有金这位顾问。她教育女人时具备高度的热忱。她讲话的方式拥有绝大部分男人所欠缺的同理心及善解人意。

问：你的意思是说，我应该也跟你一样拥有这样一些顾问吗？
答：完全不是这个意思。我列举出自己所有的顾问，只不过是给你举个
　　实例来参考而已。

富勒博士的教诲

富勒博士的全部名言中，我最喜爱下面这一则：

　　当然了，我们目前的失败固然是由许多因素造成的，但是最主
要的原因很可能是因为社会大众全盘接受"专业化是成功的关键"
这种理论，而罔顾了在专业化过程中会妨碍并且排除综合性与全面
性的思维。

富勒博士说的是我们的学校体制把我们训练成各种专才——会计师、工
程师或者是律师等。问题是：解决问题需要很多不同的专才聚在一起才能
成事。

富勒博士视富爸爸为一个通才，而非专才。富爸爸是一位创业家，一个
对许多事情都懂得一些的通才。

律师或会计师这类专才懂得非常多且十分深入，但是这只局限于特定的
领域之中。

正因为如此，富爸爸拥有一个由专才构成的团队，来协助他解决财务方
面的问题。所以我建议你也应该这么做。

你是否开始了解每当我们讲到真正的财商教育时，焦点都会放在事物的
另外一面上？所以讲到团队时，你的团队也必须同时拥有专才与通才来解决
任何你将面对的问题。

你在第二次致富机会中应该要学会的事物

以下或许是你会想要采取的一些步骤：

1. 先列出自己团队所需要的顾问。

2. 如果你目前没有任何顾问，那么收听富爸爸广播电台节目中我对自己顾问所进行的访谈，可让你对于如何选择顾问会有更清楚的概念。

3. 如果你已经有顾问了，但是对他们并不是很满意，那么收听富爸爸广播电台节目可以让你知道如何选择更好的顾问。

4. 要清楚了解顾问与掮客中介这两者之间的差异。有太多人听的是业务员或中介所给予的意见，而非好顾问所给予的建议。

5. 就像巴菲特所说的："千万不要问保险业务员自己是不是还需要买更多的保险。"

财商教育就是：

硬币的另外一面

千万要记得以下三件事情：

第一，开口求助只有在学校里才会被视为作弊行为。承认自己蠢笨是件好事，假装自己很聪明则不然。如果你认为自己已经无所不知的话，那么想要变得更聪明将会是一件很困难的事情。

第二，当你变得越来越聪明之后，你的团队也理应如此。如果你的团队中有人不持续学习与进步，就把他淘汰掉。

第三，和蠢笨相对的是聪明。想变得更聪明，最好的办法就是虚心承认自己并不知道所有的事情。如果你发现自己的顾问自认为无所不知，请你找其他的顾问来咨询。

第十六章

"有钱人都很贪婪"的另外一面

> "你是否会对'让所有人都拥有你所拥有的事物'
> 而充满热情?"
>
> ——巴克敏斯特·富勒博士

很多人认为有钱人都非常贪婪。

的确有一些有钱人是这样的。

很多人相信一定要非常贪婪才有可能变成有钱人。

而且很多有钱人的确是因为非常贪婪而致富的。

富爸爸经常会说:"让人们心里不舒服的并不是有钱人赚了多少钱,而是这些有钱人是怎么赚到这么多钱的。"

举例来说,当一位橄榄球明星赚到数百万美元年薪时,绝大部分人都能接受他变成有钱人这个事实。这些选手经过多年的努力——从孩提时代怀抱梦想,年复一年地在没有报酬的情况下不断地练习,长大后进入职业球队让数百万的观众为之疯狂,然后赚进数百万美元的年薪。虽然少数人还是会认为这些人一定是很贪婪才会致富的,但数百万爱戴他们的粉丝都会为他们的富有与成功而感到高兴。

对那些赚进数百万美元的影视明星来说也是同样的道理。绝大部分人对于那些明星能赚到这么多的钱也不会感觉到有什么不高兴的地方。汤姆·汉克斯和桑德拉·布洛克之所以能有这么高的片酬，是因为数百万的观众喜爱并享受他们的演出。

而当我是小孩子的时候，当甲壳虫乐队卖出数百万张唱片而成为百万富翁的时候，我也替他们高兴。因为他们创作出来的音乐可以让我感到非常快乐。

但是当一个有钱的老板刻意压榨员工的薪水时，绝大部分人都会感到义愤填膺。

我想表达的重点是：当有钱人利用贪小便宜、残酷、不诚实、犯罪的、不合乎伦理道德等手段来致富时，诚实的人们就会感到非常愤怒。

高血压

每当我思索这些事情的时候血压就会升高：

——那些造成 2007 年大崩盘，使得上百万的民众失去工作、自用住宅及光明的未来，但他们自己仍然可以领取巨额奖金与报酬的银行家们。

——那些滥用权力来让自己和亲朋好友致富的腐败政客们。

——那些就算把公司搞到破产仍然可以支领数百万美元薪资的首席执行官们。这些人的无能，不仅让公司的员工失去了工作，同时也让股东蒙受巨大的损失。

——美联储、华尔街、美国政府联手将数兆虚假的美元注资给银行，只为了保护自己有钱的友人，同时却要穷人、中产阶级及未来数代子孙们来为此付出沉重代价。

——政府的公仆们借着奖金与退休金大肆掠夺他们原本应该要服务的民众。许多公仆们退休后所赚到的钱，远比那些曾冒着生命的危险报效国家的退役军人还要高许多。

我所知道的一些最近发生的例子如下：

• 凤凰城有位图书馆馆员以 58 岁的年龄退休时，竟然可以拿到

286000 美元的退休奖金，以及每年 102000 美元的终身俸。

- 三位凤凰城的消防队员在 2011 年退休时，各自领取到 100 万美元的奖金——这还不包括他们的退休金。

有报道说凤凰城前 50 位高层公职人员退休后在其到达 75 岁的时候，一共需要拨发给他们 1 亿 8300 万美元的退休金（这都是纳税人的钱）。

很多凤凰城的市民都对此感到非常不高兴。他们认为这些公职人员非常贪婪。数百万美元的政府经费却只流入少数人的手中，而不是用更公平、更广泛的方式发放给所有的公职人员。

我们暂时换个角度来看：这些公仆们自认为自己很慷慨。因为他们将一辈子奉献给了公家单位。

你的看法如何？美国许多城市和州也都在发放着同样巨额款项给他们的退休人士。

以上这些范例都是极度贪婪与腐败的病征。现金大劫案目前正在如火如荼地进行当中。看样子贪婪已经席卷了整个世界。

借着慷慨来致富

从硬币的另外一面来看，许多人却是因为慷慨而致富的。

华特·迪士尼因为把快乐带给数百万计的人们而致富。亨利·福特借着制造连劳工阶级都能负担得起的汽车而致富。

谷歌的谢尔盖·布林之所以是一位亿万富翁，是因为他让搜集数据变得比上图书馆还容易许多。

学习如何变得有钱又慷慨

如果你看过《富爸爸穷爸爸》这本书，或许还记得有一次我的穷爸爸非常震怒，就是因为我的富爸爸没有支付薪水给我和他的儿子。富爸爸要求我们为其无偿工作。

为了补偿我们工作所投入的时间，富爸爸教我和他的儿子如何借着慷慨来致富。我们的所学都是借着经常玩《大富翁》这款游戏而获得的。

大部分人都知道《大富翁》这款游戏中的致富公式。简单来说，公式就是把四幢绿色的房屋换成一间红色的旅馆。

如今我和金在现实生活里玩《大富翁》。我们有上千个绿色的房屋——由各种公寓、多家旅馆、五座高尔夫球场、商办大楼及许多油井所组成。

我也借着写书与创造财商教育游戏来分享我们的知识与经验。

可能有些人会认为我们是很贪婪的，但我个人认为我们是很慷慨的。

很多指控"有钱人都很贪婪"的人们只拥有一幢房屋，他们的资产负债表看起来如下：

资产负债表

资产	负债
0间房屋	1间房屋

你认为谁才是贪婪的？员工，还是创业家？

我和金无论是直接地还是间接地，通过我们的全球事业和投资，提供了上千个工作机会。举例来说，我们那幢红色旅馆——一处位于凤凰城的度假中心——光是员工就有800多名。你可以想想这800多位员工的收入又会帮助多少其他的事业，商店、餐厅、医生、牙医及他们的家庭等。

正因为如此，每当我听人们说"有钱人都很贪婪"的时候，我都会有点恼火。

就是因为学校缺乏财商教育的关系，造成人们变得越来越贪婪。当人们有钱但没有资产的时候，他们就会变得非常贪婪、不顾死活、需索无度。

问：你的意思是说，那些说有钱人都很贪婪的人们，实际上他们却比有钱人还更加贪婪？

答：答案既是又非。我的意思是说，一个人的看法完全取决于他站在硬币的哪一面。

穷爸爸认为富爸爸很贪婪。富爸爸认为穷爸爸才是贪婪的人。从我的角度来看，两位男士都是非常慷慨的人。

你的责任就是要站在硬币的边缘上来决定什么对你来说才是真的。当你能够界定贪婪和慷慨的定义之后，就会开启你的第二次致富机会。

问：为什么穷爸爸会认为富爸爸是贪婪的？

答：穷爸爸信奉劫富济贫这种观念，所以他认为有钱人应该支付穷人更高的薪资，并且还要缴纳更多的税。

问：穷爸爸崇尚社会主义吗？

答：可以这么说。他是个好人，相信人们应该彼此相助。

问：富爸爸是不是崇尚资本主义？

答：应该没错。他同样也是好人，相信人们应该彼此相助。

问：为什么你对两位爸爸的评价都是一样的？

答：因为这是实话。两位都相信人们应该彼此相助，只是两位对帮助人们的方式有着不同的看法。

富勒博士的教诲

富勒博士做出了许多预言，而且很多已经成真。那些尚未成真的预言需要更多的时间及更先进的科技才能做得到。

其中有两个预言一直在我脑海里盘旋：

1. 他预言说：在 1945 年之后出生的人只要不抽烟的话，预计平均寿命应该长达 140 岁左右。他是根据医疗科技加速进步的幅度而做出这项预言的。

2. 他预言说：失业率会随着计算机科技的进步而上扬。他还说：人类将会被计算机这个专才所取代。因此人类被迫要重建、再次运用，并且享受自己先天具有的综合能力。

远在数十年前的上世纪六七十年代，他就预言失业率会因为科技的进步而不断地上扬。

他说"人必须要靠工作才能谋生"这种想法将会变成过时的观念。

> 我们必须扬弃人人都得靠着工作才能谋生这种绝对华而不实的观念。

富勒博士还说：

> 我们知道那群"对人类生活既没有帮助又不能创造人类富裕生活"的人们在 1980 年每天开车或搭公交车上班时，消费上万亿美元的石油和能源，到达他们不能"创造人类富裕生活"的工作岗位之上，不需要计算机来告诉我们，我们就能知道如果支付他们优渥的薪资并且叫他们待在家里，每天还可以替全人类和整个宇宙节省数万亿美元的成本。

在如今这种"政府应该照顾我的生活"应得权益的心态弥漫、毕业生找不到工作机会的 2014 年间，我耳边再次响起富勒博士在 1983 年所说的话："在不久的将来，付钱给人们让他们待在家里这种做法还相对有道理些。"

我在 1983 年根本听不懂他在说什么，这番话完全超出我的认知范围。

问：那么你的顾虑是什么？

答：富勒博士的预言正在实现。如今就算是像中国这种薪资低廉的国家，也开始面临人口大量失业的挑战。目前中国有数千座工厂处于闲置状态之中。

我担心的是：当数十亿没有工作的人口活过 100 岁的时候，他们该怎么办？

问：不可能发生这种状况，对吧？

答：我在 1983 年的确也是这么想的。如今我已经不这么确定了。如果全世界有数千万民众失去了工作，而政府因为付钱给这些待在家里的民众而宣告破产时，又会发生什么样的事情？这种想法深深困扰着我。

富勒博士于 1983 年告诉我们：你们这一代就是将来要面对这些问题的一代。我担心的是，他所说的未来就是现在我们所面临的状况。

问：当他说"人类因此被迫要重建、再次运用，并且享受自己先天具有的综合能力"这句话的时候又是什么意思？

答：他相信绝大部分人如果待在家里又有钱可以拿的话，都会因此而感到高兴。这也会对我们的环境保护有很大的帮助，因为这么一来，很多人就用不着堵车上下班、从事一些无法让世界变得更美好的工作。

至于全面性，他的意思是说少数拿钱待在家中的人们，会被启发从事"精神层面的工作"，来实现自己先天的使命与意义。他说会有数百万的人们从事"发自内心本能"的事情，这时候人们就会开始动手解决地球所面临的各种问题，是因为这些人们真的想要解决这些问题，而不只是为了获得一份薪水才去做。

问：你就是这么做的吗？

答：是的。当我在 1983 年看完《劫夺的巨人》这本书之后，我就知道应该怎么做了。

问：要做什么样的事情？

答：我知道要做像乔治·奥威尔在他所写的《1984》这本书里所写的：
"当世上弥漫着谎言的时候，说实话反而是一种革命创新的举动。"
很巧的是，我和金就是在1984年跨出第一步勇于一试的。

问：你的解决办法有哪些？

答：教育一定要有所改变。我们绝对不能再告诉人们："好好上学念书，然后找一份工作。"

我们必须开始训练人们成为创业家，而非员工。这个世界迫切需要能创造就业机会、解决世界所面临的问题的创业家们，而不是为了钱才愿意从事工作的人们。

好消息是，如今有数百万的人开始成为创业家。问题在于，这些人大部分会变成S象限里的创业家，持续地为钱而工作。

世界需要更多B象限的创业家，懂得如何打造出能创造现金流的企业。不光是创造能赚钱的资产，还要是能真正改变世界的资产。

问：你的意思是我得问自己："如果不需要靠工作谋生的话，我会做些什么事情？如果我再也不为钱工作的话，我会开始分享自己的何种天赋才华？"是不是这个意思？

答：是的。我在1983年也问过自己这个问题。

你在第二次致富机会中应该要学会的事物

问自己这个问题："如果这辈子再也不用为钱而工作的话，那么我要从事哪些事情？"然后再问自己："我是贪婪地还是慷慨地对待我所学到的知识及人生？"每一枚硬币都有着两个完全不同的面。

财商教育就是：

硬币的另外一面

你可以选择将自己所学的知识私藏，贪婪地自己享受你所拥有的及你所学到的；或者你也可以选择分享它们。财商教育讲求的是慷慨大方，而非贪婪自私。

第十七章

"投资的风险很高"的另外一面

> "我花了大半辈子学习如何遗忘、放下那些已经被证明是虚假的事物与观念。"
>
> ——巴克敏斯特·富勒博士

绝大部分人相信投资的风险很高。

而对大部分人来说，投资的风险的确是很高的。

劫夺的巨人就是要人们相信投资的风险很高。

问：为什么劫夺的巨人要人们相信这一点？

答：这么一来，你就会把自己的钱交给他们来打理。

问：所以你认为学校缺乏财商教育也是基于这个原因？

答：从我的观点来看的确是如此。正因为如此，大部分老师会盲目地建议学生存钱储蓄，并且要长期投资于股票市场之中。这种建议就是要你把钱直接送进劫夺巨人们的口袋之中。

问：你的意思是说这么做是件坏事？

答：不是。再次强调，凡事都有两面性。有些人认为投资的风险很高，而有些人则不然。问题是：你相信哪种说法？你想要相信哪一种说法？

就如富勒博士所说：

我花了大半辈子学习如何遗忘、放下那些已经被证明是虚假的事物与观念。

问：难道你所从事的事情都没有风险吗？
答：当然有风险了，但是任何事情都存在风险。
　　难道你在学走路的时候没有跌倒过？

问：当然有了。
答：如今你走路的时候会不会一直跌倒？

问：当然不会了。
答：这跟投资没有什么两样。
　　你会开车，对吧？

问：是的，我会开。
答：你是如何学会开车的？

问：是我父亲教我的。
答：那么他的教导是增加还是减少了你开车时的风险？

问：减少了风险。喔，我懂你在说什么了。

答：现在你了解我为什么要先花钱上一门为期三天的不动产投资课程，然后还要花 90 天的时间进行练习、寻找投资目标等，到最后才决定拿真正的钱去投资的做法了吗？

问：这样你可以降低自己的投资风险？

答：同时提高我的回报率。如今那一门为期三天的不动产投资课程及之后 90 天的练习让我变成了亿万富翁。但是更重要的是，它降低了我财务上所面临的风险，同时又提高了我的获利，而且我的收获还不止如此：我再也不需要去找工作，我再也不需要担心股市的涨跌等。教育和大量的练习让我不用工作就获得了想赚多少就能赚多少钱的自由，同时用不着害怕得罪老板或者担心有一天被开除，因此可以好好享受自己的人生。

问：所以和风险相对的是回报？

答：它的确是一种和风险相对的事物。对我而言，和风险相对的是控制。风险+控制=回报。

学习飞行

1969 年，我到佛罗里达州彭萨科拉的海军飞行学院报到，准备学习飞行。那是一个令人非常刺激兴奋、大开眼界的学习过程。我踏进学校的时候是只毛毛虫，两年后离开的时候却变成了一只会飞的蝴蝶。这远远超出了所谓"教育"的范畴，这根本就是一个蜕变的过程。

几年后，当我走进教室认真听那三天的不动产投资课程时，同样的事情又再次发生在我身上。我走进教室的时候是个穷光蛋，两年之后的我却变成了一位有钱人。我再也不需要找工作或者仰赖薪资的收入了。

什么是控制

我在越战期间学到了很多有关于风险、回报、控制等相关因素的经验。就算现在我已经成了专业投资者，我仍然会采用同样的一些控制手段。其中一些可控制的变因如下：

1.控制自己所接受的教育。身为飞行员的我们一直在接受教育，从未停止学习。学习和活命被画上等号。当我们学到的越多，我们活命的机会也就大大增加了。

2.控制自己的顾问是哪些人？在飞行学院，教官们个个都是货真价实的飞行员。大多数人之所以会面临财务上的困境，是因为给他们财务建议的那些人都是业务中介，而非真正的有钱人。

3.控制自己的时间。太多人忙着工作，因此无暇致富。

问：你能否举个例子来解释如何控制自己的教育、顾问、时间等因素，从而降低我的风险并且增加自己的回报？

答：没问题。假设说我拿出10000美元投资埃克森美孚石油。我在投资前不会得到任何获利上的保证。但是如果我将这10000美元投资在油井中，则政府会保证给我3200美元的抵扣税额。

问：保证获得32%的投资报酬率？任何人都能享有吗？享受一样的抵扣额？

答：当然了。任何人都可以参与这类的投资项目。再次强调，重点还是在于三种可控制的变因。你一定要懂得如何控制自己所接受的教育、自己的顾问及自己的时间。

信任的力量

每一张美元钞票上面都印有"我们都相信上帝"的字样。我认为，这是谎言。我怀疑上帝也不会相信美国所发行的纸币。

替劫夺巨人工作的华尔街银行家们经常说："黄金是野蛮历史的遗迹。"他们当然会这么说，因为黄金是他们的死对头。这些人非常讨厌黄金，因为他们无法凭空制造出黄金。

从硬币的另外一面来看，有时黄金的确是野蛮历史的遗迹。除了作为装饰用的金饰之外，黄金并没有什么特别的实用价值。但是白银的实用价值却远比黄金高许多。白银不但是一种贵重金属，同时也是一种工业用的金属原料。人们会储存黄金，但是白银却是不断地处于消耗当中。对我而言，就因为这个理由，我个人认为白银远比黄金还值钱。

问：如果黄金没有什么价值，那么为什么上帝要创造出这种元素？人类又为什么会为了黄金而觊觎、囤积、杀人，甚至征服其他国家？

答：答案就在"信任"这个词汇里。黄金是值得信任的事物。它是一种稀有的存在，是一种无法被仿制的元素。

史蒂夫·福布斯，亦即福布斯集团的总裁兼CEO，在2014年他所写的《货币危机》这本书中呼吁应该重返金本位制。在这本书中，史蒂夫列举出世界应该要重返金本位制的3个重要理由。

理由如下：

1. 纸币并不是一种财富。

2. 如果美国没有取消金本位制，薪资水平会比当前的水平还要高出50%。

3. 采用金本位制会增加买卖双方彼此的信任度。借助黄金，连陌生人也敢彼此进行交易，双方都能互信地进行交易。当人们以没有公信力的"钱"作为交易媒介时，交易量就会减少，因而造成经济的萎缩。

换句话说，当政府不断印钞票时，人与人之间（及国与国之间）的信任就会降低,买卖和贸易量也会减少,因而造成经济的萎缩。当经济开始萎缩时,诚实的人们就开始受苦,甚至会变成绝望的民众。这种绝望很可能导致犯罪率、暴力事件、背信违约、恐怖活动的增加。

降低风险

当信用降低时,风险就随之提高。

当政府印制越来越多的钞票时,大众对货币的信心就会下降,而该币值的风险就会随之增加。如今有数十亿的民众对自己的财务未来感到焦虑不已。

想要降低自己所承受的风险,就必须从自己所受的教育、顾问、时间开始着手,重新建立对自身的信任。

问:我要如何开始再次信任自己?

答:再次强调:要先从词汇开始。借着学习金钱的语言——这是一种不在学校里传授的语言——你就能开始建立对自身的信任。

金钱的语言

2009 年秘鲁第一任的前副总统劳尔·迪耶斯－坎塞科·特里邀请我和金访问这个美丽的国家,同时参观他在家乡利马所创办的私立教育体系。劳尔是一位教育创业家。他所创办的教育体系包含从幼儿园开始一直到大学毕业为止的完整教育。这是一种创新的教育体系,培养学生具备现实世界所需的从商创业的能力。

　　当然了，参观马丘比丘也一定会安排在行程之中。当我参观这座位于安第斯山脉中的文明遗迹时，我问同团印加学者罗美欧："他们是凭什么来区分上流社会与下层社会的？"他毫无迟疑地回答说："语言。那些位居上层社会的人们所讲的语言叫作'克丘亚语'，亦即商业用的语言。"罗美欧进一步解释说，"就是因为克丘亚语的威力，才让印加帝国有主宰整个南美洲西半边的力量。"

　　当今世界似乎也是一样的，没有什么改变。有钱人讲的也是商业用的语言，亦即金钱的语言，一种从来不在学校里传授的语言。我的富爸爸和穷爸爸两者之间最大的不同，就是他们所采用的词汇和语言迥异。虽然他们讲的都是英文，但是所运用的语言却有着极大的差异。

　　如果你每个月都学一些新词汇的话，你就会提升对自己的信任，此时风险就会逐渐降低，而你的收获与投资报酬将逐渐增加。

　　问：你能不能举个例子说明：为何语言可以让我变得更有钱？
　　答：当然。你已经知道资产是会把钱放到自己口袋里，而负债则是那些会把钱从你的口袋里拿走的东西。

还有一些非常重要的词汇，像是现金流与资本利得。穷人和中产阶级的投资多半是为了获得资本利得。他们买进、持有，然后祈祷其价格上扬。"翻修转卖"不动产的人们也是为了资本利得而投资的。这也就是为什么这些人会觉得投资充满风险，因为他们完全无法掌控买卖的价格是涨还是跌。他们的投资也不会产生现金流。当他们获利了结的时候，还得支付资本利得的所得税，而它又是三种所得税中第二高的一种税种。

问：有钱人是为了现金流而投资的？
答：位于现金流象限 B 和 I 这一侧的有钱人，会为了许多原因而进行投资。他们可能会为现金流、资本利得、控制权，以及税赋上的优惠等而进行投资。

问：我要如何学到这些内容？
答：改变你所接受的教育、你的顾问，以及运用自己时间的方式。如果你这么做的话，你会发现自己所运用的词汇和语言已经有所改变了。在下一章里，你将学到很多位于现金流象限 B 和 I 这一侧的有钱人是如何进行投资的知识——例如资本利得、现金流、税费的减免等。

问：S 象限和 B 象限里的创业家有哪些不同之处？
答：当 S 象限的创业家提供产品与服务时，他们是在为钱而工作的。

问：这些不算是资产吗？
答：不算，绝大部分都不能算是资产。真正的资产是能创造出现金流的事物。产品和服务创造出来的只是营收上的现金罢了。

问：你能不能用更简单一点的话进一步详加解释？
答：当然。我同时也希望你留意我运用了哪些不太一样的词汇。
假设说有一位创业家开了一家餐厅，并且提供了绝佳的美食与服务。

食物就是产品，而员工就是服务。第二天，整个营业过程就得再重复一遍。每个人都是在为了薪水与小费这种主动收入而工作。当你为钱而工作、存钱储蓄、投资于401(k)时，你所有的收入都是以主动收入来课税的。

如果我是一位B象限投资不动产的创业家，一位拥有餐厅这处建筑物的投资者，那么我所提供的却是资产。我当初利用债务来买下这处建筑物，得到现金流收入，并且缴纳最少的税费。除此之外，我还可以因为折旧、摊销、增值等其他类型的收入而缴纳越来越少的税费。

问：折旧、摊销、增值是其他类型的收入？

答：是的。如果你不懂得这些词汇之间的差异，请教一位税务顾问或者是税务律师或阅读相关书籍。本章的重点在于：强调风险与词汇的重要性，以及如何降低风险。

问：如此说来，S象限里的创业家们工作越来越辛苦，承担起所有的风险，而且还要缴纳更高的税费；而B象限中的创业家工作越来越少，钱反而越赚越多，而且税还越缴越少？

答：是的。重点在于所运用的词汇不同，亦即不同象限中的人们运用不同的词汇和语言。

我想再次分享下面这个故事，但是从不同的方向来探讨。在《富爸爸穷爸爸》一书中，我曾提及麦当劳的创始人雷·克洛克说过的一句话："我从事的并不是汉堡业，我真正在做的是不动产业。"换句话说，麦当劳的汉堡和薯条是他们的产品和服务，以此来供养不动产这一真正的资产。这正是麦当劳成为全球最大不动产公司之一的原因。

简单来说，穷人和中产阶级所运用的都是E象限和S象限中的词汇和语言。富人则是运用B象限和I象限中的词汇和语言。古印加帝国称之为"克丘亚"，也就是金钱的语言。

富爸爸经常会说："语言文字拥有让你变穷或变富的力量。如果你想要变成有钱人，那么就学习那些会让你变得有钱的语言和文字。好消息是，语言文字都是免费的。"

至于想要进入I象限，我建议你将《富爸爸现金流》游戏至少玩一百遍以上，并且教会其他一百位以上的人如何玩这个游戏。我相信你会发现自己能从错误中学到很多，尤其是当你不会有真正的损失时更是如此。我还发现：当我们借着传授他人自己所学会的事情时，反而会学到更多。

历史即将要追上未来

2014年10月25日《经济学人》杂志刊登了这样一篇文章：《世界上最大的经济问题》。

该文章确认了我在本书中的一些忧虑：我们的世界正要面临一次货币崩盘的危机。

就如我稍早所说的，问题在于大部分的人都经历过股市或房地产市场的崩盘，但鲜有人亲身经历过货币崩盘这样的事件。这也就是为什么在本书第三篇讲"未来"的一开始，我选择用"一位德国人用扫把在扫满地德国马克纸币"这张照片的原因。

我前文也提过有两种不同的经济危机：其中一种是1918年至1923年德国式的金融灾难，起因是德国政府大量印钞票，最后导致恶性通货膨胀的事件；其二是美国的经济大萧条，起因是政府不愿意扩大货币基础，结果造成经济过度萎缩的灾难。

《经济学人》杂志说"欧元将会崩盘"，是因为德国人至今仍然对当年恶性通货膨胀的惨痛结果记忆犹新。因此现在的德国鼓吹财政紧缩，这种做法跟造成1929年至1954年美国经济大萧条没有什么两样。

很不幸的，欧洲其他诸如希腊、西班牙、意大利等国家却希望欧盟能多印钞票，而这种做法跟1918年至1923年造成德国恶性通货膨胀和希特勒崛起的做法如出一辙。《经济学人》杂志这样写道：

> 异于日本这个由单一民族构成并拥有坚忍社会风气的国家，欧盟各国无法彼此一起熬过多年僵化的经济及不断下跌的物价。当意大利与希腊的债务压力开始蔓延开来时，投资人就会开始惊慌，怀抱民粹主义的政客们会开始强势起来——很快（而非很久之后）——欧元就会面临崩盘的命运。

很不幸的是，美国的国情比较像欧盟而非日本。美国人虽然很爱国，但是我们这个国家是由众多种族、金钱、政治、宗教所构成。而且富人和穷人之间的鸿沟越来越大，而那些打着"民粹牌"的政客们，还在拼命答应选民一些政府根本做不到的承诺。

问：什么是"民粹"？

答：给"民粹"这个名词下定义是件不容易的事情，因为它无法用贫穷或富有，或者是自由派还是保守派来区分。"民粹"基本上来说就是"一般大众目前的智慧水平"。

在缺乏财商教育的情况下，美国普通民众（无论是中学生还是大学教授）都无法在金钱方面做出明智的判断。正因为如此，无论投票给民主党还是共和党，自由派或保守派，都不会对目前的经济造成多大的改变。美国普通民众仍然相信"工作是有保障的""自用住宅是一项资产""存钱储蓄是聪明的办法""投资共同基金可以致富"等观念，而完全不清楚负债和税赋是让有钱人越来越有钱的原因。缺乏财商教育的人只能看到硬币的一个面而已。本书第三篇的重点在于获得财商教育，让你可以开始看到硬币的两面。

问：《经济学人》杂志的报道是否公平、公正，且完全没有偏颇？

答：没有任何人是 100% 公平而没有偏见的，包括我在内。《经济学人》

杂志是一本非常棒的刊物，创刊于英国，而英国一直就讨厌欧盟这个组织。事实上，全球的主要货币都已经出现了问题。

问：万一全世界同时发生全球性的货币崩盘，届时又会发生什么样的事情？

答：就会像是巨大的陨石掉落在太平洋和大西洋之中。很可能会发生金融上的大海啸、山崩、地震，也会发生混乱与民众暴动。好消息是，那时也将成为兴盛繁荣的开始。很多既得利益者与当权者会失去他们的权力，所以很多人一直引颈盼望的改变也会在这个时候发生。但是你必须要有所准备，你绝对不想成为下一次危机中的受害者吧。

问：财商教育既能让我看到硬币的两个面，又能让我有力量来更妥善地掌握自己财务的未来？让我自己来做很多的决定？做出对自己最有利的选择？

答：是的。财商教育并不是要别人来给你所谓的正确答案，或者告诉你如何运用自己的金钱。财商教育让你拥有力量来决定哪些才是适合自己的答案。

因此要赶快学习，因为历史即将要追上我们的未来。

富勒博士的教诲

在《劫夺的巨人》一书中，富勒博士这样写道：

> 公司并非一种实际的存在，也不是一种抽象的概念。它们是社会经济学的一种策略——合法颁布的一种游戏玩法——经由那些拥有绝对力量的社会经济个体共同认可，然后强加于人类社会，以及那些不知情的社会成员身上。

问：他想表达的意思是什么？

答：我认为他的意思是说：相信劫夺的巨人，也就是那些躲在全球最大银行与企业背后的无形力量，这种做法的风险系数更高。

对我而言，他的意思是说：把自己的资产交给劫夺的巨人来控制是件非常危险的事情。如果你仍然坚持投资有价证券，那么也不要抱着长期投资的打算。相反，你应该学习如何投资股票期权，并且学习无论股市是涨是跌，都有办法让你赚到钱的方式。

从硬币的另外一面来看，如果你想要降低自己的风险同时致富的话，或许你应该学学劫夺的巨人们所运用的语言文字，亦即 B 象限和 I 象限所采用的语言。

降低股市所暴露的风险

如果你的投资都在股票市场里，那么你应该读读富爸爸顾问安迪·塔纳写的《富爸爸股票投资从入门到精通》一书。

你在第二次致富机会中应该要学会的事物

许多理财专家会说："冒着高风险才会有高报酬。"

问：如果此话不当真，那他们为什么还要这么说？

答：谁知道！这个人可能是一个专门说谎的人、骗子，或纯粹只是个白痴罢了。

或许他只是复述着他被教导的那些话而已。这种人并没有做到富勒博士建议我们要做的事情：

我花了大半辈子学习如何遗忘、放下那些已经被证明是虚假的

事物与观念。

如今有数百万的美国民众，只因为他们所拥有的 401(k) 和个人退休账户等退休基金，盲目地把自己的钱交给不知道能不能信任的陌生人。这些民众听从一些鹦鹉，亦即那些只会重复述说别人教他们的那些话。听从这类主张的风险实在是太高了。

财商教育就是：

硬币的另外一面

与风险相对的就是控制。为了自己人生的第二次致富机会，请拿回自己接受教育、寻找顾问、运用时间的权利。

第十八章
"存钱储蓄"的另外一面

> "我们的财富通过货币被人剽窃了。干吗还要存
> 钱储蓄?"
>
> ——巴克敏斯特·富勒博士

许多理财专家会说:"天有不测风云,储蓄是为了以备不时之需。"

任何脑子正常的人却会说:"当政府不断地大量印钞票时,为什么还要存钱储蓄?"

为什么存钱储蓄的是输家

当我们存钱储蓄时,同时也失去了自己的财富。当一个人存钱储蓄时,他们的财富就会因部分储备金制度而蒙受损失。假设存款准备率为10%,即对每1美元的存款,银行可以出借10美元的额度。在克林顿总统当政期间,少数几家像花旗、美国银行等巨型银行将存款准备率拉到34%的极限。意思就是说,只要有人存入1美元,那么这些银行可以创造34美元的贷款额度拿来给别人使用。这同时也说明那份1美元存款的实际购买力被稀释了34倍。

银行界的部分储备金制度是一种"凭空印钞票"的手段,存钱储蓄者因

此而沦为输家。简单来说，当有人向银行借钱时，钱就会无中生有地被创造出来，而不是真有人把那么多的钱存入银行。

存钱储蓄的人们沦为输家的另外一种方式，就是把钱投入共同基金之中。基金公司会借着各种隐藏的费用来赚大钱。

先锋集团创始人约翰·伯格问大众："身为共同基金股东之一的你，要你拿出100%的资金并承担100%的风险，但是赚钱后只能够分到30%的获利，你还真的会想投资共同基金吗？"这个硬币的另外一面就是：基金公司完全不需要投资一分钱，也完全不用承担任何风险，却可以获得70%的投资报酬。

德国在魏玛共和国期间，存钱储蓄的人们是最大的输家。在1918年至1923年间，原为百万富翁的人们在短短的5年内就变成了穷光蛋。

问：和存钱储蓄相对的是什么？是要开始举债吗？

答：既是又不是。光是举债并非完整的答案。债务只是答案的一部分而已。和存钱储蓄相对的是"货币流通速度"（即"货币周转率"）。绝大部分人在存钱或投资退休金的时候是在"停泊"自己所拥有的金钱。聪明的人反而会让自己的钱持续不断地流动。

简单来说，当你"停泊"自己的金钱时，这些钱的价值就会不断流失。当你一直不断地让钱移动起来的话，这些钱的价值就会一直增加。

把钱想成一个成天坐着看电视的仁兄，以及另外一位整天不停地跑步、骑自行车、爬山的人。10年之后，哪一位会比较健康？

问：我的钱动得越快越好，是吗？

答：是的，如果你知道怎么做的话。在德国爆发恶性通货膨胀期间，没有受此影响的德国民众就是那些把钱移到国外，换成其他像是美元、英镑或者是法郎等货币的人们。那些把自己的钱以持有马克的方式"停泊"在德国银行里的民众，都是输得最惨的一群人。

问：你的意思是说我应该要买些外币吗？

答：不是。如今时代已经不一样了。现在全球已经步入了所谓的"货币战争"阶段。绝大部分国家政府都在做跟1918年德国政府一样的事情。

问：为什么？

答：如今很多政府害怕自己国家的币值相对强势与强劲。举例来说，如果美元继续升值，那么美国出口产品的价格会上涨，而且失业率同时也会上扬。

全世界的政治领导者都非常害怕失业率上扬。因此他们会想尽办法让民众有工作可做，就算摧毁货币的价值也在所不惜。

问：所以美国会继续印钞票来维持美元的弱势？

答：这是一种看法。

问：那么我应该怎么做？

答：我会告诉你我在做什么，但并不建议你也跟着我这么做。

问：为什么不行？既然不要我跟着做，那为什么还要告诉我？

答：因为我的做法挺复杂的。我花了好几年的时间才学会。事实上，到现在我还在学习当中。

我之所以告诉你，是让你可以看到硬币的另外一面。如果你能看到很多人所看不到的，那么你就能开始了解真正的金钱游戏是怎么玩的。真正的有钱人不会"停泊"自己的金钱，他们会让自己的钱动起来。

问：如果我想跟你做同样的事情呢？

答：那么我会说："祝你好运，欢迎你加入我们的游戏。"你将开始玩一场有人可能会大赢，但是只有极少数的人才能存活下来的游戏。

当你看完下图并了解游戏怎么玩之后，就能决定是否要玩这一场称之为"货币流通速度"的游戏。只有你知道这个游戏适不适合自己。

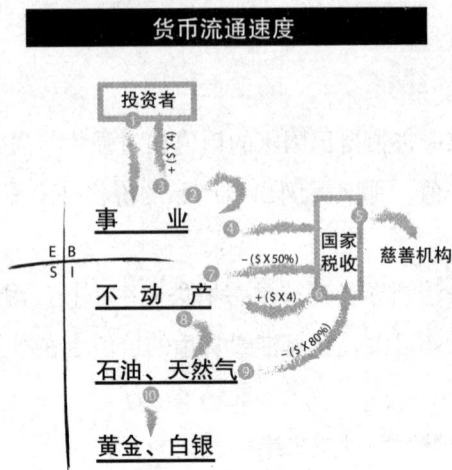

货币流通速度

跟着有数字编号的箭头追踪金钱的流向。

1. 箭头 1 是刚开始的时候，也就是当我和金为了创立富爸爸集团，从投资者那里筹措 250000 美元，这时候游戏就开始了。

2. 箭头 2 是将钱再次投入事业里的做法。这个箭头之所以绕回事业之中，是要告诉大家这些再投资的钱是完全不用课税的。

这些免税的收入被用来聘请更多的人才，以及买下更多的设备，让公司获得成长。

3. 箭头 3 代表把钱还给我们的投资者。($×4) 代表他们在两年之内获得了 400% 的投资回报率，亦即 100 万美元。

4. 箭头 4 代表我和金总算借助薪资和红利等方式，把钱从事业中抽出来（这些钱是要向政府缴税的）。我们将近等了 3 年才开始从事业中拿钱出来。

5. 箭头 5 代表着什一奉献，是说我们会把总收入的 10% 捐给正规慈善机构。虽然我们因为这笔捐款可以获得政府所给予税收上的抵扣减免，但是我们这么做最主要的原因是慈善属于灵性的一环。税赋减免只不过是额外的好处罢了。

做什一奉献是因为我们相信上帝是我们的合伙人。如果我们不拿钱给合伙人，那么合伙人就不会再协助我们的工作了。

千万别忘了，如果想要看到别人笑脸相迎，那么自己脸上先挂个微笑才对。如果你想要别人打你，只要先给他一拳即可。如果你想要获得更多的金钱，那么就先把自己的钱给出去。

每当我听到有人说"当我赚到钱之后就会捐钱"这种话的时候，我就会忍不住暗笑。从我个人的观点来看，这些人之所以没有钱，就是因为他们从来就没有拿钱给过别人。

6.箭头6指的是我们在不动产方面所做的投资，而在箭头旁边有（$×4）这个记号。$代表我们的股东权益，我们投资不动产时所付的首付款。4代表为了拿下对象而向银行申请的债务。这笔贷款可以冲销我们原本应纳的税赋。

7.箭头7指的是政府给我们的税费减免——所以（$×50%）的意思是说：因为税赋上的减免，所以我们从政府那里拿到一些钱回来。这被称之为"虚拟现金流"。

举例来说，假设我个人应该缴纳1200美元的所得税。

因为我投资了不动产，因此政府允许我税前抵扣我投资的"损失"。其中有一种损失称之为"折旧"。

为了简化说明，假使说我不动产的折旧额度是500美元。

也就是说我不用缴纳1200美元的所得税给政府，我应缴的税额已经降低为700美元。这500美元的折旧费被称之为"虚拟现金流"，因为这笔钱会留在我的口袋之中。我无须把这500美元交给政府。

8.箭头8指的是从石油、天然气投资中所获得的现金流。

9.箭头9指的是税费的减免。（$×80%）代表因为我投资石油天然气的关系，政府允许我从税收账单中扣除部分投资费用，以获得相应的税收优惠。

我在前一章曾经写到我投资石油天然气获得32%的投资回报率。

我之所以能获得 32% 的投资回报率，是因为我的所得税级为 40%。如果我拿 1000 美元投资石油或天然气，那么政府允许我用投资额的 80% 来作为所得抵扣。所以 800×40%=320 美元，即因为税赋减免的关系获得 32% 的投资回报率。再次提醒，这笔钱（320 美元）并没有交给政府，而是会被留在我的口袋之中。

在现金流象限 B 和 I 这一边，当我投资越多时，我所要缴的税就越来越少。

这也是为什么无论大经济环境如何，有钱人都越来越有钱。

10. 箭头 10 指的是黄金与白银。

相比存钱储蓄，我宁可买进并储存黄金与白银。我不认为黄金与白银是一种好的投资，是因为黄金与白银可能会被课征非常高的税率。

我认为黄金与白银可能会被课征非常高的税率，是因为美国政府不希望民众持有黄金与白银。

我之所以持有黄金与白银，是作为美元发生崩盘时避险之用，以防发生类似 1923 年德国马克的情况。

以上就是我个人在玩"货币流通速度"这个游戏时的指导守则。

别忘了，我是在用极度简化的例子解释一个非常复杂的过程，而且其中的数字都不是精准的金额，而且还会随着市场起伏与所得税率等级而有所改变。在你采取任何行动之前，务必先找一位精通这个过程的律师或会计师进行咨询。

如果你的顾问说"你在这里不能这么做"这种话，那么就找新的顾问取代他。全球各地都在进行这类的金钱游戏，只是版本有所不同罢了。这就是有钱人在玩的金钱游戏。

问：我要如何更进一步地了解这个游戏的十个步骤？

答：学习金字塔原理早已向你提供了一种经过实证的办法：和一群朋友共同参与讨论。如果你和朋友能按图索骥，跟着这十个步骤复习十遍以上，那么你的心智就会看到"无形"的金钱世界，一个鲜为人知的世界。

问：让我先把这些搞清楚。你先运用投资者借给你的钱，自己没有拿一分钱来进行这场游戏。你完全没有拿自己的钱冒风险，如今还可以赚到数千万美元？

答：是的。

问：当钱越赚越多时，你还不断地追加投资。而当你的投资越来越多时，你就能赚到更多的钱，因为政府允许你缴纳越来越少的税费？

答：是的。

问：如果你的钱在流动方面开始慢下来了，你的收入就会开始减少，而且税费也开始增加？

答：是的。

问：而你运用的钱，是由那些把钱"停泊"在银行储蓄存款或者退休金基金里的人们所提供的？

答：是的。

问：你拿着储蓄者所存的钱，然后给了它们一个加速度。你的工作是不断地让储蓄存款动起来？

答：是的。

问：富人越来越有钱，原因就在这里？金钱必须不断地流动？现金也必须让它动起来，因为现金要拿来买进更多资产来创造现金流？这样说正确吗？这就是你所谓的"游戏"？

答：没错。

问：而当现金停止流动时，整个经济就会停顿下来？

答：是的。

问：政府也因此而给你诸多税费上的减免。因为你创造了就业机会，并且利用负债来提供住宅、食物、能源？

答：是的。现金流能让整个经济动起来。如果所有人只懂得储蓄存款，那么整个经济就会垮掉。因此税费减免是政府奖励的手段之一。政府利用税制来宣告说："政府希望有人来完成这些事情。"当房主收到房贷利息抵扣减免额度时，等于政府在对他说："谢谢你，你正在从事我们想要你做的事情。"

问：当穷人和中产阶级存钱储蓄时，现金就停止了流动，因此政府会对这笔存款课税。这些人因为没有让钱动起来而被政府惩罚？

答：是的。

问：我留意到你不投资像是股票、债券或者共同基金等的有价证券，也不存钱储蓄。为什么不这么做？

答：因为有价证券属于第三级的财富。

问：你从来不存钱吗？

答：对啊。因为我从不把现金当成资产来看。我绝对不会为了退休而存钱，尤其是当政府还在一直印钞票的时候。我会存些钱来买进价格崩跌的资产。当市场崩跌时（而且一定会发生这种情况），手上拥有好的现金就可以称王。问题是，当发生货币崩跌时，手上持有的不良现金就会变成垃圾。

问：你认为美元会不会是第一个崩盘的货币？

答：我不知道。全球所面临的问题是，美国、英国、日本及欧洲诸国原本是世界上最富裕的国家，如今都在大量印钞票。所有的货币都很疲弱，连人民币也越来越不值钱。

问题在于：印钞票注定让货币——因为社会保障制度、医疗保健制度、穷人、教育、退休等——在未来酿出更大的问题。不仅战后婴儿潮一代会变成一贫如洗的一代，因为缺乏财商教育，接下来几代人都得跟着付出惨重的代价。

问：我们是不是即将面临恶性通货膨胀、通货紧缩，甚至是货币崩盘的情况？

答：我相信我们会经历这三种状况。三种情况目前在全世界都有发生的前兆。接受财商教育的目的是为了先活下去，然后再次兴盛，最后享受繁荣——无论大的经济环境如何变化。

我写这本书的目的就是要让你开始动脑思考，至少要让你开始质疑那些在 20 世纪可能发挥过作用的一些观念，像是"好好上学念书、找份工作、辛苦上班、储蓄存钱、买栋自用住宅、还清负债、长期投资于股市之中"这些陈年过时的老观念。这些观念在 20 世纪的确有帮助，但是无法在当今的 21 世纪发挥作用。

写这本书是希望你能鉴往知来。

预估我们未来的退休金和医疗保健成本大约超过 220 万亿美元。如果战后婴儿潮一代开始从股票市场撤离，那么经济就不会再有成长可言，此时市场开始下跌，而"黑色星期五"——货币的崩盘——即将发生。

如今美国和其他先进国家唯一能还得起这种巨额债务的办法，就只有印制更多的钞票而已。

问：所以美国、英国、日本及欧洲各国的战后婴儿潮一代开始退休，就会成为压垮骆驼的最后一根稻草，是吗？

答：逐渐年老的战后婴儿潮一代只是其中的一根稻草而已。和津巴布韦一样，我们国家有腐败无能的领导层，我们在境外打着无法获胜的战争，我们向其他国家借钱，而我们的政府不断靠印钞票来应付各种开支。

不仅这个问题得不到解决，美国民众还面临着政府运作停摆、人民惊慌失措、政府持续印钞票的危机。这种做法是无法一直持续下去的，到头来政府一定会停摆，因为货币注定要崩盘。

问：你投资的都是主要财富和次级财富这些属于资源和生产的财富吗？

答：是的。

问：为什么只投资主要财富和次级财富？

答：因为政府希望我们这么做。这也是创业家们在做的事情。创业家并不是在找工作做，他们是在创造就业机会。创业家并不会去买股票，而是打造上市企业然后卖股票，即出售自己公司的股份。

问：这是否就是真正的财商教育？财商教育必须要同时揭露硬币的两面？

答：是的。许多"类似财商教育"的教育只侧重于硬币的某一面——例如投资有价证券，或者那些专门卖给 E 象限和 S 象限中人们用的属于第三级财富的投资产品。真正的财富是位于 B 象限和 I 象限之中的。

问：E 象限和 S 象限能不能享有同样的税费优惠？

答：既可以又不可以。这要取决于你对税费优惠的定义。对大部分的 E 象限和 S 象限来说，他们所能做的就只有通过个人退休金计划来进行投资。

问：这种做法有什么不对？

答：这是一种第三级的财富，风险高，而且回报率还取决于资本利得，而非现金流。投资人无法对其进行控制，只有长期投资才能享有税费上的优惠。最主要的原因是，我会被迫将钱"停泊"在这个退休金计划之中。

问：所以有钱人无中生有地创造钱，而其他人都辛苦地替有钱人工作，然后还得缴税？

答：恭喜你，你总算懂了。现在你总算了解"一必定是多元的"这句话了。硬币一定有另外一面的存在，就如同阴阳相济一样。在金钱这方面，你现在所懂的已经超过全世界99%的人了。你现在已经能看到那些无形的事物。当你能看到硬币的另外一面时，你就会了解资产是如何被创造出来的。

问：所以钱是从脑袋里创造出来的吗？

答：是的。真正的资产实际上是不存在的，而是被创造出来的。我已经介绍过我那位苏格兰的朋友，他是如何把一家拥有150年历史的教堂变成了一项资产。这个资产原本是不存在的，直到他把一切安排妥当为止。将近5年的时间当地居民每天都会路过教堂门口高挂的"出售"牌示，他们忙着上班然后领薪水。在他们眼中，这只不过是一幢老旧破败的教堂，而格雷姆看到的却是一项资产。

这项资产首先在他的脑海里成形，然后唤醒了他的内心与情绪，接着他就开始采取行动。这才是真正的财商教育。真正的财商教育并不是教人为了薪水而工作、缴税、存钱储蓄、长期投资于股票市场之中。这样的做法根本就是在奴役大众。

真正的财商教育给你带来能力与力量，让你能无中生有地创造出资产。别忘了，谷歌和亚马逊不过是几年前才出现的公司。富爸爸集团公司也一样。

问：所以说我的脑袋里藏着大量的财富？

答：这就要由你来决定了。你的现实生活——以及人生——都是从你的脑袋里开始的。"找份工作、储蓄存钱、还清负债、长期投资于股市之中"等观念也是从脑海里开始滋长的。你怎么看待这些事情，完全由你自己来决定。

在现金流象限中，每个象限各自用着不同的眼光来看待我们的世界。每个象限里的人们各自拥有不同的价值观，因此会借助不同的方式来进行学习。

举例来说，E象限里的员工重视的是有保障的工作及稳定的薪资。自由职业者重视独立自由并且凭一己之力来做事情。B象限中的企业家是依靠团队来进行工作，并且让团队来创造能产生现金流的资产。而I象限里的人们投资B象限里的创业家，因为这些创业家能打造出产生现金流的资产。他们几乎不可能会去投资S象限里的创业家。

问：每个象限各自重视不同的教育类型？

答：是的。

问：为了我的第二次致富机会，我必须决定自己要学些什么，而且我可能还得忘记自己从前学到的不正确内容？

答：是的。这不失为一种有帮助的看法：你无法把两辆车停放在一个停车位上。教育也是一样。如果你想拓展自己的世界，那么你必须先扩展自己停车位的大小。当你能看到硬币两面的世界，你就拓展了自己原来的小世界，让你拥有一个有着无限可能的大世界。

我再次重复富勒博士说过的话：

我花了大半辈子学习如何遗忘、放下那些已经被证明是虚假的事物与观念。

问：我现在应该怎么办？

答：决定哪些是对自己最有帮助的。我们每个人都是与众不同的。我们拥有不同的天赋才华、不同的智慧、不同的梦想。

我在 1973 年就得决定哪一种生活最适合自己。我比较适合哪个象限里的生活：左边的 E 象限和 S 象限，还是右边的 B 象限和 I 象限？接着，我还得决定要接受哪一种教育才能让我到达想要去的象限之中。念 MBA 然后在 E 象限和 S 象限里上班工作，还是成为 B 象限和 I 象限里的创业家？

我在 1973 年时就知道无论做出哪个决定，都不会是件轻松的事情。我必须决定哪种选择会鼓舞我，给我前进的动力，并且能激发我成为最棒的自己。

现在是你为自己做出决定的时候了，决定到底什么才是对自己最好的选择。

富勒博士的教诲

以下就是富勒博士关于选择教育的重要性所说过的话：

总有一天，在充满光辉的教育体系中可以自发性地选择所受的教育，这种类似于蒙台梭利式的教育体系，终将成为现实。

试问："为什么不让学生自己决定想要学什么？"

当乔布斯从里德大学辍学时就是这么做的。他先从里德大学退学，然后再次进入大学，而且这一次他可以自由地选择他想要学的东西。

劫夺的巨人们控制着我们所能学到的学科与内容。正因为如此，上亿的人口如今处在财务危机之中。

我 9 岁的时候问老师：

什么时候我们才能学到有关于金钱的知识？

她回答说："我们在学校里不会教你有关金钱的事情。"当时，我就开始寻找能教我而且愿意教我的老师，因此我找到了我的富爸爸。

富勒博士曾说过：

经过选择的教育，由于渴望获得真相的心理会产生神奇的动力，会让生命变得更加纯洁与快乐，更有韵味和风雅。

换句话说，我们在精神上渴望获得真相才是教育真正的意义。

你在第二次致富机会中应该要学会的事物

永远记住，有钱人是不会存钱储蓄的，他们会一直让自己的钱动起来。

财商教育就是：

硬币的另外一面

生命就是一连串的选择。而当你让自己站在硬币的边缘上，一个能同时看到硬币两个面的位置上时，你就具有一种优势，因为你已经明白为什么传统思维和传统教育恰好和富有人生这条道路是相对的。

持续让自己的钱动起来——而且速度要快——这和长期"停泊"自己金钱的做法完全相反。

第十九章

"迫切的危机并非好事"的另外一面

"要去做的事如下：亦即那些应该做到的事情，从
你个人来看应该是必须达成或完成的事情，而他人似
乎完全看不出来这件事情有必要去做。"

——巴克敏斯特·富勒博士

正如你所知道的，当今世界面临许多远比金融危机还更严峻的挑战。

很多人会问："我们的政府打算怎么做？"

而我相信这才是面临危机时最大的问题：太多人在等待政府出面解决这些问题。太多人在仰赖政府所发放的补助过活。

富勒博士不太关心政治。他说：

我的理念几乎都得经历某种紧急状况之后才会逐渐被接受。

当人们迫切需要它们的时候，他们才会学着接受这些理念。

他还说，我们人类也有选择在世界上创造出人间天堂或者人间炼狱的能力。他警告说：我们这个时代，而不是他那一代的人们，将会面临最大的一次危机——一场宣告工业时代结束而信息时代开始的危机。

他的预言很准确。如今我们都处在一个巨大无比、全球化的紧急状态之中。

好消息是，富勒博士经常会提到另一项基本原理，就是"借由危机来崛起"这项基本原理。他解释说：在各种危机中，必定会有更新更好的事物崛起。

他以尚未出生的小鸡为例，一个仍然在鸡蛋壳里的小鸡，随着自己越长越大而开始恐慌，身陷在紧紧包住它的蛋壳里，而食物、空气、空间及赖以维生的物资也都即将消耗殆尽。在看似最黑暗的时刻里，小鸡开始啄破蛋壳，然后崛起融入一个崭新的世界之中。

富勒博士非常担心人类在迈入未来的同时，是否能正确做出在地球上创造出人间天堂抑或人间炼狱的决定。

他警告我们说：绝对不能自满，也绝对不能让政客们来决定全体人类的未来。他警告我们：原本牢牢抓着权力、年老力衰的守卫者仍然会不顾一切地守住他原本所拥有的权力。

随着进入全球危机的同时，我们面临的挑战是：到底应该由谁来决定我们的未来？

当你在准备第二次致富机会与自己的未来时，我想让你自己仔细想想以上这些问题。

乔布斯在斯坦福大学的那次演讲中说：

> 你在向前展望的时候，不可能将这些片断串联起来；你只能在回顾的时候将这些点点滴滴串联起来。所以，你必须相信这些片断会在你未来的某一天串联起来。

为了启动你的第二次致富机会，请花点时间回顾自己的过去。把点点滴滴串联起来，然后问自己："我的过去是如何指引我未来的方向的？"

当我问自己这个问题的时候，我发现自己的未来在四年级举手发问"何时我们才能学到有关金钱的知识"的时候就开始启动了。

在演讲中，史蒂夫·乔布斯送给大家下面这句精彩箴言：

　　求知若渴，虚心若愚。

　　我和金在 1984 年的确做了一件很"愚"的事情。我们勇于一跃，迈向不可预知的未来，寻找数十年来我心中那个问题的答案："为什么我们在学校里学不到有关金钱的知识？"

　　我和金 1984 年就属于"求知若渴，虚心若愚"的两个人。

　　而且乔布斯说的没错，常保"求知若渴，虚心若愚"的确是一件非常好的事情。如果我们当年没有勇于一跃迈入未知的未来，我们就不可能和约翰·丹佛成为朋友，或者在奥普拉一个小时的节目中被访问，或者跟唐纳德·特朗普合著两本书，认识史蒂夫·福布斯，或者能坐在像是以色列前总统西蒙·佩雷斯等世界领袖的身边聆听演讲，而且更重要的是不可能在世界各地认识像你一样特别的人们。

　　常保"求知若渴，虚心若愚"一直很有帮助，而我也完全不想改变我的这一优点。

　　有一些问题我希望你也能问问自己：

　　1. 如果我串联自己以往的点点滴滴，那么我的未来指向何方？

　　2. 当我还是小孩子的时候渴望获得答案的问题有哪些？

　　3. 从我个人来看，有哪些事情应该是需要被达成或完成，但是却没有人在做？

　　4. 什么样的理想或动机会让我愿意常保"求知若渴，虚心若愚"？

　　5. 我的作为是否真的对世界有所帮助？

　　这些问题让我无法再过原来的生活。当我退一步审视自己的摇滚乐衍生品事业时，这些问题的答案是"并没有什么帮助"。我虽然也在认真工作，也在赚钱，但是并没有给世界带来多大的帮助。

当我理解到自己认真地工作（提供工作机会，赚大钱等），但是对世界没有什么帮助的时候，我就知道我从事摇滚乐衍生品事业不会长久了。我虽然热爱我的工作，但是我清楚地知道自己做这个工作、同时也热爱这个工作的原因，只是因为自己的贪婪。

在我决定勇于一跃，从公司辞职抽身出来之后，我就遇到了金。

我非常怀疑，如果当时的我对自己的决定犹豫不决，不确定是否要迈入未知的未来的话，我很可能不会遇到她，更别说跟她在一起了。我相信是上帝把她派到我的身边，因为上帝知道我在未来非常需要她的帮助。

做相反的事情

当你考虑自己第二次致富机会的时候，我在这里向你提供几个想法，想想它们可能对你的人生、精神、家庭及未来产生什么样的影响：

1. 与其找份工作做，不如寻找有哪些问题迫切需要有人来解决。
2. 与其为钱辛苦工作，不如认真工作来服务更多的人群。
3. 与其向上帝求助，不如寻找能主动帮助上帝的方法。

我相信这些问题的答案将会导引你走上自己的第二次致富机会之路。

最后停笔之前，我借用玛格丽特·米德一段非常有智慧的话与你分享：

千万不要怀疑一小群有思想、有决心的民众是否能改变世界。事实上，这是改变世界的唯一方式。

我再引用一句阿尔伯特·爱因斯坦说的话：

想要解决问题，就不可以采用当初制造出问题本身的思考模式。

最后还有富勒博士所说的：

我们应召而来，是要做未来世界的建筑师，而非它的受害者。

你在第二次致富机会中应该要学会的事物

你要如何从我们所面临的危机中崛起？你将要创造的人生是不是跟人间天堂一般？还是完全相反？你的未来完全取决于你即将做出的选择。

财商教育就是：

硬币的另外一面

很多人只能看到危机或紧急状态中混乱的一面。而硬币的另外一面就是潜藏在危机中的机会：一个你能发挥杠杆作用，借此来创造出自己第二次致富机会的契机。

最终感言

"我能做什么?"富勒博士会这么问自己,"我只不过是一个小人物罢了……"

在这张照片拍摄后的第三年,我就开始着手进行我所能做的事情。

我相信不仅我们的学校里需要安排财商教育课程,而且所有人(无论贫富)也都需要学习财商。

我们需要一种能教导人们从错误中学习的教育体制,而不是因为犯了错误而予以惩罚的教育方式。

我们需要教导人们,让他们知道任何一枚硬币都有三个面——正面、反面及边缘那一面。凡事都有三种不同的观点,而"边缘"那一面则代表智慧,

罗伯特与富勒博士
商业界的未来课程·加州·柯克伍德,1981

从"边缘"面能同时看到硬币两面完全不同的观点。

　　我想哪怕只有一点点，以上三种观点一定能让人们在思维和行动上发生些许改变，进而改变整个世界。

后　记

我知道你的精神与灵魂拥有无与伦比的力量。

我之所以会知道这一点，是因为如果我把你的头强按进水池里，真正的你就会立即被唤醒，并且主宰自己。

这本书是写来启发并激励你的精神，让你的灵性驱动自己的第二次致富机会：一个让你重新掌控自己的金钱和人生，以及挽救整个世界的第二次致富机会。

鸣　谢

衷心感谢富爸爸公司的执行总裁麦克·苏利文及总经理夏恩·卡尼格利亚，他们不仅见证了富爸爸公司的发展历程，而且同时也为公司带来第二次发展机会。在此也特别感谢在富爸爸公司工作的各位同仁，即便身处考验灵魂的动荡时刻，他们对麦克和夏恩仍始终不渝地给予支持。

富爸爸团队

再次鸣谢

特别感谢蒙娜·甘贝达，假如没有她，本书及大部分的富爸爸丛书都无从诞生。蒙娜精力充沛，一周七天日夜待命，远超出其职责本分。如果富爸爸公司是一支军队，那么蒙娜肯定会因为她的英勇奋战而获颁银星勋章。

我知道蒙娜也会跟我一样，衷心感谢富爸爸公司的每一位同仁，包括普拉塔出版团队，每个人都各尽其能，为本书的出版做出了巨大贡献，并给予大力支持。

也要感谢我亲爱的妻子金，一位富有爱心、智慧、美貌的"富女人"——感谢她在富爸爸公司核心层中默默发力。

当然，也要感谢像您这样——会阅读富爸爸丛书、玩《富爸爸现金流》游戏并且教人玩这些游戏的——全球各地数以百万计的读者。谢谢您推动富爸爸公司的事业向前发展，协助我们达成全球使命：

提升全人类的财务幸福感

特别感谢

非常感谢富爸爸顾问团分享他们的非凡智慧。

布莱尔·辛格
从 1981 年起担任
富爸爸公司的销售与
团队建设顾问

肯·麦克尔罗伊
从 1999 年起担任
富爸爸公司的不动
产、债务及融资顾问

加勒特·萨顿
从 2001 年起担任
富爸爸公司的资产保
护及商业计划顾问

达伦·威克斯
从 2001 年起担任
富爸爸公司的创业
和教育顾问

汤姆·惠尔赖特
从 2001 年起担任
富爸爸公司的税务及
致富策略顾问

安迪·塔纳
从 2006 年起担任
富爸爸公司的有价
证券顾问

乔希·兰农和莉萨·兰农
从 2008 年起担任
富爸爸公司的社会创业及
行为转变顾问

"地球就像是一艘宇宙飞船，而且也没有给我们所谓的使用手册。"

　　"我们很快就没办法驾驶地球这艘宇宙飞船持久、顺利地前行了，除非我们把整艘宇宙飞船和我们的命运紧紧相系。人人都得接受与承担，否则最后一个人都不剩。"

——巴克敏斯特·富勒博士

是时候精明运用自己的金钱并且 提升财商了

你能做些什么

第一步很简单,任何人都能够做到。

别再期望政府出面解决我们现在所面临的问题。

你只能指望自己,以及其他民众,所有人一起重新接受教育,并且理解我们拥有哪些不同的选项与选择。没有人会出面帮助你解决自己财务上所面临的困境,这完全取决于你自己的表现。我相信你早已知晓这一点了。

第二步也不算难,但是需要拟订接受教育的计划(当然之后还得行动才行)。一开始先从最基本的做起,一次前进一小步也可以。如果你已经超越了这个阶段,那么我建议你找机会教导他人你所学会的——这样你就可以变得更加聪明些。

我的建议如下:

- 阅读《富爸爸第二次致富机会》这本书,并且找其他也读过这本书的人进行讨论。
- 玩《富爸爸现金流》游戏,并且尽可能在游戏过程中犯下所有可能发生的错误。我们都是借着犯错来学习的。
- 聆听富爸爸广播电台的节目。我相信你会发现来宾及我们所讨论的主题都非常吸引人,而且内容充实。
- 开始主动地对自己感兴趣或者不太了解的主题提出问题;同时在自己所接触到的各种书籍、网站及人们身上寻找不同的答案。在这里,我要好心提醒并警告你:小心留意到底是什么样的人在向你提供建议及你接受的是什么样的建议。要学会分辨哪些人在尝试着教你，而又是哪些人在尝试着推销东西给你。他们是真的向你提供教育和支持，还是他们的出现纯粹只是为了赚你的钱而已？

- 跟自己身边想要学习的人们讨论这些话题。再次强调：写《富爸爸第二次致富机会》这本书最主要的目的之一，就是要大家开始讨论各种议题。

- 发起《富爸爸第二次致富机会》这本书的读书会，来讨论大家在书中所学到的事物。你要慷慨并且领导大家，成为一位愿意教导并且领导那些正要开始接受财商教育的人们。

财商教育是一个非常有力量的工具。它不但能改变世界各地人们的生活，也一定能对你产生很大的帮助。

罗伯特·清崎

富爸爸集团的第二次致富机会

游戏开始！

富爸爸集团自 1997 年成立至今，一路上我们获得了巨大的成功并且改变了数百万人的命运。我们专注于使命之上——提升全人类的财务幸福感——并且为此用尽各种媒介与工具。我们提供书籍、桌游纸盘游戏，开设培训课程，甚至还训练了可以辅导你走完这趟旅程的财商教练。

虽然在全球获得了成功是件好事，但是我们察觉到世界正在迅速地改变。

罗伯特经常会引用乔尔·巴克的一段话："你以往的成功在未来无法提供任何保证。"我们专注于自己公司以往的成功，结果忘记抬头眺望未来。我们发现自己需要为此立即做出改变。而当你想要一窥未来的话，富勒博士建议我们应该先回顾过去，这是最好的做法（鉴往知来）。

富勒博士所发现的一般原理当中有一项是："当我服务的人越多，我就会变得越有效率。"

因此迈入未来的关键就很清晰了：我们需要有能力服务于更多的人，即便是我们一直以来也都在想办法如何服务更多的人（这就是罗伯特和金研发《富爸爸现金流》游戏最初的动机）。这也是为什么我个人比较倾向于写书而不是开设更多的课程。

我们若想服务更多的人，我们必须运用富勒博士的另外一项基本原理：简成的原理。

"简成"的意思就是以少做多。我们要如何把富爸爸集团的信息传达给更多的人？我们怎样可以做得更好——如何以少做多？如果我们能找到一种能以少做多的方式，那么我们必定能触及更多的人。

2011 年，富爸爸公司解开了这个"简成"之谜，并且迈入了一个崭新的创意时代。

富爸爸企业的总经理夏恩·卡尼格利亚预见了公司的未来，人类彼此互动的未来，以及未来如何传播财务自由的新途径。他的愿景是：数字化的游戏。

先进的科技和爆炸性成长的应用程序（APP）给了富爸爸集团"第二次的机会"，一个可以重新活化并且让公司重新充电，开始接触一个更年轻、善于使用新科技的一代，同时仍然可以持续服务我们原有忠诚客户的方式。

让我们兴奋不已的是，我们所看到的未来事实上就是我们自己的过去。很少有人知道富爸爸集团第一个产品是《富爸爸现金流》游戏，而于1997年出版的国际畅销书《富爸爸穷爸爸》——甚至成为历史上最畅销的财经书籍——当初却只是为了营销与推广现金流游戏而写出来的说明书罢了。

问题是：我们要如何切入数字游戏的世界？当移动通信空间充斥着数不清的应用程序时，我们的产品要如何与众不同？

首先，我们提醒自己公司的使命是什么，并且在开发应用程序时随时提醒自己要以使命来引导开发方向。我们知道如果这么做的话，才能将教育全世界的使命更向前推进一大步，并且提升全球各地人们的财务状况。全球有数不清的人们拥有跳出老鼠赛跑圈的潜力，但是他们仍然身陷于朝九晚五的工作，或者在替别人打造资产时却过着月光族的生活。对这些人来说，人生的梦想永远都只有在睡着的时候才有机会看得到。

随着研发的进行，我们把焦点放在两个基础信念之上：

- 要由使命来引导我们；
- 生产出一个有质量的产品，成功自然水到渠成。

核心研发小组先参加了"游戏开发人员座谈会"，来了解整个行业的大方向，获得一些新知远见，同时寻找或许能帮助我们传达使命的新人脉。

同其他搜寻过程一样，一开始找到的很多事物并不是自己真正所需要的。研发小组在座谈会中认识了一个人，他宣称自己很了解富爸爸集团的使命。他也在如何传播富爸爸集团的使命，如何传递信息，以及尊重品牌精神等方面都做出了相应的承诺。

我们花费了许多时间，利用电子邮件与开会等方式来决定他是不是合适的合作伙伴。我们也好多次地拜访他的工作室，甚至出钱让他们全部飞来凤凰城到富爸爸的总部，来跟我们的团队一起开会。单就顾问这个角色来说，该公司的创始人在游戏界确实拥有极高的评价。该公司的团队不断吹嘘他们是如何让游戏变得更具娱乐性，并且如何可以从一般玩家的身上获得更高的利润。

由于可以和新伙伴开始开展新的业务领域，我们都对此感到兴奋不已。我们开始形成各种概念：我们想要运用哪种游戏机制？我们是要把原来的现金流纸板游戏进行数字化，还是重新发明一款崭新的游戏？或者两者兼备才是我们要寻找的答案？许多想法和计划开始逐渐成形。

计划启动没多久就开始产生裂痕了。当彼此相互认识的蜜月期一结束，我们愈发看清了这位伙伴的面目。当原定计划和任务未达标，或者有些只完成了一半工作量时，各种理由和借口就开始满天飞。没过多久我们就开始担心了，我们已经骑虎难下了。我们现在应该选择喊停，还是既然已经开始了，那我们选择咬紧牙关撑下去？我们已经选择了合作伙伴并且拟订了整个商业计划，而我们团队中又没有足够专业的人士可以应对合作伙伴的推托之词，或者解除我们的顾虑。

为了纾解我们的顾虑，我们在和富爸爸集团有密切往来的人脉关系中开始寻找是否有在游戏界具备合适的专业能力，同时又能承袭富爸爸理念的人才。结果找到一位曾在最顶尖的游戏开发公司中努力从下层晋升到高层的人士，他后来也创立了属于自己的游戏公司，然后再把这家公司卖出去。最棒的是，他是一位和富爸爸集团关系非常密切的合作伙伴，因此我们相信：凭借他的经验和能力，应该可以毫无困难地融入我们的团队之中。

当这位新加入我们团队的专家出现之后，他先迅速地评估了我们合作伙伴的强项与实际能力，我们当初的担忧被证实了，这个合作伙伴不能完成任务。我们毅然决然地切断彼此合作的关系，然后选择独自走下去。

就如同许多"第二次致富机会"一般，这趟旅程并非像我们一开始预计的那么轻松容易，或者毫无烦恼与麻烦。我们被迫走出自己原本的舒适圈。我们知道机会难得而且不能放弃，所以我们才会继续坚持走下去。我们检讨了当初所犯的一些错误，从中学到教训并做出了相应的改变。因为这些事情的发生，我们为此付出了巨大代价，但是我们确实学到了很多。

一开始就发生这样的意外多半会让其他团队备受挫折，并认为这是一场失败；但是由于富爸爸集团所倡导的哲学，我们把这次事件当成一次契机。我们懂得将来再寻找合作伙伴的时候，应该要先注意哪些事项。这次的合作伙伴一开始唱着高调并且拥有太多的自主权。他们宣称了解我们的品牌讯息，但到后来，很明显，那些话只是他们的口惠罢了。

富爸爸研发小组再度从零出发，开始搜寻合作对象。他们这次知道：不能径自到市场中轻易相信第一个带着微笑与自己洽谈的"朋友"。结果这次的搜寻让我们开始和一家游戏开发经纪公司培养出合作关系。和很多行业一样，这些经纪人拥有内部信息，而如果你能得到这些信息，那么你就能避开许多在盲目搜寻中遇到的陷阱。这家游戏开发经纪公司非常了解游戏这个行业，并且熟知最顶尖的开发小组与工作室，因此知道什么人最适合开发出富爸爸心目中的理想游戏。

我们拿到了一份名单，上面有 25 家有可能把我们的概念实现出来的游戏开发公司。在这25家公司当中，只有14家的提案能被我们接受。最后只有7家公司能和富爸爸公司的文化和理念相匹配。

我们原本可以只凭借看看他们的提案，打几通电话，然后"挑出"最符合我们开出的条件的公司即可。但是我们从过去的错误中学到了教训，我们知道事前就必须更深入地发掘。因此我们全国奔走，亲自拜访每家开发公司，参观他们的设施，检视他们之前所开发的游戏作品和应用程序，并且访问他们的团队，即从基层开始了解整家公司。直到我们打从心底认为这个团队是合适的合作伙伴之后，我们才做出最终的决定。

整个过程一点都不轻松顺畅。我们开发出六种版本的游戏。每当做出一个版本的时候，我们就会问自己："我们要如何让它变得更好些？"我们从来不问自己要如何把它变成"最好的"。因为当你说是"最好的"的时候，就表示进步的动力就可以停止了，自己已经走到了尽头。持续改善并让它变得更好是一个永无止境的过程，甚至要持续到首次发行的时候，以及延续到后来的更新版、修饰版、改善通信、进阶学习等。这是一个永远都不会结束的过程。

我们同时还要确保符合品牌原有的精神。当你的游戏充斥着坦克车、气垫船与未来建筑物时，想要同时教导诸如"被动收入"和"资产"等核心价值是件非常有挑战性的事情。最困难的地方，就是决定如何平衡寓教于乐的尺度。这个议题在团队内引起最大的争执与辩论。到底怎么拿捏才是最完美的平衡？

随着游戏开发的进行，"让它变得更好"成了我们的口头禅。我们发誓永远不会妥协。"让它变得更好"这一精神并非只局限于这款游戏的开发之中，而是运用到所有应用程序与游戏世界之中。我们聘请了多名顾问和咨询专家来不断挑战自我：我们如何让大团队变得更好？我们要如何让我们的合作伙伴变得更好？而且更重要的是：我们确保游戏会在将来每次改版的时候会越变越好。在当今世界，当财务文盲越来越严重的时候，我们承诺要用这款新游戏以新的方式来改善这个问题。

2014年6月15日，"Capital City"这款游戏同时在iOS与Android平台上

亮相。当天是富爸爸集团重要的里程碑，它代表着一个非常艰巨、费时两年的计划成为现实。在这一过程当中，我们学到了很多教训，并组成了一个大团队，同时也研发出其他几款应用程序——通通是用来传播我们的讯息和使命的。

我们也制作了一个完全依照现金流纸盘游戏模式的应用程序，称之为"CASHFLOW-The Investing Game"。这款游戏推出后，在苹果网站财经软件中排名第一，到现在依然保持着这个荣誉。

在创造"Capital City"的过程中，我们也创造出借由 Clutch 学习应用程序制作的《富爸爸穷爸爸》程序。这款应用程序将罗伯特这本畅销全世界的书中所有的重点，转化成各种小游戏、动画、影片及互动练习——目的是为了达到"游戏式"的学习体验。我们也创造了配合纸盘游戏用的财务报表应用程序，以及专门收听富爸爸广播电台节目的应用程序，让你可以随时随地收听富爸爸的广播节目。

我们之所以能制作以上各种流动应用程序，都是因为制作"Capital City"过程当中所学的关系。这些软件都是我们把握当下的"第二次致富机会"，并且创造一个能服务更多人群的未来所需要的工具。

制作这些应用程序，也为我们提供了制作"Capital City"所需要的回馈，让我们得以让苹果公司知道我们制作高质量软件的决心。结果是，苹果这个经常因为未达高质量要求而拒绝很多应用程序的公司，由于信任我们之间的商业关系及富爸爸这个品牌，使得"Capital City"的审核过程创造了申请上架许可为时最短的纪录。初次登场就荣登财经类应用程序的第三名——这在上万个应用程序的竞争中可以说是一场大胜利。

事情到此还没结束呢。

虽然我们认为这些应用程序还不错（说不定还很棒），但我们下定决心，借着我们从未来应用程序的趋势里所学到的知识，还要不断地要让它们变得更好。罗伯特经常告诉我们说，我们的职责是要以少做多，同时还要能服务全球各地更多的人。富爸爸集团致力于财商教育，同时相信学习应该是一件非常有趣的事情，而游戏和应用程序将会是未来几代人最主要的学习方式。

迅速提高财商的三个方法

方法一：阅读"富爸爸"系列书籍

财富观念篇　《富爸爸穷爸爸》

《富爸爸为什么富人越来越富》(《富爸爸穷爸爸》研究生版)

《富爸爸财务自由之路》

《富爸爸提高你的财商》

《富爸爸女人一定要有钱》

《富爸爸杠杆致富》

《富爸爸我和埃米的富足之路》

财富实践篇　《富爸爸投资指南》

《富爸爸房地产投资指南》

《富爸爸点石成金》

《富爸爸致富需要做的6件事》

《富爸爸穷爸爸实践篇》

《富爸爸商学院》

《富爸爸销售狗》

《富爸爸成功创业的10堂必修课》

《富爸爸给你的钱找一份工作》

《富爸爸股票投资从入门到精通》

《富爸爸为什么A等生为C等生工作》

财富趋势篇　《富爸爸21世纪的生意》

《富爸爸财富大趋势》

《富爸爸富人的阴谋》

《富爸爸不公平的优势》

财富亲子篇　《富爸爸穷爸爸（少儿财商启蒙书)》(适合3~6岁)

《富爸爸穷爸爸（漫画版)》(适合7岁以上)

《富爸爸穷爸爸（青少版)》(适合11岁以上)

《富爸爸发现你孩子的财富基因》

《富爸爸别让你的孩子长大为钱所困》

方法二：玩《富爸爸现金流》游戏

　　风靡全球的《富爸爸现金流》游戏浓缩了《富爸爸穷爸爸》一书的作者——罗伯特·清崎三十多年的商界经验，让我们在游戏中模仿和体验现实生活的同时，告诉游戏者应如何识别和把握投资理财机会；通过不断的游戏和训练及学习游戏中所蕴含的富人的投资思维，来提高游戏者的财务智商，最终实现财务自由。

扫码购买《富爸爸现金流》游戏

方法三：关注读书人俱乐部微信公众号，在读书人移动财商学院学习财商知识

　　北京读书人俱乐部微信公众号由北京读书人文化艺术有限公司运营，为富爸爸读者提供既符合富爸爸理念又根据中国实际情况加以完善的财商相关课程，帮助读者系统地学习和掌握富爸爸财商的原理、方法和实操技巧，助力富爸爸读者的财务自由之路。

readers-club

扫码关注读书人俱乐部

开始学习